범부 김정설의
풍류 · 동학 그리고 동방학

최 재 목

지식과교양

머리말

범부 김정설을 아는 사람은 이제 별로 없을 것이다. 그는 이미 묻혀버렸기 때문이다. 망각된 사상가가 된 것이다. 박정희 정권이 종언하면서 일단 끝이 났고, 또 다시 박근혜 정권이 퇴진하면서 다시 한 번 더 끝장이 났다고 보면 되겠다. 그의 학문적 진실성과 내용, 의미는 차치하고서 그의 사상이 갖는 정치적 맥락은 종언 내지 파탄을 하였다. 이렇게 그의 진정성 있는 인문적 학술적 지향점들이 정치와 함께 묻혀 버린 것은 안타까울 뿐이다.

범부는 정식 교육을 받지 않았지만 어학 및 학술 다방면에 능했다. 그는 대한민국 건국의 철학, 건국의 에토스를 마련하고자 노력했던 재야 이데올로그로서, 박정희 정권 태동기에 풍류-신라-경주-화랑-국민윤리-동-동학-동방-동방학 등 우리 근현대기를 이끌었던 주요한 키워드를 재발굴, 재평가하였다. 아울러 이런 키워드들이 한국(남한)의 국가적 인문적 사회적 정치적 이념을 확립하는데 기여한 인물이었다.

그의 인문, 학술, 사상은 문학적으로는 그의 동생인 김동리의 소설, 서정주의 시에, 그리고 정치학적으로는 박정희 체제의 풍류-신라-경주-화랑-국민윤리 논의에, 문화학적으로는 동-동학-동방-동방학의 발굴 · 확립에, 종교학적으로 불교학, 원효학, 다도(茶道)학 재평가에 남아서 이어진다. 다만 그가 재야이데올로그였던 탓에 그의 학술들은 제대로 전승되지 못했고, 저작들(강의록 포함)은 흩어졌고, 그에게 강의를 들었던 사람들은 범부의 이론을 모두 자신의 것으로 만들어버렸다. 아쉽고 안타까운 일들이 많지만 지금으로서는 어쩔 수가 없다.

그가 초대 학장을 하였던 계림대학(학숙)이 대구대학으로, 대구대학은 이후 청구대학과 합병하여 영남대학으로 탄생한다. 이 과정에 계림대학이란 의미는 퇴색되거나 망각되었지만, 그 정신은 여전히 영남대 내에 존재한다. 영남대학교 도서관에는 범부문고가 비치되어 있으며, 영남학원 소유로 되어 있는 경주 최부자집에는 계림대학의 체취가 남아있다.

이 책은 범부가 추구했던 동-동방-동학-동방학의 중요성 자각을 부각시키는 측면에서 편집되었다. 그가 구상한 동방학은 당시의 동아시아 학계에서도 매우 의미 있는 것이었다. 동양학이 아니라 왜 동방학이어야 하는가? 동방학은 일본이 근대적으로 '영유'(領有)한, 서양에 대항하는 동양(=일본)의 학술이라는 뜻이었다. 즉 일본 중심의 동아시아가 아니라, 북방 대륙에서 한반도, 나아가 일본마저 껴안는 광범위한 공간 설정이 범부 동방학의 기획이었다. 그 구심점은 역시 한민족이다. 그만큼 동방학은 민족주의적 성향도 갖는다. 또한 우리의 언어와 학술에 대한 자부심 회복이라는 국학(國學)적 측면도 갖는다. 아울러 '동양 vs 동방'이라는 구도 속에는 '일본 대 한국', '서방 대 동방'이라는 몇 겹의 문명적 대결의식도 들어있다.

이 책은 그동안 내가 활동한 〈범부연구회〉의 작업의 일면을 잘 드러내 보여주는 것이다. 공동작업은 다 빼버리고 개인적 잡업만을 간추려둔 것이다.

돌이켜보면, 나는 흩어져 있던 범부 관련 기록과 그의 학술적 편린들을 모아 편집하기 위해서 〈범부연구회〉를 만들어서 여러분들과 활동했었다. 묻혀 버린 한 사상가를 발굴한다는 사명감과 호기심이 원동력이었다. 최근 그의 사상이 몇몇 우익 정치인들에 의해 박근혜정부와 관련시켜 해석되고 활용되는 장면을 목도하면서 나는 지금까지의 범부연구를 마무리하고, 연구 자체를 일단락 짓기로 마음먹으며 선을 긋기로 하였다. 따라서 〈범부연구회〉 활동도 일단 중지하였다.

한 마디로 범부가 구상한 학술의 정수는 동방학이었다고 본다. 그래서 제목을 〈범부 김정설: 동방학의 탄생〉으로 정했다. 몇 년간 연구해온 것들을 편집해 놓고 보니 나름대로 일관된 흐름이 보이며, 범부의 기획과 구상들도 점점이 찍혀서 하나의 선을 살필 수 있을 것 같다.

또 다른 인연으로 범부연구가 새롭게 진척되기를 바라면서 작은 결실을 세상에 내놓는다.

범부가 제3의 관점에서 재평가되기를 바라며, 통일을 바라는 사람들이 혹여나 '통일의 기반이 되는 사상, 에토스가 무엇인가?' 라고 물을 때 아마도 범부의 논의는 다시 평가받으리라 기대한다.

동학 선후배들의 질정을 바란다.

2018. 5. 13

대구 돌구재(乭九齋)에서 최재목 적다

| 차례 |

1장

범부 김정설은 누구인가

범부 김정설은 누구인가

1. 상실된 '한국=고향 찾기'에 헌신한 사상가 범부(凡父) 김정설(金鼎卨)

1) 책속에 묻혔던 명언들

"한대 · 온대가 지구 자체만의 한대 · 온대는 아니다. 이것은 전 태양계와 관련된 약속이다. (…)

이 지상에서 일주일야(一晝一夜)가 있는 것은 우주적 일대 조화의 원칙에서 그렇게 되어야 할 원리가 있는 것이다."

"조선의 겨레는 물동이의 모성(母性)과 밥상의 부성(父性), 이 양친(兩親)의 자손(子孫)임에 틀림없다."

"언어란 소리로 들을 수 있는 생각이다."

모두 아름답고, 사려 깊은 언어다.

누가 한 말일까? 범부(凡父) 김정설(金鼎卨, 1897-1966. 일명 김기봉(金基鳳))(이하 범부)이란 분의 글에 나오는 명구다. 이런 범부의 명언 명구들, 그리고 그 밑에 묻힌 사상들을 우리는 기념해주지 못했다. 세월 속에 묻어두고 있었다.

최근 학계나 사회에서도 범부에 대한 관심이 높아지고 있다. 이렇게 그가 새롭게 평가되는 것은 사후 40여 년이 지나서다. 그리고 범부 사상을 전문적으로 연구하고 토론하는 〈범부연구회〉도 결성되었다.

최근에 이르기까지 거의 잊혀졌다가 다시 주목 받기 시작한 범부. 경주가 낳은 사상가.

'천재적 인물', '기인' 등등 여러 가지 말로 수식되는 범부는 많은 사람들의 기억 속에서 회상되어오긴 했지만, 거의 베일에 가려져 있었다.

2) 범부, 그는 누구인가?

범부는 점필재 김종직의 15대손으로 1897년 2월 18일 경주부 북부동에서 김덕수의 장남으로 출생하여 4세부터 13세까지 김계사에게 한문과 사서삼경(이른바 칠서(七書)) 등을 수학하였다. 이후 많은 학술 및 사회 활동을 하였고, 1966년 12월 10일 간암으로 세상을 떠났다. 향년 70세.

범부 김정설. '범부'는 자신의 호이고 '정설'은 이름이다.

보통 성과 호를 합하여 '김범부'라 부른다. 범부란 뭔가? 자칫하면 '범부'를 '범인(凡人)' 즉 '모든 이들'의 '아버지'로 읽는 수가 있는데,

이것은 오해이다. '父' 자는 원래 '아버지'라는 뜻 외에 '남성'을 가리키는 말로 '보'로도 읽는다. 범부는 자신을 낮추어 '그저 평범한 남자'라는 겸양어로 '凡父(범보)'라는 말을 호로 썼다고 한다. 그런데, 주변 사람들이 자꾸 '범보'를 '범부'라 부르다 보니 그만 그렇게 돼버렸다는 것. 여기서도 그냥 '범부'로 부르기로 한다.

김범부의 약력은 아직 불충분한 점들이 많아 확정하기에 한계가 있다. 지금까지 밝혀진 주요 사항만 들면 이렇다.

범부는 1897년 경북 경주에서 태어나 백산상회 기미육영장학회 제1회 장학생으로 도일. 일본 각지 유명대학에서 선진 학술과 외국어를 수학. 귀국 후 8 · 15광복까지 경남의 다솔사 등 산사를 찾아다니며 불교철학 및 동방사상 연구, 강의에 몰두하였다.

1950년 제2대 국회의원 선거 때 동래에서 당선. 이후 경주《계림학숙》(일반적으로 '계림대학'으로 불림)의 학장을 지냈다.

1958년(62세) 건국대학교에서 「정치철학강좌」를 담당하고 이와 동시에 같은 대학에 부설된 『동방사상연구소』 소장으로 취임, 「역학」 · 「음양론」 · 「오행사상」 등의 「동방학강좌」를 시작. 이때에 독창적인 '동방학 방법론'을 제창한다. 그의 동방학은 기존의 동양학과 다른 것이다.

또한 1961년 박정희를 핵심으로 한 5 · 16군사정변 후, 한때 〈오월동지회〉 회장을 지내기도 하였다. 그는 여러 형태로 박정희와 대화하며 원로자문역할을 하는 가운데, 건국에 필요한 새마을운동, 국민윤리, 풍류도(風流道)-국풍(國風)-화랑도(花郎道) 확립을 건의한 것으로 알려졌다. 아울러 범부는 「민족적 민주주의」라는 것을 주창했다. 아울러 그는 국민정신 개조를 위해서 불가피하게 「군인정치」의 필요성을 옹호했던 것으로 보인다.

더욱이 화랑은 강력한 육체적 힘과 탁월한 예능인으로서, 다시 말해서 칼과 꽃을 겸비한 '신체적으로 강하면서도 내면적으로 심성이 아름다운' 이상적인 '국민(적 신체)상'을 상상하기에 충분하다. 그래서 1960년대 이후 박정희 군사정권의 '조국 근대화' 논리를 뒷받침하는 강력한 이데올로기로 작동하게 됨은 「나의조국」(박정희작사 작곡, 1976년 10월)의 '삼국통일 이룩한 화랑의 옛 정신을 오늘에 이어받아 새마을 정신으로 영광된 새 조국의 새 역사 창조하여' 라는 대목이 오버랩 되곤 한다. 실제로 범부가 지은 『화랑외사』의 「화랑가」(1948년, 52세 구술)에는 「(전략) 화랑이 피어 나라가 피어/화랑의 나라 영원한 꽃을//말은 가자고 굽을 쳐 울고/칼은 번뜩여 번개를 치네//(중략)장부의 숨결이 시원하고나」라고 하여 '꽃'과 '칼'이 결합하고 그것을 지탱하는 '장부(=사나이 대장부)'라는 건장한 신체의 소유자를 화랑으로 보고 있다.

범부는 「국민윤리특강」에서 화랑의 세 요소를 피력한다.

> 이 화랑을 진정하게 인식을 하려면 화랑정신 가운데 세 가지 요소를 먼저 규정하고 그 규정 밑에서 이 화랑정신을 살펴야 화랑의 전모를 관찰할 수 있습니다. 그 세 가지는 무엇이냐 하면, 첫째는 '종교적 요소'입니다. 둘째는 '예술적 요소'입니다. 셋째는 '군사적 요소'입니다. 그런데 일반적으로 화랑에 대한 상식은 대개 어떠한 관념으로 규정되어 있느냐 하면 군사면에 치중되고, 종교면과 예술면을 결여해 있습니다.(현대적 어투로 약간 고침)

화랑의 연구는 북한보다는 남한에서 보다 활발히 진행되었다. 즉 1920대 민족주의 사학자들은 민족운동의 일환으로 우리민족의 정치적 우월성을 강조하기 위해 화랑에 관심을 가졌다.

반면 일제 식민사학자들은 화랑을 일본의 무사도와 관련시켜, 남방문화에서 기원한 것으로 보고 이를 원시공동체사회의 전사단으로 보았다. 그런데, 범부는 화랑의 세 가지 요소를 ① 무속적(종교적) → ② 예술적(심미적) → ③ 군사적(상무적)이라는 순서로 이야기 하고 ①과 ②를 중시한다. 이 세 요소가 화랑도에는 모두 구비된 것으로 주장한다. 이것은 종래 일본 연구자들 등에서 화랑도가 무사도로 등식화해온 왜곡된 흐름, 그리고 1950년대 당시 범부는 화랑이 단지 군인의 상무정신을 고취시키는 수단으로 자리잡아가던 추세에 대한 이의제기이자 교정이었다.

수운 최제우가 경주를 동방의 왕도(王都)로 보았듯이, 범부도 풍류도로서의 '동학'이 기원한 장소인 경주를 「신도성시정신(神道盛時精神)」 즉 〈신도(神道)=샤머니즘=무속이 번성하였던 시기의 정신〉이 살아 있는 곳으로 적극 평가한다. 이것은 동학을 풍류도의 정통으로서 평가하는 하나의 주요한 배경이 된다. 범부는 서방(서양)에 대칭되는 지역으로 동방이란 개념을 사용하는데, 여기에는 한국도 포함되며, 한국문화 사상의 바탕이 되는 개념이다.

범부는 동방 문화의 바탕이 되는 것을 '신도'로 파악하였다. 다른 말로 하면 동방문화는 풍류도=화랑도=국풍이다. 범부는 3,4천년전 몽고계의 고대문화와 공통성을 가진 사상(즉 동방사상)으로서의 '신도사상'이었던 샤머니즘=무속(→ 만신(萬神)=신선(神仙))의 정신이 우리나라 신라에서 다시 융성하여 '나라의 샤먼'인 화랑(花郎)의 도(=화랑도)=국선(國仙)의 도(道)(=국선도, 선도(仙道))=풍류도가 독창적으로 성립하였다고 본다. 화랑은 기본적으로 샤먼, 신관(神官)이라 본다. 즉 그 지위는 당시 사회에서 최고위였고, 그들의 습속이었던 화랑도가 풍류도로서 '국교'였는데, 줄여서 '국풍'이라고 부른다.

이와 같은 풍류라는 '도(道)'의 흐름(맥락), 즉 '풍류도통(風流道統)' 속에 범부는 동학을 위치시킨다. 범부의 이런 시도는 사상사적으로 매우 독창적이다. 동학-수운에 대한 주목의 근저에는 범부가 지향했던 〈천인묘합(天人妙合. 하늘과 사람이 신묘하게 합일하는 것)=터지는[融通透徹] 멋=풍류=제작=사우맞음〉이란 '풍류도적 시점'이 자리해 있다.

이처럼 그는 경주, 화랑, 풍류-풍류정신, 신라 정신사의 의미를 근현대기에 새롭게 재발굴하고, 그것을 우리의 에토스로서 확정, '동방학'이라 명명한 선각자다. 이것은 한국 국민의 정신사적 '기억'의 형식적 기둥을 세우고, 고대에 현대에 이르는 시간 전체를 거실(내용의 '폭')로 삼았다. 말하자면 한국인의 한국인다운 정신적 '경계선'='국경'과 '국토'를 설정한 것이다. 이에 우리의 언어 · 문화 · 습관을 공유하는 이른바 '한국적' 사상-정신의 독자적 문화영역이 마련된다. 이것이 그가 주창한 동방학의 의의이다. 범부의 '동방'이란 개념은 넓게는 '중국, 한반도, 일본을 포괄하는 동아시아'이다. 하지만, 그 초점은 항상 '한반도(의 땅과 사람과 사물)'에 있었다.

범부가 죽자 서정주는 그를 위한 조시(弔詩)에서, '신라의 제주(祭主)'라 표현했다. 제주란 '제사를 주관하는 사람'이다. 보통 집안의 맏아들이 이 역할을 하는데, 실제 범부는 신라-신라정신을 추모하는 데 제주 역할을 했다. 이렇게 그는 재야 이데올로그로서 박정희 정권 초기 국가재건에 필요한 사상과 정신을 '안출(案出)', '천명(闡明)'하고, 새로운 감각의 스토리텔링으로 제공하는 역할을 하였다.

범부는 박정희 정권이 출범(1963)하기까지 말하자면 '혁명정권'에 자신의 이상으로 추구했던 '신생국가' · '건국'의 성공에 기대를 걸었다. 하지만 그는 세상을 떠나기 전 해인 1965년(69세)에 「우리는 경세가를 대망한다」는 글에서 이렇게 한국의 난국을 '한탄'한다.

> 금일의 한국은 과연 말 그대로 전에 없었던 난국에 처한 형편이다. (중략) 이렇게도 비상한 난국인 신생국가로서 건국기인 지금 한 사람의 경세가가 보이지 않는 것을 한탄한다.(필자가 현대적 문투로 고침)

범부는 박정희 정권이 출범하면서부터 생겨나는 정치적 난국을 응시하고 있었다. 「어떻게 하면 이 민족도 남과 같이 잘살게 될 것인가를 평생의 과제로 삼았던」 범부. 그가 바라던 그런 이상적인 방향으로 박정희 정권이 향해가고 있지 않음을 직감했다. 불행하게도 범부는 박정희 정권의 타락의 과정을 더 지켜보지 못하고 새로운 경세가를 '대망'하면서 1966년 70세로 세상을 떠난다. 다행히 시기적으로 유신정권에는 관여하지 못한다.

범부는 효당 최범술, 범산 김법린과 함께 3범(범부-범술-범산)으로 불리기도 하는데, 한시에도 조예가 깊었다.

3) 토종 사상가

범부는 4세에서 13세까지 한학자 김계사(金桂史) 문하에서 공부한 것 외에는 '정식 학력'이 없는 말하자면 「순치(順治)에 대한 저항으로서 교실을 벗어나서 독학 · 청강의 길」을 걸은 「순전한 토종 사상가」 「지조 있는 토종 학력」으로 불린다.

범부는 잘 알려진 대로 「천재적」재능을 지녔을 뿐만 아니라 '대단한 독서력' 즉 평소 하루에 30여권, 한 달에 1,000여권의 독서를 하는 「천하에 제일가는 독서가」로 잘 알려져 있다.

이렇게 「끊임없이 책장을 넘기던」데서 습득된 그의 광범위한 지식을 소화 · 숙성한 학술 및 이론 체계의 구상은 평소 주로 '메모'로 만들어졌고, 이를 토대로 강의 · 강연 · 강좌가 이루어졌다. 이러한 지(知)의 습득과 디자인 기법을 통해 범부의 독창적인 '동방학'이 탄생하게 된다.

아울러 지금 잘 알려진 그의 대부분의 저술은 대개 그가 구술한 내용을 제자들이 정리, 기록한 것이며, 그것을 간혹 본인이 수정하거나 또는 제자들이 오랜 동안 윤문한 것이었다. 그렇다면 당연히 발신자인 범부의 〈말하기(speaking) · 구술(oral)〉에서 수신자의 〈글쓰기(writing) · 기록(recording)〉으로의 진행 경로(channel)에서 '잡음'(noise)(=기록자의 의도 · 주관적 해석 · 사견 등)이 개입하는 것을 감수할 수밖에 없다.

다른 측면에서 본다면, 수신자들이 직접 들었던 내용을 토대로 발신자의 의도를(아니 발신자가 의도하지 못했던 점까지) 보다 분명히 기술함으로써 발신의 지평을 더 넓혀준 측면도 있었다고 하겠다. 그러나 범부의 경우, 불행하게도 수신자들이 그의 강의 내용을 변형하거나 보완하여 자신의 저술로 간행한 경우도 있어 범부의 지적재산권이 충분히 주장되지 못함으로써 범부의 학술 범위를 은폐시키거나 좁혀버리는 안타까운 면도 있다.

4) 흩어져버린 강의록들

즉, 범부는 많은 강의들을 행한 것으로 알려져 있다. 그의 강의에 직간접적으로 영향을 입거나 촉발된 흔적들은 여러 군데서 발견할 수 있다. 즉, 황산덕(법철학자, 전 법무부장관)의 『삼현학(三玄學)』의 서문과 그의 『자화상』, 「어디다 국민윤리를 세울 것인가?」, 이종익(불교학자, 전 건국대 교수)의 『동방사상논총』의 「간행사」, 이중(전 숭실대 총장, 전 연변 과기대 부총장)의 『모택동과 중국을 이야기 하다』의 「서문」 등등이 그것이다.

특히 이중의 『모택동과 중국을 이야기 하다』 서문에는 자신의 백씨가 간직해 온, 범부 강의를 빽빽하게 필기한 노트에 근거한 것으로 되어 있다. 이런 식으로 범부의 강의 내용은 수강자들의 저술로 모습을 바꾸고 있기에 어디까지가 범부의 것이고 어디까지가 필자의 것인지 분간이 어렵게 되어 있다.

이외에도 범부의 발상, 시각의 계승을 느끼게 하나 밝히지 않는 경우도 있다. 예컨대, 김용구의 「범부(凡父) 김정설과 동방 르네상스」에 따르면, 석천 오종식(1906-1976)은, 범부 강의의 주요 수강자이자 범부사상의 수신자임에도 범부의 영향을 밝히지 않았다고 한다.

> 글이나 저서에서 범부를 말하는 것을 본 것 같지 않다. 석천도 범부의 동방사상강좌의 고정 청강자의 한분 이었다. (중략) 1974-1975년에 석천은 성균관 명륜관에서 〈주역입문 강의〉를 했다. 나도 기별을 받

> 고 이 강의에 나갔다. (중략) 석천 강의에는 고대 그리스철학 얘기가 자주 나왔다. 범부의 동방사상 강좌를 펴보며 나는 석천의 강의 대목이 많이 떠올랐다. 그 강의에서는 범부의 입김 같은 것을 느꼈기 때문이다. 이 점에서 석천은 같은 강의 형태로 범부의 사상적 영향을 다음 세대에 전하는 의미 있는 구실을 한 것이다.

실제로 오종식은 범부를 '잊을 수 없는 사람' '뒤에서 감싸준 형'으로도 묘사, 회고하고 있다.

아울러, 더욱 안타까운 것은 범부의 강의 원고 자체의 분실이다. 예컨대, 건국대부설 『동방사상연구소』에서 이루어진 역학강좌의 기록자가 『역학총론』 10강을 정리한 약 500매 분량의 원고를 인쇄소에 넘기고자 동문 수강자 몇 분이 회람하던 중 분실하고 말았단다.

이러한 점들은 사실 범부의 학술을 섬세하게 규명하는데 걸림돌로 작용하고 있다. 그럼에도 불구하고 그의 주요 논고가 남아 있어 그의 동방학의 대강을 확인할 수 있다.

5) 동방학, 서구의 종말에 대한 준비와 대응책

범부에 의해 새롭게 자각적으로 구축되는 '동방학'이란 그가 우리의 전통을 새롭게 '천명'함으로써 생겨난 것이다. 범부의 동방학, 그리고 그 하부 구조물인 신라정신, 풍류도, 화랑 등은 해방 이후 한국의 건국, 신생국의 논리 · 이념 구축과 맞물려 있다. 그래서 이것은 발명(invention) 즉 '만들어진 전통(The Invention of Tradition)'이다.

범부는 서양은 불안한 길을 걸어가는 중인데, 그 지팡이 역할을 한 것이 기독교라 본다.

그들은 구주(歐洲) 문화의 총 재산 가운데 불안을 벗어날 길은 가톨릭밖에 없다고 생각하고 있다. 왜냐하면 자기들이 지니고 있는 모든 불안의식이 거기에서는 일단 정지돼 버리기 때문이다 이러한 것은 마치 서화담의다음과 같은 일화에 비유할 수 있다.

어느 날 서화담선생이 길을 가는데 어떤 사람이 길가에서 지팡이를 놓고 앉아 통곡을 하고 있었다. 그래서 "왜 당신은 그렇게 우는 거요?" 하고 물으니, "내가 날 때부터 장님이었소. 그런데 오늘 길을 가다가 수십년만에 눈이 뜨였소. 그래서 이 세상을 처음 보는데, 집을 도저히 찾아갈 수가 없어서 이렇게 우는 것이오." 이런 곡절을 듣고 있던 서화담선생은 "그럼 눈을 잠시 감고 마음을 안정시키시오. 집을 찾아갈 수 있을 터이니…."하고 일러주었다.

여기서 우리가 신중히 생각해야 할 것이 있다. 장님이란 지팡이를 의지해서 길을 가는 것인데, 장님이 눈을 갑자기 뜨게 되었으니 얼마나 기가 막힐 것인가? 즉 그 장님이 구주인(歐洲人)이오, 그 지팡이가 가톨릭이라고 생각한다면 잘못일까? 그들은 신조에 엄숙한 가톨릭에 귀의하여 오늘의 불안으로부터 도피하려고 한다.

서양은 몰락하고 '불안'에 처해있는데, 여기서 그 주도적 역할을 동양, 특히 한국이 할 것이라는 예측에서 범부의 '동방학'이 구상된다.

범부는 말한다.

사상가 러셀은 말하기를 "이 원자력을 무기로 사용하지 말고 평화산업과 병 치료 등에 이용하면 된다"고 하였지만 매우 유치한 견해이다.

원자력을 이용하여 한대를 온대로 변화시킨다고 하자. 이것은 곧 지구를 파괴하는 행위이다. 한 대 · 온대가 지구 자체만의 한 대 · 온대는 아니다. 이것은 전 태양계와 관련된 약속이다. 만일 그렇게 한다면 예측하지 못할 천재지변이 일어날 것이다. 혹은 원자등으로 밤 없는 세계를 만드느니 무어니 한다. 요망한 말이다. 이 지상에서 일주일야(一晝一夜)가 있는 것은 우주적 일대 조화의 원칙에서 그렇게 되어야 할 원리가 있는 것이다. 그래, 과학으로 한 대 · 온대를 개조하고 주야도 없는 세상을 만들고, 그리고 그로부터 일어나는 재난을 방지할 책임을 지겠는가?

요컨대 관념론적이니 물질론적이니 하는 사물 관찰법으로 우리 인간에게 전개하여 놓은 것이 많다. 그러나 그로 인하여 위기를 당하였고, 따라서 해결할 수 없는 벽에 부딪치고 있다. 20세기 초기에 독일의 작가 슈펭글로는 『서양의 몰락』이란 저서에서 「구주(歐洲)의 강쇠(降衰)라고 번역함이 좋을 것이니 곧 서양의 문화는 갈 곳을 다 가고 다시 갈 곳이 없으니, 이것은 몰락 · 강쇠밖에 없다.」는 내용을 진술하였다.

범부는 예컨대 북극과 같은 한대(寒帶)의 빙하를 녹여서 유용하게 활용한다든가 하는 것은 어리석은 일이라고 본다. 빙하-얼음 한 조각은 모두 '태양계의 약속' '우주 대조화의 원리(우주적 일대 조화의 원칙에서 그렇게 되어야 할 원리)'이라고 그는 본다.

이런 대조화의 사상=풍류사상이 우리 속에 내재해, 흐르고 있다는 것, 그런 원인의 탐구와 발굴이 바로 그의 동방학이었다.

범부는 의식적, 자각적으로, 일제강점기가 아닌 해방 이후 건국기에, 동방학의 확립을 지향하여 일반명사였던 동방, 동방학을 고유명사로 변모시켰다. 이 변모 속에는 지리적 · 문화적 · 민속적 · 정치적인 의미 정체성(아이덴티티) 즉 '경계'의 확립이 있다.

'동방'이란 경계는 개개인의 신체처럼 민족, 국가라는 '하나의(=한)' 지리적 · 문화적 · 정치적 · 종교적인 신체적 동질성을 '넋과 얼(靈魂) · 핏줄 · 핏줄기(血脈)' 확인을 통해 얻어낸 이른바 '한 겨레' 조선의 '고유 장소'이다. 그래서 범부는 「조선의 겨레는 물동이의 모성과 밥상의 부성, 이 양친의 자손임에 틀림없다」고 보고 '한 핏줄 · 한 겨레'임을 천명하려 하였다. 그것이 그의 '오증론(五證論)'이다.

6) 우리 문화의 특수성 논증 방법론, '오증론(五證論)'

범부는 우리 조선(=한국) 독특의 전통문화, 특히 신라-경주, 풍류-화랑의 문화의 '사적(史蹟)'을 연구하는 방법론을 독자적인 '오증론(五證論)'으로 제시한다.

한국문화의 독특성은 현재 문헌적 기록이 많이 남아 있지 않아서 '문증(文證)'만으론 한계가 있음을 밝히고, '물증(物證)'. '사증(事證)', '구증(口證)', 그리고 추가적으로 또 하나의 '다른 증명 방법' 즉 방증(傍證)인 '혈증(血證)'을 제시한다.

범부의 오증론	1	문증	문헌(文獻)
	2	물증	고적(古蹟)
	3	구증	구비전설(口碑傳說)
	4	사증	유습 · 유풍 · 유속 · 풍속 · 습속
	5	혈증	심정(心情) . 혈맥(血脈)

범부가 '혈증'론을 주장한 것은 '범부 자신'을 포함한 우리 민족이

풍류도 등 한국적 문화의 혈맥을 직접 계승하고 있다는 '확신'처럼 보인다.

> 풍류도란 것은 어떤 교단의 형태를 갖고 있는 것도 아니요, 어떤 명확한 경전을 갖고 있지도 않습니다. 다만 이 정신이 우리의 혈맥 가운데 흘러 왔을 뿐이지요. 그렇기 때문에 어느 의미로는 우리 민족이 수난과 실패의 역사를 겪어 오면서도 오늘날까지 이만한 정신을 유지해 온 것은 풍류도 정신이 우리의 혈맥 가운데 흐르고 있다는 것입니다.

범부는 「언어란 소리로 들을 수 있는 생각이다.」라고 했다. 혈맥은 살아서 뛰는 '핏줄로 들을 수 있는 언어-생각'인 것이다.

이런 혈맥의 모습은 어떤 것일까? 예를 들면, 범부의 『화랑외사』에 보이는 '씨 뿌리는' 백결선생을 보자.

> 그리고 자기 취미, 아니 취미라기보다는 생활은 첫째, 음악을 좋아하였었지만, 그러나 날씨나 좋고 할 때는 문을 닫고 앉아서 거문고를 타는 일은 그리 없었다. 가끔 그는 큼직막한 망태를 메고 산으로 들로 다니면서 꽃씨를 따 모아 가지고, 꽃 없는 들판이나 산으로 돌아 다니면서 꽃씨를 따 모아 가지고, 꽃 없는 들판이나 산으로 돌아다니면서 뿌리곤 하였다. 선생은 이 일을 무엇보다도 오히려 음악 이상으로 재미스럽게 생각하였다. 혹시 누가 멋모르고 그것이 무슨 취미냐고 물으면 그는 『이것이 治國 平天下야.』라고 대답하는 것이었다. 이것은 선생에게 있어서는 꼭 농담만은 아니었다. 그러기에 수백리 길을 멀다 생각하지 않고 꽃씨를 뿌리러 다닐 때가 많았다. 그리고 백결선생이 망태를 메고 지나간 곳마다 온갖 꽃이 다 피어나는 것이었다. 그리고 나무나 꽃 없

는 산, 그 중에도 벌겋게 벗겨진 산을 볼 때는 어떤 바쁜 일을 제쳐 두고라도 근처 사람을 불러가지고 그 산을 다 집고는 길을 떠나는 것이었다. 그리곤 사람을 벗겨두면 나랏님이 걱정하는 것처럼 산을 벗겨두면 산신님이 화를 낸다고 말했다.

'큼지막한 망태를 둘러메고 산으로 들로 다니면서 꽃씨를 따 모아가지고, 꽃 없는 들판이나 산으로 돌아다니면서 뿌리곤 하는' 화랑 '백결선생'. 그에게 그것은 '치국 평천하'였다. 범부는 이런 습성과 기상이 우리 혈맥 속에 살아 뛰고 있다고 보며, 그는 그것을 스토리텔링하고 있었다.

7) 천재적 풍모, "하늘 아래 제일로 밝던 머리"

일찍이 범부의 수제자였던 고 이종후 교수(전 영남대)는 「선생은 실로 동서고금의 사상사를 관통하고 스스로의 독자적인 융통투철(融通透徹)한 사상적 · 학문적 경계를 개척한 창조적인 학자 · 사상가이다 (중략) 사실 선생 생전에 선생의 강석에 한 번이라도 참석할 기회를 가졌었던 누구라도 선생의 강론과 풍모에서 그런 것을 느꼈을 것이다」. 「그와의 첫 대면에서 받은 인상은 진실로 압도적인 것이었다. (중략) 그의 풍격은 니체의 초상에서 인상받은 바와 같은 그러한 천재적 · 시인적 사상가의 그것이었다」라고 술회한 바 있다.

아울러, 범부의 친동생 소설가 김동리는 「나는 백씨가 지상에서 있었던 두드러진 천재의 한 사람이라고 믿고 있다. 그에게서 만약 그의 천재를 뒷받침할만한 건강과 의지 그리고 기회가 주어졌던들 공자나 그리스도에 준하는 일이라도 할 수 있지 않았을까 생각한다. 그에게 인생과 우주의 근본이랄까, 원리랄까, 그런 것에 대해 묻는 사람이 있으면, 그는 언제나 즉석에서, 동서의 모든 경전을 모조리 소화시킨 듯한 차원에서, 직관적인 사례로 대답을 하곤 했던 것이다. 이것은 그의 강좌 따위에 참석했던 모든 사람들의 기억 속에 지금도 생생히 남아 있는 것으로 안다」라고 말하였다.

마찬가지로 범부의 강의에 참석을 한 적이 있는 이완재 교수(전 영남대)는 그의 글에서 '희대의 천재'로 여기고,「범부 선생이 동서고금의 사상에 얼마나 통효했던가를 짐작할 수 있거니와 선생이 남긴 글을 읽거나 담화를 회상하면 동서고금의 사상이 종횡무진으로 언급되어 사람을 황홀하게 하는 바가 있다. 범부 선생의 이러한 천재성을 미당 서정주는 '하늘 밑에서는 제일로 밝던 머리'라고 표현했던 것이다」라고 표현한 바 있다.

또한, 시인 김지하는「김범부란 사람을 잘 봐야 해요. 이 사람은 때를 잘못 만나서 그렇지, 참 천재였다고.」「(김범부는) 현대 한국 최고의 천재라고 생각한다」라고 하였다.

마지막으로 범부의 막내사위인 진교훈 교수(전 서울대)는「사람들은 (중략) 그 분(=범부)의 박람강기(博覽强記)에 탄복해 마지않았지만 (중략) 만권서책(萬卷書冊)을 두루 읽으시어 (중략) 문자 그대로 무불통지(無不通知)라고 말해도 좋을 것 같았다. 사람으로서 알 수 있고 생각할 수 있는 것이면, 무엇이든 다 아시는 분 같았다.」라고 회고하고 있다.

앞서 언급했듯이, 범부가 죽자 그를 스승으로 모시고 따랐던 시인 미당 서정주는 세상을 떠난 범부를 위해, 울면서 읽은 조시 가운데

"하늘 밑에서는 제일로 밝던 머리"라고 했다.

8) 기억력, 메모 습관

아울러, 범부는 기억력이 좋았다. 머리가 좋다는 말. 그의 독서생활에 관해 재미있는 일화가 전해진다. 즉 범부가 부산 동래구에서 2대 민의원(=국회의원)에 당선된 이후 4년간(1950-1953) 수행 비서를 지낸 김동주(金銅柱. 당시 민한한의원 원장)의 회상기 「내가 모신 범부 선생」을 보자.

> 의사당에서 국회를 마치고 나오시는 귀가 길에는 청계천 길거리의 서점에 들리시어서 내가 짊어지고 갈 수 있는 무게만큼의 책을 사시곤 하셨다. 선생님은 굉장한 독서가로서 하루에 평균 30여권 정도의 독서를 하시니 정말 놀라운 생각이 들었다. 선생님이 읽고 나신 책 가운데서 내가 읽을 만한 책을 몇 권 골라서 1주일 쯤 밑줄을 쳐가며 보고난 후에 의심나는 대목을 선생님께 질문드리곤 했었다. 선생님께서는 책 한권을 10분도 다 안 되는 짧은 시간에 보셨는데도 뜻은 말할 것도 없고 그 속에 들어있는 낱말 하나까지도 매우 알뜰하게 설명해주시는 것이었다. 그러니 나는 그저 선생님의 능력 앞에서 기가 죽을 수밖에 없었다. 앞에서도 얘기를 했지만, 선생님은 한 달이면 천여권에 가까운 책을 보시는 참으로 굉장한 독서가였던 것이다. 어느 시인(서정주를 말함)이 선생님을 두고 「하늘 아래서 가장 명석한 머리」라고 했다지만, 그 명석한 머리에 천하에 제일가는 독서가였다."

범부의 외손자 김정근 교수(전 부산대)의 기억과 구술에 따르면, 범부는 평소 글을 읽거나 생각을 하다가 떠오르는 것이 있으면 즉각 '메모'하는 습관이 있었던 것 같다. 메모의 양은 엄청나게 많았으며, 방을 청소할 때도 가족들이 그 메모가 유실되지 않도록 매우 신경을 쓸 정도로 귀중하게 취급을 하였다고 한다. 그 메모 속에 그의 저술과 강의 강연의 구상이 들어있었다.

범부가 세상을 떠난 뒤(1960년대 말경)에 범부의 수제자였던 고 이종후교수(전 영남대), 범부의 막내 사위인 진교훈교수(전 서울대) 등 몇몇이 서울에서 모여, 범부가 남긴 상당량의 메모(큰 포대 셋 정도의 분량)를 파스칼의 유고집 『팡세(Pensées)』식으로 엮는 방안이 논의되었다 한다. 그러나 성사되지 못했고, 그 메모는 아쉽게도 사라져 버렸다.

9) 잊혀져 왔던 박정희 정권의 재야 이데올로그

「모든 것은 양면이 있다. 하나는 쉽게 해결되는 면이고 또 하나는 그렇지 않는 면이다. (...) 너는 쉽게 해결될 수 있는 면을 생각하라」고 희랍의 노예 출신 철학자(스토아학파) 에픽테토스(Epiktetos)는 말했다. 이처럼 범부의 사상 서술 방법에서는 가능한 쉽게 풀리는 쪽에서 논의를 이끌어 가는 매력을 볼 수 있다.

다시 말해서, 범부의 철학적 수사나 논의 방법을 잘 살펴보면 좀 특이한 면을 발견할 수가 있다. 그는 퇴색한, 생기를 잃은, 빛바래고 딱딱해진 개념과 학설, 논의를 동서양 비교철학적 방법, 외래어-한국어의 비교언어학적 방법 등 다양한 기법을 동원하여 생기가 도는 新生

의, 긍정적, 희망적인 문맥으로 이끌어가는 특징을 갖는다. 이러한 학문함의 '형식' 혹은 '방법'은 매우 특이하며 독창성이 있다. 예컨대 그의 '오증론'이 그렇고, 여기선 언급이 안 된 직관론(直觀論), 양가설(兩可說. 양쪽이 모두 옳다는 설)이 그렇다.

범부가 당시의 복잡한 사회-정치적 현안을 바라보는 맥락도 이야기를 '잘 풀리는' 쪽에서 논의를 시작하여 힘을 얻어내는 것처럼 보인다. 해방 이후 한국의 난국상을 타개하려는 정신적 문맥을 화랑-풍류-경주-신라에서 찾아내려는 '눈(시야)'도 그랬다.

그러나 이러한 재야 사상가로서 범부의 순수한 학문적-사상적 상상력과 열정이 한국이라는 구체적인 공간의 정치와 만났을 때 그가 의도하지 못했던 오해나 간극을 노출하곤 했다. 종래의 여러 연구에서 지적하듯이, 범부의 '화랑' '경주' '신라' 등의 논의가 그의 본래 의도와 달리 박정희 정권의 통치이념, 국가 이데올로기 창출에 기여한 이데올로그였나 아닌가 하는 점이다.

실제로 범부가 '한국(→ 동방)'이란 명확한 경계영역을 찾아내고, 그 내부의 저변에 지속해온 사상사(=풍류 · 화랑 등)를 확정하고, 그것을 기반으로 「국민」상과 「국민윤리」의 골격을 구상하여 독자적 · 창의적으로 안출 · 천명한 것은 부정할 수 없다.

그런데 그는 어디까지나 박정희 정권으로부터 민심을 수습하는 차원에서 부름을 받는 재야 정치자문역에 머물러 있었다. 제도권 밖의 재야 이데올로그, 정식 제자나 후계자가 없는 재야지식인이라는 제한점. 이것이 오히려 범부를 박정희 정권과 일정한 거리를 두게 한 장점이었다. 하지만 그의 사망 이후 이러한 창의적 논의들은 차츰 제도권 내에서 망각되고 사장돼 버렸다.

10) 새로운 평가 - '제3의 길'을 걸었던 사람

그럼, 이제 범부를 어떻게 연구하고, 평가해 볼 것인가? 이것이 과제이다.

한 가지 힌트로 시인 김지하의 평가를 들어보자. 그는 1990년대 이래 꾸준히 범부를 다음과 같이 평가한다.

> 김범부라는 사람을 잘 봐야 해요. 이 사람은 때를 잘 못 만나서 그렇지, 참 천재였다고. 풍류도를 어떻게 해서든 현대화시켜 보려고 애를 썼던 사람이라. 건국 초기에 국민윤리 같은 걸 보면 어떻게 해서든 화랑도, 풍류도에서 국민윤리의 기본을 파악하려고 애를 썼던 사람이에요. 동학에 대해서도 깊은 이해를 가졌던 사람이라고. 고대 풍류도의 부활이라든가, 샤머니즘에 대한 재평가, 신선도에 대한 재평가 등 아주 중요한 사람이에요.

> 초점은 해방 직후의 김범부(金凡父) 선생에게 있다. 왜냐하면 현대 한국의 최고 과제는 한마디로 줄여서 '최제우와 최한기(崔漢綺)의 통합'인데 제3휴머니즘의 철학적 근거가 될 범부의 '최제우론'과 '음양론'이 곧 다름 아닌 최제우와 최한기 통합의 지남침(指南針)에 해당하기 때문이다.

> 해방 직후에는 김범부 선생이 동방 르네상스와 함께 제3의 휴머니즘, 즉 사회주의도 자본주의도 아닌 제3휴머니즘에 입각한 신인간주의 운동을 제안한 바 있습니다.

즉 그는 우리나라 근대기에 이러한 조화의 원리, 즉 '네오휴머니즘'(혹은 '신인간주의') · '제3휴머니즘'(혹은 '제3의 길')을 제시한 인물로 본다. 나아가서 '공산주의와 자본주의를 가로지르는 새로운 이념' '생명의 원리에 입각해 민족의 집단적 정신분열을 치료할 수 있는 통합의 메시지'를 제시한 인물로도 평가한다.

이러한 시도는 종래 박정희 정권과의 연관 속에서만 조망하던, 이른바 박정희 콤플렉스에서 비롯한 획일적이고 편협한 연구 방식을 재고토록 해준다.

11) 상실한 '한국=고향 찾기'에 헌신한 사상가

범부의 수제자인 고 이종후 교수가 몸소 만든 영남대학교 동아리 대맥회훈에서 〈화랑정신의 현대적 구현: 진리에의 충성, 조국에의 충성, 인간에의 충성〉을 내걸었듯이, 범부사상의 사상적 범주도 결국 이런 것 아니었을까.

1945년(49세) 8월 15일 한낮, 범부는 일제의 패망 소식에 너무 기뻐 미친 사람처럼 고함을 지르며 큰 길을 마구 달렸다고 전한다. 범부가 겪었던 식민지기-해방과 건국-전쟁-남북분단-남한(대한민국)정권의 탄생을 생각해보면, 그는 마치 오랜 '고향상실'에서 고향을 찾고, 회상해내는 일에 골몰했었는지도 모른다. 상실된 한국이라는 존재-국토-영혼, 그런 것의 회상.

하이데거는 고향 상실의 시대 한가운데서 횔덜린(Johann Christian Friedrich Hölderlin, 1770-1843)의 다음 시 '고향(Die Heimat)'에 공명했다.

사공은 먼 곳 섬에서 수확의 즐거움을 안고
잔잔한 강가로 귀향하는데,
나도 정말 고향 찾아가고 싶구나.
하지만 내 수확은 고뇌 말고 또 무엇이 있는가?

나를 키워준 그대들, 사랑스러운 강변들이여!
그대들이 사랑의 괴로움을 달래 주려나? 아! 그대들,
내 어린 시절의 숲들이여, 내 돌아가면
그 옛날의 평온을 다시 내게 주려나.

아니, 「성벽은 말없이/차갑게 서 있고, 바람결에/풍향기는 덜걱거리네」라고 읊었던 휠덜린의 또 다른 시 '반평생'에서처럼, 난국에서 신생국의 윤리와 정치철학을 구상했던 사상가 범부. 그가 한 평생을 통해 고심하며, 가리켜왔던, 풍류-화랑 사상을 향한, '덜컥거리는 풍향기'를 우리는 이제 어떻게 다시 바라보며 평가할 것인가? 그것이 문제다.

2. 범부 김정설의 '五證論' 생각

1) '손잡이' 없는 '문(門)'을 찾아

'고전(古典)'을 읽을 때면, 마음이 편할 때도 있고, 그렇지 못할 때도 있다. 번역된 책인들 별반 다를 게 없다. 사전 지식 없이, 아무런 준비 없이 그냥 순진하게 맨손으로 다가섰다간 문전박대를 감내해야.

〈자왈, 조문도, 석사가의(子曰, 朝聞道, 夕死可矣)〉(『論語』「里仁」): "공자가 말했다. 아침에 도를 들으면, 저녁에 죽어도 좋다." 얼핏 보면 다 아는 듯 하다. 그러나 한번 물어보자. '도'란 구체적으로 무엇을 가리키는가? 왜 '죽어도 좋다'는 말을 했는가? '도를 듣는다'는 것은 누구에게 듣는다는 것인가? 속 시원한 답이 없다.

〈자왈, (…) 지자락, 인자수(子曰, 知者樂, 仁者壽)〉(『論語』「雍也」): "공자가 말했다. 아는 자는 즐거워하고, 어진 자는 장수한다." 왜? '어진 자는 장수한다'는 것은 무슨 뜻인가?

눈에 쉽게 읽히는 일상어이지만, 캐묻고 있으면 무언가 낯설고 답답해진다. 곰곰이 되물어보면, 말문이 막히기 일쑤다. 그냥 저만치 멀어져가기만 하는 언어들, 그 차가운 담벼락들. 글이 숨긴 하나의 내밀한 세계 속으로 '문(門)'을 열고 들어서려니, 그곳을 가리키는 표지판도, 그것을 열 손잡이도 없다.

이처럼 친절한 가이드도, 제대로 된 손잡이도 없이 우리는 고전에 마주선다. 거기서 무언가를 알아내고, 찾으려 한다. 번역서를 보지만, 어디 그리 속 시원한 대답이 있던가? 이 책은 이렇고 저 책은 저렇다. 다 한 소리 하고 있는 것 같으나 소리의 높낮이와 느낌이 다르다.

문자(文字)는 문화 · 지식 정보를 껴안은 타임캡슐 아닌가? 집 잃은 개(혹은 상가집 개, 喪家狗)같이, 맥락을 잃고 떠도는 것처럼 보이는 고전 속의 수 많은 문자들. 거기엔 이미 아득히 사라져버린, 그래서 '멀어진 시간'(=永)의 '이력', 이미 달라져버린, 그래서 '완연히 뒤바뀐 공간'의 '흔적'(=遠)을 딱 봉하고, 시치미를 뚝 뗀다. 입을 싹 닦고, 아무 일 없다는 듯 무표정하게 우두커니 서 있는 문자에 눈을 들이대는 독자들. 에베레스트의 정상에 오르려는 산악인처럼, 얼음산(=고전)을 조심스레 긁으며 미끄럼을 막으려 침 박힌 등산화를 끌어올리며 날카롭게 빙벽을 찍어대지만(=읽기), 연신 쭈-욱 쭉 미끄러져 내리고 만다.

퇴계 이황은 어린 선조에게 『성학십도(聖學十圖)』를 올리는 글 첫 머리에서, 「도무형상(道無形象), 천무언어(天無言語)」라 했다. 도에는 그것을 열고 들어갈 손잡이가 붙어 있지 않고, 하늘에는 그것을 찾아 나서는 자를 안내할 어떤 표지판도 가이드도 없다! 이렇게 퇴계는 선조에게 '일부러' 못을 박고서 「성학십도」의 의미구조에 주의집중하도록 한다. '도'도 '천'도 이치[理]도 이미 우리 눈앞에 훤히 드러나(發), 바로 발밑에 당도해 있다(自到). 그것은 언제나 푸르른(常靑) 현전(現前)의 존재와 진실이다. 그것을 퇴계는 제대로 알아차리라고 닦달한다. '고인이 예던 길'이 '눈앞에 있거늘'! 또렷이 깨어있는 정신 상태, 즉 '경(敬)'의 상태로 살아가라고 한다. 아마도 이것은 고전에 접하는 태도로 삼아도 좋겠다.

눈앞에 있다고 다 보는 것이 아니다. 운전을 해본 사람은 안다. 눈을 훤히 뜨고도 간판을 지나친 적이 어디 한 두 번인가?

2) '애정'과 '거리'의 사이의 헷갈림

'고전'이란 참 버겁고, 불편한 물건이다. 프란츠 카프카는 책을 "우리 안의 꽁꽁 얼어버린 바다를 깨뜨려버리는 도끼"여야 한다고 했다. 그만큼 강력한 힘의 원천을 책에서 구했다. 한편, 헤르만 헤세는 "이 세상의 어떠한 책도, 너에게 행복을 베풀지 않는다. 그러나 살며시 너를 네 자신 속으로 돌아가게 한다."고 했다. 책은 자기 자신으로 돌아가게 하는, 보이지 않는 안내자라 보았다. 이렇듯 고전은 '강한' 그러나 '약한' 물건인 것이다.

고전을 나와 일정한 '거리(=간격)'를 두고, 냉정하게 대상화시켜서 객관적으로 읽을 것인가? 아니면 '애정(신념)'을 갖고 따뜻한 시선으로 내 속의 심정적 감응(感應) 판을 작동해, 내 삶의 구조와 '일치=동일시=공명(共鳴)'시키면서 읽을 것인가? 전자는 객관적, 이성적, 학술적, 과학적 읽기이며, 후자는 호교론적, 감성적, 실존적, 주체적 읽기이다. 아직 우리 학계에선 어느 쪽이 타당한 방법인지 일치된 견해를 보이지 않고 있다. 아니. 그럴 필요도, 그럴 방법도 없다.

'공자왈(孔子曰)'을, 우리는 '공자께서 말씀하시길', '공자가 말씀하시길', '공자가 말하길' 어느 쪽이나 거의 무자각적으로 읽고 있다. 인간을 우주의 표준으로 삼는 유가 쪽에서는 성현 앞에서 존경심을 표출하는 것이 당연하다. 그러니 '공자께서 말씀하시길' 같은 식의 극존칭이나 존대어를 자연스레 붙이고 만다.

그러나 '자연'을 우주의 표준으로 삼는 도가 쪽에서 보면 다르다. '노자왈(老子曰)' '장자왈(莊子曰)' 하는 식의 표현이 사용되지 않는다. 사람이 아니라 '자연(自然)'이 표준이니 그렇다. 자연은 '불언지교'(不言之教) 아닌가. 그래서 (누군가가) '왈' 하는 어법이 사라진다. '사람'의 '말'이 사라진 자리에 '자연'이 차지한다. 자연은 몸을 뒤로 빼고 자신을 드러내지 않기에 '자연왈(自然曰)'이라 표현하지 않는다. '자연'의 '자(自)'는 '스스로' 혹은 '저절로'이고, '연(然)'은 '그러하다'고 읽는다. 자연에서는 '누군가가 카더라!'가 아니라 '스스로-저절로' 그러할 뿐이다. 스스로 피고 지는 꽃, 절로 절로 흐르는 물결, 스스로 푸른 산천, 절로 절로 시드는 나뭇잎과 같은 것이 '말없이' 사람을 '가르친다'. 옛 어른들은 '세월이 사람을 가르친다'고 했다. 생각해보면 참 멋진 말이다.

절로절로 그러한 것들이 사람을 가르친다는 사실, 그것을 알아차리는(見, 覺, 聞, 聽) 능력이 있는 사람들. 그들이 성현 아닌가? 그럼, 우리는 왜 그들을 존중해야 하는가? 나약하고 불안하기 때문이다. 그래서 인간은 신에 기대고, 자연에 기대고, 하늘에 기댄다. 그리고 그런 것들이 전하는 말씀을 민감하게 알아 차리고 전해주는 사람에 기댄다. 그런 사람의 말씀을 담은 고전, 그곳이 사람들이 기대고 비빌 언덕이다.

진정한, 본질적인 것(宗)은 누구나 바로 알아챌 수 없다. 그래서 그것을 가리킬 손가락과 전해줄 테크닉이 필요하다. 가르침(教)이 그것이다. 가르침을 베푼 사람들은 진정한 것에 '귀(耳)'가 열리거나 '눈을 뜬 자(覺者)'이다. 속인들은 그런 선지자의 입 열림, 손놀림, 몸놀림에 주목하며, 스스로의 눈알에 힘을 주고 앞을 쳐다보며, 자신 있게 제 발을 뻗어나가며, 사람다운 길을 걸었다. 고전은 바로 '사람임' '사람다움'의 거울이자 본보기였다. 여기서 고전에 대한 '애정'과 '거리'의 사이의 헷갈림이 생겨나고, 우리는 그 사이에서 왔다갔다 고민하고 만다.

3) 古, 그 수많은(十) 입을 통해 전해지는 말들(口)

옛날 어른들과 그 어른들의 어른들. 그 수많은(十) 입을 통해 유전되는, 꼬리에 꼬리를 문 말들(=口). 나무 막대기를 들고, 범인들의 닫힌 눈과 귀, 굳은 자세의 옆구리를 쿡쿡 찔러대며, 사람들을 안내해왔다. 여기서 '보편'이란 지위를 얻어내고 삶의 지침(범례)이 되었다. 그래서, '옛말에 틀린 게 없다'고 한다. 격언처럼 전해오는 한 마디 한 마디 말 속에는 다 그렇고 그런 '이유'를 한 짐씩 지고, 껴안고 있다. '옛 고(古)'자를 '까닭/이유 고(故)'자로 풀이한 이유이기도 하다.

인간의 '말'은 사람들이 살아온, 찌질한 것이든 위대한 것이든, 온갖 '사연'-'사건'을 담고 있다. 고(古)자는 그런 인간의 시간적 이력과 공간적 위치가 새겨져 있음을 은유한다. 그래서 커다란=위대한 책(大冊)을 모셨다는 '전(典)'자와 동거를 시작했다.

고와 전이 단짝이 된 뒤, 그 들 고전이란 말은 다시 근대기 서양의 클래씩(classic)이란 말과 혼인을 한다. 말하자면, 국제결혼인 셈이다. '일급(일류)의'라는 뜻의 라틴어의 클라시쿠스(classicus)는 원래는 그리스 로마의 모범적이면서도, 영원성을 지니는 서적을 지칭했지만, 차츰 예술작품까지 껴안는 폭이 넓은 개념이 되었다. 지금은, 고대뿐만이 아니라 근현대기의 훌륭한 저작, 작품까지 포괄한다.

아, 옛날이여! 이렇게 외치는 이유는 무엇일까? 그것은 끊임없이 현재를 '짚어보는 것=자각하는 것'이며, 또한 현재를 '건강하게 부정하며 동시에 긍정하는 것'이라 하겠다.

4) 고전 '이해'는 과거의 '용서'?

버드나무 가지가 물에 비치고, 황소개구리 울음이 수면에 파문을 만드는 고요한 아침. 나는 산책을 하고 나서, 얼마 전 읽다가 덮었던 책들을 다시 읽는다.

우선, 로저 샤툭의 『금지된 지식』(조한욱옮김, 금호문화, 1998). 그 결론부에서, 나는 잠시 호흡을 멈춘다. 윌리엄 제임스가 『종교적 경험의 다양성』이란 책 속에서 "사물에 대한 지식은 사물 그 자체가 아니다."라 했다는 인용문(259쪽).

'음 그렇지! 지식은 사물 그 자체가 아니지'하고 문단에서 눈을 떼는데. 그만, 또 한 구절이 눈에 걸린다.

샤툭 왈, "같은 페이지의 여덟 줄 아래에서는 갑자기 아무런 설명도 없이 '이해하는 것은 용서하는 것(=모든 것을 아는 것은 모든 것을 용서하는 것이다: 각주에서 인용)'이라는 속담을 프랑스어로 인용하고 있다. 그가 마음속에 두고 있던 것은 무엇일까? 나는 여기에서 제임스가 무심결에 이율배반의 다른 측면에 대해 우리의 주의를 환기시키고 있다고 믿고 있다. 외적인 객관적 지식은 어떤 주관적 경험에 대한 충실한 파악으로 우리를 안내하는 일은 결코 없을 것이다. (중략) 아무리 노력한다 하여도 우리는 우리 자신을 포함하여 어떤 경험이나 어떤 삶의 내부와 외부에 동시에 있을 수는 없는 것이다."(259-260쪽)

지식에 관심을 기울이면 자신의 경험과 삶의 내부로부터 벗어나게 된다. 반대로 경험과 삶의 내부로 다가서면 지식은 멀어진다. 내 밖의 것들을 이해한다는 것은 그것들을 받아들이는 일이니, 받아들인다는 것은 용서하고 산다는 것이다.

이런 맥락에서 고전을 이해하는 것은 과거를 현재적 맥락에서 용서한다는 것임을 알겠다. 사실 이해해버린 그런 과거는 과거가 아니고 '현재'이다. 살아 있는 '지금, 여기'이다. '옛날'에 대한 살아있는 지금, 여기의 용서이다. 용서를 통해 과거는 현재적 지위를 얻는다. 고전은 이 점에서 항상 이해-해석이라는 작업을 통해 우리 삶 속으로 침투해 들어와 '용서를 빌면서' '새로운 의미'로 거듭난다.

5) 범부 김정설의 오증론(五證論): 융합적 시야에서 거듭나는 방법론

요즘 추세는 융합이다. 하나의 장르로만 설 수 없다. 고전 해석도 그렇다.《사서집주》처럼 주자의 관점에서 재해석되고, 새로운 지적 질서와 풍경으로 구축된『사서』. '주자'라는 한 사람이 디자인해낸 당대의 문화, 정보, 지식의 총합체이다. 이것은 그가 만들어낸 '하나의' 그림이자 세계임과 동시에 그것은 기존의 다른 세계를 밀어내고=부수고 있는 그림이었다. 따라서 주자의 해석만으로《사서》를 전부 읽었다고 할 수 없다. 당연한 이야기겠지만,『사서』란 정보가 어느 한 개인의 지성으로 장악당할 수도 없다. 일리(一理)의 세계를 만들었을 뿐이다.

그렇듯이, 주자의 경학적 입장을 넘어, 여러 가지 다른 방법 읽기가 가능하다. 최근에 필자가 관심을 가진 사람. 소설가 김동리의 맏형 범부(凡父) 김정설(金鼎卨, 1897-1966. 일명 김기봉(金基鳳))(이하 범부). 나는 그의 '오증론'(五證論)에 관심이 간다. 이것은 전통적으로 활용된 주자의 경학적 해석법과 다른 또 하나의 지평을 열어준다.

거의 베일에 가려져 있었던 범부는 최근 다시 주목 받기 시작했다.

경주가 낳은 사상가로, '천재적 인물', '기인' 등등 여러 가지 말로 수식되면서 많은 사람들의 기억 속에서 회상돼 오고 있는 범부. 그는 고전해석에 대한 새로운 관점을 제시한다. 그것이 다섯 가지의 논증론이다.

범부는 점필재 김종직의 15대손으로 1897년 2월 18일 경주부 북부동에서 김덕수의 장남으로 출생하여 4세부터 13세까지 김계사에게 한문과 사서삼경(이른바 칠서(七書)) 등을 수학하였다. 이후 많은 학술 및 사회 활동을 하였고, 1966년 12월 10일 간암으로 세상을 떠났다. 향년 70세.

범부 김정설. '범부'는 자신의 호이고 '정설'은 이름이다. 범부란 호는 뭔가? 범부는 김정설 자신이 스스로를 낮추어 '그저 평범한 남자'라는 겸양어로 '凡父(범보)'라 호를 하였다. 그런데, 주변 사람들이 자꾸 '범보'를 '범부'라 부르다 보니 그만 그렇게 굳어버렸단다.

범부는 "언어란 소리로 들을 수 있는 생각이다"라는 재미있는 말을 하였다. 그렇다면 고전의 이해는 그것을 쓴 사람의 생각을 조용히 듣는 일 아닌가? 범부는 우리 조선(=한국) 독특의 전통문화, 특히 신라-경주, 풍류-화랑의 문화의 '사적(史蹟)'을 연구하는 방법론으로, 독자적인 '오증론(五證論)'을 제시한다.

한국문화의 독특성은 현재 문헌적 기록이 많이 남아 있지 않아서 '문증(文證)'만으론 한계가 있음을 밝히고, '물증(物證)'. '사증(事證)', '구증(口證)', 그리고 추가적으로 또 하나의 '다른 증명 방법' 즉 방증(傍證)으로서 '혈증(血證)'을 제시한다.

범부의 오증론	1	문증(文證)	문헌(文獻)
	2	물증(物證)	고적(古蹟)
	3	구증(口證)	구비전설(口碑傳說)
	4	사증(事證)	유습 · 유풍 · 유속 · 풍속 · 습속
	5	혈증(血證)	심정(心情) . 혈맥(血脈)

범부가 '혈증'론을 주장한 것은 그 자신을 포함한 우리 민족이 '풍류도(風流道)' 등 한국적 문화의 혈맥을 직접 계승하고 있다는 확신에서 한 발언처럼 보인다.

> 풍류도란 것은 어떤 교단의 형태를 갖고 있는 것도 아니요, 어떤 명확한 경전을 갖고 있지도 않습니다. 다만 이 정신이 우리의 혈맥 가운데 흘러 왔을 뿐이지요. 그렇기 때문에 어느 의미로는 우리 민족이 수난과 실패의 역사를 겪어 오면서도 오늘날까지 이만한 정신을 유지해 온 것은 풍류도 정신이 우리의 혈맥 가운데 흐르고 있다는 것입니다.
>
> (金凡父, 「國民倫理特講」, 『花郎外史』(3판), (대구: 이문출판사, 1981), 232-33쪽).

「언어란 소리로 들을 수 있는 생각이다」라 했던 범부. 그에 따르면, 우리 '혈맥'에 의거한 '혈증'은 지금 우리 몸속에 살아서 뛰는 '핏줄로 들을 수 있는 언어-생각'인 셈이다. 그는 말한다. 「조선의 겨레는 물동이의 모성(母性)과 밥상의 부성(父性), 이 양친(兩親)의 자손(子孫)임에 틀림없다」. 이런 우리의 혈맥을 존중한다면, 분명 우리의 고전 독법도 새로운 가능성이 있을 것이다. 범부의 제안대로 고전을 '문증', '물증', '사증', '구증', '혈증'이란 '오증'의 융합적 시야에서 읽어간다면, 어떤 독법이 가능할까? 호기심이 생긴다.

이렇듯, 범부의 오증론은 고전을 '융합적 시야'에서 다시 읽어내는 한 방법으로 음미해볼만하다. 그동안 책속에 묻혀왔던, 범부의 창의적 견해인 '오증론'을 문득 떠올려, 곱씹어본다.

2장

범부 연구의 현황과 과제

범부 연구의 현황과 과제

1. 서언

이 글은 凡父[1)] 金鼎卨(1897-1966. 범부는 호. '평범한 사람'이란 뜻)(이하 범부) 연구의 현황과 과제, 범부의 학문 방법론에 대하여 논의하는 것이다. 다시 말하면 그 동안 우리 사회에서 잊혀져 온 범부라는 한 사상가를 새롭게 발굴하여 연구해보려는 과제를 두고 그에 관련한 제반 사항들을 개괄적으로 짚어보려는 것이다.

범부는 우리에게 잘 알려져 있는 소설가 金東里(1913-1995)의 맏형으로 근현대기 한국의 사상과 학술 면에서 탁월한 능력을 보였던 사상가로 흔히 '하늘 밑에서는 제일로 밝던 머리'[2)]로 평가된다. 그는

---

1) 범부는 범보였던 것 같다.[아비 '부' 자는 ⓐ 자(=甫, 남자에 대한 미칭) ⓑ 나이 많은 남자에 대한 경칭 ⓒ 직업에 종사하는 사람의 총칭으로서 '보'로도 읽힌다.] 그런데 당시 사람들이 흔히 '범부'로 불러서 그렇게 된 것 같다. 범부는 말 그대로 '평범한 사람'이란 뜻이다.

2) 범부를 스승으로 모시고 따랐던 시인 未堂 徐廷柱는 세상을 떠난 범부를 위해 쓴

'風流' 및 '東方' 등의 주요 개념들, 아울러 '東方學' 연구의 방법론에 대한 탐색, 미당 서정주가 '新羅의 大祭主'[3]라 표현했듯 '新羅-慶州-花郞' 개념의 중요성을 부각시킨 선각자라 할만하다.

범부는 점필재(佔畢齋) 김종직(金宗直)의 15대손으로 1897년 2월 18일 경주부 북부동에서 김덕수(金德守)의 장남으로 출생하여 4세부터 13세까지 김계사(金桂史)에게 한문과 칠서(七書) 등을 수학하였다. 이후 많은 학술 및 사회 활동을 거친 뒤, 1966년 12월 10일 간암으로 향년 70세를 일기로 세상을 떠났다.

김범부의 약력은 아직 불충분한 점들이 많아 확정하기에 한계가 있지만 지금까지 밝혀진 개략을 서술한다면 그는 1897년 경북 경주에서 태어나 白山商會 己未育英奬學會의 제1회 장학생으로 渡日, 일본 각지 유명대학에서 선진 학술과 외국어를 수학하였고, 귀국 이후 8 · 15 광복까지 多率寺 등의 山寺를 歷訪하면서 불교철학 및 東方思想 연구

弔詩 가운데서 "하늘 밑에서는 제일로 밝던 머리"라고 평한 적이 있다([金凡父, 『花郞外史』, 범부선생유고간행회 편, 서울: 삼화인쇄주식회사, 1967, p. 3. 시의 원문은 아래와 같다.

〈 新羅의 祭主 가시나니 -哭凡父 金鼎卨 先生 〉

하늘 밑에서는 제일로 밝던 머리 / 쫒기어 헤매다가 말도 없이 가는 머리. / 學費 없어 退學맞아 서성이다 殞命하는 小學校 一等生의 入棺을 보는 듯 설웁습니다. / 先生님! // 한밤중 들으시던 땅속의 부홍이 소리 인제는 그만 우리에게 다 맡기시고 / 하눌에선 路資 없이도 댕기시리니 그 다 말 못하시고 간 講義 날마다 하시러 내려오시옵소서.//열아홉살 때 太宗武烈王陵에서 품에 끓이셨던 匕首, / 그 때 마련하셨던 新羅의 祭祀 그릇, 거기 담으셨던 陵앞 湖水의 말 풀 나물, / 二月 陵 앞의 山茱萸 향기, 인제는 두루 우리에게 맡기시고 新羅의 大祭主이시여 / 마음놓으시고 하늘에 드시옵소서. // 옛날 四天王寺 앞 길에서 月明이 한밤에 불던 피리, / 先生님이 이어 받아 부시던 피리, 인제는 그것도 우리에게 주옵소서./ 거기 先生님의 마음을 받아 담아 우리 길이 불고 따라 가오리니.......

3) 각주 2) 참조.

에 몰두하였다. 아울러 그는 1950년 제2대 국회의원 선거 때 동래에서 당선되고 후에 경주《鷄林學塾》(일반적으로 '鷄林大學'으로 불림)의 學長을 지냈으며, 東方思想硏究所 등을 세워 東方學 관련 강의를 하였다. 또한 1961년 5 · 16군사정변 후 한때 五月同志會 회장을 지내기도 하는 등 박정희 정권 초기 國家再建에도 기여한 것으로 알려져 있다. 덧붙여서 凡父는 曉堂 崔凡述, 梵山 金法麟과 함께 3범(범부-범술-범산)으로 불리며, 漢詩에도 조예가 깊었다.

그런데, 어떤 이유에서인지, 세상을 떠난 지 43년이 지난 오늘날까지 범부는 거의 우리 사회의 관심 밖으로 밀려나 묻혀있다시피 했다. 더욱 불행한 것은 그의 생전에 혹은 사후에도, 일부를 제외하고는 그의 업적들이 체계적인 정리 작업을 거치지 못해 고스란히 방치되어 있었다는 점이다. 현재 남아 있는 자료의 대부분은 그의 문하생들이 정리한 '강의'를 필기한 것이지만, 강의 내용 또한 대부분 산일되어 버렸거나 어떤 내용들은 문하생들의 저작 속에 흡수되어 있어 어디까지 범부의 것이고 어디까지 문하생의 것인지 알 수도 없는 상황이 되고 말았다.[4] 그의 이력이나 가계 또한 철저한 고증을 거치지 못해 대부분이 추정으로 남아 있어 범부 연구에 장애와 한계를 보여주고 있다. 따라서 우리가 범부의 심오한 철학세계 등을 논하기 전에 후학으로서 마땅히 '범부의 사상세계를 체계적으로 재현하기 위한' 기초연구에 보다 충실하여 그의 저작의 윤곽과 유품 등을 착실히 수집, 정리할 필요가 있다.

---

4) 대부분 저작의 서문에 범부 강의에 의거하여 작성하였다고 기술하고는 있으나 내용에 들어서면 어디까지가 범부의 것이고 필자의 것인지 도저히 분간할 수 없도록 되어 있다. 예를 들면 황산덕의 『삼현학』(서문당, 1978), 이중의 『모택동과 중국을 이야기 하다』(김영사, 2002)가 그것이다. 전자는 직접 강의를 듣고 적은 노트에 근거하였고, 후자는 자기 백씨가 간직해온 범부의 강의노트에 근거한 것으로 되어 있다.

다행히도 가족, 인친척, 그리고 생존해 있는 문하생들은 기억을 더듬어 구술을 하거나 또는 소장한 자료를 제공해 줌으로써 범부의 생애, 그의 학문 내용, 특질에 대한 윤곽을 잡는데 큰 힘이 되고 있다. 아마도 우리가 미처 파악하지 못한 분들 가운데서도 범부를 기억하거나 그의 자료를 소장한 분들이 다수 있을 것으로 안다. 문제는 이처럼 범부와 직접 관련이 있거나 그를 기억하는 분들의 숫자가 차츰 줄어들고 있다는데 있다. 고인이 된 문하생들의 저술 속에서도 범부에 대한 회고나 사상적 영향 관계가 기술되어 있기는 하지만 그 분들의 충분한 구술 증언, 그분들이 가지고 있는 범부의 강의에 대한 노트, 사진 등의 자료를 확보할 수 없다는 게 참으로 안타까운 현실이다. 더욱이 현재 생존해 있는 범부 관련 인물들의 기억 속에서 범부가 사라지기 전에 회고나 구술증언을 확보하는 것도 시급하다 할 것이다.

이 글에서는 이러한 문제의식을 기초로 논의를 진행하되, ① 범부 연구의 현황, ② 범부 연구의 과제를 중심으로 논의하고자 한다.

2. 범부 연구를 위한 주요 자료

1) 주요 텍스트

범부의 사상체계를 알 수 있는 논저로 우리에게 잘 알려진 것은『花郎外史』[5](부산: 해군본부정훈감실, 1954)(초판),『凡父遺稿』(일명

5) 여기에「國民倫理特講」이 붙어 있다.

『政治哲學特講』. 대구: 이문출판사, 1986), 『風流精神』(서울: 정음사, 1986)의 세 권이다.[6)]

여기서는 참고를 위해 그 목차만을 들어두기로 한다.

- 『**花郎外史**』: 『화랑외사』는 본래 범부의 이야기를 듣고 조진흠씨가 받아써서 만든 책[7)]이다. 1954년(해군본부정훈감실) 초판 발행 이후 1967년(서울: 삼화인쇄주식회사), 1981년(대구: 이문출판사) 삼간(三刊) 되었다.

1. 화랑가(花郎歌)	7. 소나 부자(素那 父子)
2. 사다함(斯多含)	8. 해론 부자(奚論 父子)
3. 김유신(金庾信)	9. 필부(匹夫)
4. 비녕자(丕寧子)	10. 물계자(勿稽子)
5. 취도형제(驟徒兄弟)	11. 백결선생(百結先生)
6. 김흠운(金歆運)	

- 『**凡父遺稿**』: 『범부유고』는 범부선생유고간행위원회의 2대 회장을 맡은 고 이종후교수(영남대 철학과)가 20주기를 맞이하여 1986년 펴낸 책이다. 이 책은 고 이종후 교수가 「간행사」에서 밝힌대로 1962년 1월에서 7월 사이에, '건국정치의 성격'이란 제목

6) 아래 내용은 崔在穆 · 李泰雨 · 鄭茶雲, 「凡父 金鼎卨 연구를 위한 예비적 고찰」, 『日本文化硏究』24, 동아시아일본학회, 2007. 10; 崔在穆 · 鄭茶雲, 「凡父 金鼎卨의 『風流精神』에 대한 검토」, 『동북아문화연구』제20집, 동북아문화학회, 2009. 09을 참조하여 서술한 것임.

7) 김동리 '백씨를 말함'에서 (김범부, 『풍류정신』, 서울: 정음사, 1986)의 첫 머리.

하에 구상해 온 것을 손수 집필한, 원고지 1천 7백 장 가량 되는 대하논설이다.

제1부 국민운동의 준비과정

제1장 서론

제2장 국민운동의 제전례

제3장 한국의 현실과 국민운동의 과제

제4장 도의건설과 도의파양

제5장 한국의 국가관

제6장 한국의 민주주의

제7장 건국경제정책과 생산교육

제2부 공산주의 비판

제1장 변증법적 역사관에 대해서

제2장 동방의 사실에서 실증되는 계급투쟁사관의 오단

제3장 세계사관의 윤곽에 대하여

제4장 중국역사와 변증법적 사관과의 저오

제5장 폭력혁명의 운동

제6장 소련공산당의 이념과 정책

제7장 잉여가치설과 공산제의 귀결적 단서

제8장 신앙심리와 인간생활사의 문제

제9장 유물론의 비극적 파탄

제10장 경제중심사관과 인간생활 조건

• 『**風流精神**』 : 『풍류정신』은 한양대의 조흥윤씨가 정음사의 편집위원을 하면서 원래 범부의 전기를 쓰려고 하다가 이미 지상에 발표된 자료를 모은 것을 간추려 한 권의 책(정음사, 1986)으로

펴낸 것이다.

「제1부 花郞」은 범부의 첫 번째 저서인 『花郞外史』에 실린 화랑의 이야기 중 일부를 실은 것으로 이곳에는 제1장 서를 포함, 제2장 화랑가, 제3장 사다함, 제4장 김유신, 제5장 물계자를 싣고 있다. 「제2부 최제우론」은 오종식의 권유로《韓國日報》에 연재된 글로, 뒤에 『世界』2(東學創道百周年記念特輯, 1960)에 재발표되기도 하였다. 「제3부 陰陽論」은 1962년 9월 서울 東洋醫藥大學에서 강의한 〈東方思想〉의 강의내용을 이종익이 기록한 것으로, 이종익의 『東方思想論叢』(서울: 보련각, 1975)에도 실려 있다. 그리고 「제4부 췌세옹 김시습」은《京鄕新聞》에 이항녕의 권유로 게재된 글이 발표된 것이다(년도는 미확인).

「제4부 贅世翁 金時習」

제1장 육신묘(六臣墓)	제12장 피리춘추(皮裏春秋)
제2장 설잠(雪岑)과 금옥(金玉)	제13장 강호(江湖)
제3장 기인 김오세(奇人 金五歲)	제14장 탈적(脫籍)
제4장 생사지기(生死知己)	제15장 안개
제5장 운중행로(雲中行路)	제16장 수륙무차평등재(水陸無遮平等齋)
제6장 초혼(招魂)	
제7장 어디로 가려는가	제17장 사신일전(捨身一戰)
제8장 장사 금옥(壯士 金玉)	제18장 사일풍진(四日風塵)
제9장 추등감구록(秋燈感舊錄)	제19장 기다리던 날
제10장 초간심사(草間心史)	제20장 최후의 일광(日光)
제11장 인간기상학(人間氣象學)	金凡父 선생 약력(진교훈)

2) 주요 텍스트 외의 논고들

주요 텍스트 외의 자료로서 다음과 같은 주요한 것들이 있다.

- **『동방사상강좌』**(영남대 고문헌실 소장, 이종익 기록, 출판년도 출판사 미상) : 이 책은 영남대학교 고문헌실에 소장되어 있으며 출판년도 및 출판사 미상이다. 다만 『동방사상논총』(이종익박사 학위논문총서, 서울:보련각, 1975)(2차 자료 1번 참조)에 그 내용이 전부 포함되어 있다.

  범부는 1956년 건국대 부설 동방사상연구소에서 동방사상의 핵으로서 역학을 2년간 강의하였고 그 뒤 동양의대에서 〈동방사상강좌 음양론〉을 가졌다. 『동방사상강좌』는 이러한 강의 내용을 이종익이 기록한 것이며 등사본 형태로 전해지고 있는 것이다. 『동방사상강좌(동방사상강좌 음양론 초(抄))』의 내용은 다음과 같다.

제1장 언어와 문장독립의 과제
제2장 동양학연구법
제3장 사고의 유형문제
제4장 동방인의 특수한 사고형
제5장 의문검정법과 「태극도설」
제6장 음정양동설(陰精陽動說)에 대하여
제7장 과학의 유형
제8장 음양은 일기(一氣)이다
제9장 기론
제10장 이기설
제11장 이기론
제12장 단학(丹學)과 선도(仙道)
제13장 정(精) · 기(氣) · 신(神)

- **「國民倫理特講」**(『花郎外史』(3판), 이문출판사, 1981) : 이것은 『화랑외사』(3판)에 부록으로 포함되어 있다. 이 글은 '국민', '민족', '시민' 이라는 세 단어의 애매성에서부터 출발하여 한국의 국민윤리에 대해 설명한다. 범부는 한국적 국민윤리를 설명함에 '풍류도'라는 개념을 사용하고 있다.[8)]

8) 범부는 풍류도에 대해서 이렇게 말한다. "풍류도란 것은 어떤 교단의 형태를 갖고 있는 것도 아니요, 어떤 명확한 경전을 갖고 있지도 않습니다. 다만 이 정신이 우리

- 「風流精神과 新羅文化」: 이 글은 범부가 동방사상연구소장으로 있을 당시 한국사상강좌편찬위원회가 편찬하고 고구려문화사가 간행한 『한국사상』(강좌 3, 1960.4)이란 책 속에 실린 글로 범부의 몇 되지 않은 단편들 가운데 하나이다.
- 「五行說과 東方醫學의 原理」: 이 글은 도광순이 편저한 『도교와 과학』(서울:비봉출판사, 1990)이란 책에 실린 글로, 범부의 동방사상에 관한 유고 중의 일부이다.
- 「周易講義」: 이 글은 이종익이 자신의 박사학위논문집을 내면서 범부의 몇몇 글들도 함께 모아 출판한 『동방사상논총』(이종익박사학위논문총서, 서울:보련각, 1975)에 실린 글이다. 건괘 5강, 곤괘 2강 모두 7강이 실려 있다.
- 「列子를 읽음(一)」: 이 글은 『신민공론』(신년호, 신민공론사, 1922)에 실린 글이다.
- 「老子의 思想과 그 潮流의 槪觀」: 『개벽』제 45호(개벽사, 1924)에 실린 글로 범부는 이글을 쓰게 된 동기를 노자의 학설에 대해 이설이 난무하는 것을 보고 제대로 된 방법론에 의해 그의 사상을 정확히 이해할 필요가 있기 때문이라고 밝히고 있다.
- 「조선문학의 성격」: 『新天地』 통권 45호, 신천지사, 1950.4.
- 「韓國人과 유머」: 오종식 이희승 外, 『여원』, 여원, 1957.7.
- 「花郞 勿稽子 抄」: 『(월간)자유』13집, 월간자유, 1970.3.

의 혈맥 가운데 흘러 왔을 뿐이지요. 그렇기 때문에 어느 의미로는 우리 민족이 수난과 실패의 역사를 겪어 오면서도 오늘날까지 이만한 정신을 유지해 온 것은 풍류도정신이 우리의 혈맥 가운데 흐르고 있다는 것입니다.(김범부, 「국민윤리특강」, 『화랑외사』(3판), 대구:이문출판사, 1981, pp. 232-33.

3) 최근 발굴 논고들

위에서 소개한 자료 외의 최근 새로 조사된 것들을 소개하면, 〈조선의 문화와 정신〉관련 2편, 〈건국정신과 건국이념〉관련 5편, 〈동방학과 동양고전〉 관련 6편, 〈기타〉 12편이 있다.[9]

Ⅰ. 조선의 문화와 정신(2편)

1. 「朝鮮文化의 性格」, 『新天地』, (서울: 서울신문사, 1950.04)
2. 「風流精神과 新羅文化」, 『韓國思想』3, (韓國思想講座編輯委員會.編, 1960)
3. 「東方文化의 類型에 對하여」, 『瑞光』, (광주사범대학 학도호국단, 1964.7)(현재 원본자료를 입수하지 못 했음)

Ⅱ. 건국정신과 건국이념(5편)

1. 「歷史와 暴力」, 『새벽』送年號, (새벽社, 1954)
2. 「邦人의 國家觀과 花郞精神」, 『最高會議報』2, (국가재건최고회의, 1961)
3. 「우리 民族의 長短-自我批判을 爲한 縱橫談」, (《朝鮮日報》, 1961.8.27)
4. 「國民的自覺의振作을爲하여」, 『자유문화』, (자유문화연구센터, 1963.02)
5. 「우리는 經世家를待望한다」, 『政經硏究』1, (정경연구소, 1965)

Ⅲ. 동방학과 동양고전(6편)

1. 「열자를읽음(一)」, 『新民公論』 신년호, (新民公論社, 1922.01)
2. 「老子의 思想과 그 潮流의 槪觀」, 『개벽』45, (개벽, 1923.03)
3. 「持敬工夫와 印度哲學」, 『불교사 불교』50 · 51권, (불교사, 1928.01)

---

9) 이 자료들은 최재목 · 정다운 편으로 서울: 선인 출판사에서 『범부 단편선』이란 제목으로 금년 10월에 간행되었다.

4.「經典의 現代的 意義-병든 現代는 東方의 빛을 求하라」,(《大學新聞》, 1959.10.26)
5.「오행설과 동방의학의 원리」,『동방사상논총』, (서울: 보련각, 1975)
6.「주역강의」,『도교와 과학』, (서울: 비봉출판사, 1990)

Ⅳ. 기타(12편)
1.「活氣와 苦悶의 山水-風谷畵展平」,(《東亞日報》, 1957.12.12)
2.「韓國名賢史話全集-新刊 · 書評」, (《東亞日報》, 1960.06.18)
3.「民族의 烈士-旺山先生 殉國52週忌에 즈음하여」, (《東亞日報》, 1959.10.31)
4.「운수천리(雲水千里)」,(《국제신문》, 1960.01.01, 03, 04, 05, 06, 07, 08, 09, 11)[총 10회 중 현재 9회 분만 전함]

다만, Ⅰ- 3.「東方文化의 類型에 對하여」,『瑞光』, (광주사범대학 학도호국단, 1964.7)의 자료처럼 종래 연구사 속에 언급은 되어 있으나 도저히 그 원본을 찾을 수 없어서 아쉽다.

3. 범부연구의 현황

여기서는 범부 연구(특히 철학사상 관련)와 관련 된 주요 사항만을 연대순으로 나열하고자 한다.

(1) 鄭達鉉,「金凡父의 國民倫理論」, 代宗教問題研究所가 펴내는 《現代와 宗教》10, (현대종교문제연구소, 1987. 4)

(2) 김용구,「범부 김정설과 동방 르네상스」,『한국사상과 시사』, (불교춘추사, 2002)

(3) 진교훈,「범부 김정설의 생애와 사상」,《철학과 현실》64호, (철학과 현실사, 2005. 봄)

(4) 최재목 · 이태우 · 정다운,「凡父 金鼎卨 연구를 위한 예비적 고찰」,《日本文化硏究》24집, (동아시아일본학회, 2007. 10)

(5) 최재목 · 정다운,「'鷄林學塾'과 凡父 金鼎卨(1): '設立期'를 중심으로」《동북아문화연구》16집, (동북아문화학회, 2008)

(6) 영남대 범부연구회 발족(범부 사후41년. 2008년 9월 1일)

(7) 최재목 · 이태우 · 정다운,「'凡父文庫'를 통해서 본 凡父 金鼎卨의 東洋學 지식의 범주」《儒學硏究》18집, (충남대학교 유학연구소, 2008. 12)

(8)『風流精神』복간(정음사본을 저본으로 하여 탈자와 오자를 바로 잡았음, 진교훈 교열, 영남대출판부, 2009) ☆ 부록: 진교훈,「범부(凡父) 김정설(金鼎卨)의 생애와 사상」

(9) 禹沂楨,「凡父 金鼎卨의 '國民倫理論' 構想 속의 '孝'」,『동북아문화연구』19, (동북아시아 문화학회, 2009. 6)

(10) 崔在穆 · 鄭茶雲 · 禹沂楨,「凡父 金鼎卨의 日本 遊學 · 行蹟에 대한 檢討」,『日本文化硏究』31, (동아시아일본학회, 2009. 7)

(11) 제4회 동리목월문학제의 일환으로 범부 사상을 재조명하는 학술 심포지움이「김범부 선생과 경주 문학」라는 주제로 개최(4월 24일, 동리목월문학관)되었다.

- 이완재,「범부 선생과 동방사상」
- 진교훈,「범부 김정설의 생애와 사상」
- 김정근,「김범부를 찾아서」 • 김정숙,「김범부와 다솔사의 문인들」
- 손진은,「김범부와 서정주」

(12) 제1회 범부연구회 개최(대구CC, 2009. 6. 6)

- 李完栽, 「범부 선생과 동방사상」, (『제4회 동리목월문학제 - 김범부 선생과 경주 문학』심포지움 자료집, ((사)동리목월기념사업회, 2009. 4. 24)에서 발표한 「범부 선생과 동방사상」을 보완하여 발표)
- 金正根, 「김범부를 찾아서」(『제4회 동리목월문학제 - 김범부 선생과 경주 문학』심포지움 자료집, ((사)동리목월기념사업회, 2009. 4. 24)에서 발표한 「김범부를 찾아서」를 보완하여 발표)

(13) 최재목 외, 『凡父 金鼎卨研究』(경산: 대구 프린팅, 2009)

*『凡父 金鼎卨研究』는 아래의 발표 논고를 대폭 수정, 보완해 편찬한 논문집이다.

- 崔在穆, 「凡父 金鼎卨 研究를 위하여 - 『凡父 金鼎卨 研究』 刊行에 즈음하여 -」
- 崔在穆 · 李泰雨 · 鄭茶雲, 「凡父 金鼎卨 연구를 위한 예비적 고찰」, 『日本文化研究』24, (동아시아일본학회, 2007. 10)
- 崔在穆 · 鄭茶雲, 「'鷄林學塾'과 凡父 金鼎卨(1): '設立期'를 중심으로」, 『동북아문화연구』16, (동북아시아 문화학회, 2008. 9)
- 崔在穆 · 李泰雨 · 鄭茶雲, 「'凡父文庫'를 통해서 본 凡父 金鼎卨의 東洋學 지식의 범주」, 『儒學研究』18, (충남대학교 유학연구소, 2008. 12)
- 李完栽, 「범부 선생과 동방사상」, 『제4회 동리목월문학제 - 김범부 선생과 경주 문학』심포지움 자료집, ((사)동리목월기념사업회, 2009. 4. 24)
- 金正根, 「김범부를 찾아서」, 『제4회 동리목월문학제 - 김범부 선생과 경주 문학』심포지움 자료집, ((사)동리목월기념사업회, 2009. 4. 24)
- 眞敎勳, 「범부 김정설의 생애와 사상」, 『제4회 동리목월문학제 - 김범부 선생과 경주 문학』심포지움 자료집, ((사)동리목월기념사업회, 2009. 4. 24)

- 禹沂楨, 「凡父 金鼎卨의 '國民倫理論' 構想 속의 '孝'」, 『동북아문화연구』19, (동북아시아 문화학회, 2009. 6)
- 崔在穆 · 鄭茶雲 · 禹沂楨,「凡父 金鼎卨의 日本 遊學 · 行蹟에 대한 檢討」,『日本文化硏究』31, (동아시아일본학회, 2009. 7)

(14) 최재목 · 정다운, 「凡父 金鼎卨의 『風流精神』에 대한 검토」, 『동북아문화연구』20, (동북아시아 문화학회, 2009. 09)

(15) 제2회 범부연구회 개최(2009. 10. 24-25, 영남대 법학전문도서관 2층 영상회의실)

- 최재목, 「凡父 연구의 방향과 과제, 방법론」
- 진교훈, 「凡父의 미발굴 자료 소개」
- 이완재, 「凡父의 정신세계」
- 김정근, 「凡父의 家系와 가족관계」
- 慧耘, 「多率寺와 3범(凡父, 凡述, 梵山)」
- 秋田, 「金凡父 大茶人을 탐구하며」
- 신주백, 「근대기 東洋 、東方 개념성립의 의미」
- 김영수, 「근대기 한국정치사에 있어 國民倫理 담론」
- 김석근, 「'신라정신'의 '闡明'과 그 정치적 함의 - 언제, 누가, 그리고 왜」
- 이용주, 「凡父 사상체계와 전통론의 의의」
- 박맹수, 「凡父 金鼎卨의 東學觀」
- 손진은, 「金凡父와 金東里未, 그리고 徐廷柱의 상관관계」
- 정다운, 「凡父 金鼎卨의 『風流精神』에 대한 검토」
- 우기정, 「凡父 金鼎卨의 '國民倫理特講' 構想 속의 孝」

이상에서 열거한 것 외에도 범부 연구 관련 주요사항이 다수 있을 것으로 생각된다. 아울러, 범부와 동리, 미당 관련 문학 방면 연구는 다수 있으나 여기서는 제외하였다. 이에 대해서는 추후 발견, 입수하는 대로 보완해갈 생각이다.

4. 향후 범부연구의 과제

여기서는 범부 연구의 과제를 가장 절실한 점들을 간추려서 서술하기로 한다.

1) 年譜, 家系, 人脈에 대한 재조사의 필요성

범부의 약력은, 崔在穆 · 鄭茶雲 · 禹沂楨의 「凡父 金鼎卨의 日本 遊學 · 行蹟에 대한 檢討」[10]에서 밝혀진 것을 근거로 보면 다음과 같다.

(1) 「金凡父 履歷書」, (金凡父, 『認可(해산)關係綴』, 檀紀四二八六年以降, 汶坡教育財團, 학교법인 영남학원 보관)
(2) 『花郎外史』(3판), (金凡父, 대구: 이문출판사, 1981)
(3) 『凡父遺稿』, (金凡父, 대구: 이문출판사, 1981)
(4) 『風流精神』, (金凡父, 서울: 정음사, 1986)
(5) 「범부 김정설의 생애와 사상」, (秦教勳, 『철학과 현실』64호, 철학문화연구소, 2005(봄))

---

10) 崔在穆 · 鄭茶雲 · 禹沂楨, 「凡父 金鼎卨의 日本 遊學 · 行蹟에 대한 檢討」, 『日本文化硏究』31, 동아시아일본학회, 2009. 7.

(6)「凡父 金鼎卨 연구를 위한 예비적 고찰」, (최재목 · 이태우 · 정다운, 『일본문화연구』24, 동아시아일본학회, 2007.10)
(7)「'鷄林學塾'과 凡父 金鼎卨(1) ; '設立期'를 중심으로」, (최재목 · 정다운, 『동북아문화연구』16, 동북아시아 문화학회, 2008)
(8)「〈凡父文庫〉를 통해서 본 凡父 김정설의 동양학 지식의 범주」, (최재목 · 이태우 · 정다운, 『유학연구』18, 충남대학교 유학연구소, 2008.12)
(9)「金凡父를 찾아서」, (金正根, 『凡父 선생과 경주문학』, 동리목월심포지움자료집, 동리목월기념사업회, 2009.04.24)
(8)「범부 선생과 동방사상」, (李完栽, 『凡父 선생과 경주문학』, 동리목월심포지움자료집, 동리목월기념사업회, 2009.04.24)

위의 논고들에서는 다음과 같이 범부의 비상함 등이 언급되곤 한다.

• 당대 '경주의 삼대 천재'[11] 중의 한 명; • 일본 유학당시 토야마 미쯔루(頭山滿. 1855-1944)[12]에게 '존경받는 인물'; • 당시 많은 才士들[13]이 일본에서 수학했는데, 범부의 재주가 출중하여 '영남 제일의 천재'

---

11) 경주의 삼대 천재로 범부 외에 孫一峰(1906-1985. 화가. 1934년 일본 우에노미술학교 졸업), 庾錫祐(?-?. 일제 강점기에 대동일진회와 입헌혁정당에서 활동을 함)가 있었다.

12) 福岡縣 출신으로 大亞細亞主義의 立場에서 運動을 했던 國家主義運動家로 政治結社 玄洋社를 창설하고, 일부에서 '마지막 사무라이'로 칭해지는 인물.

13) 예컨대, 崔斗善(1894-1974. 1917년 와세다(早稻田)대학 철학과 졸업), 洪命熹. 1888-1968. 일본 다이세이(大成)중학 수학) 등.

라는 별명을 얻었음.[14] ; • '白山商會 已未育英會'의 장학생[15] 자격으로 일본에 건너감 등등

그런데, 범부가 「鷄林學塾」初代 학장으로 취임할 당시 작성된 履歷書에는 '東洋大學 卒業', '比叡山專修學院 名譽講師'와 같이 일본 遊學 · 聽講에 대해 언급하고 있다.

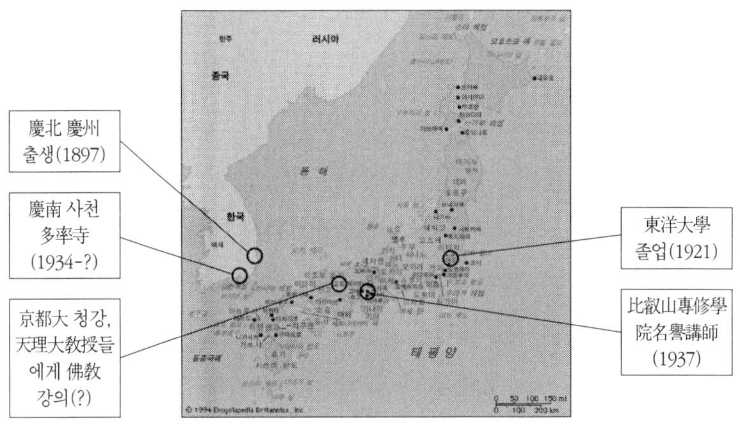

[그림 1] 범부의 이력 중 일본과 관련된 지역 및 그 내용[16]

14) 진교훈, 「범부 김정설의 생애와 사상」, 『철학과 현실』64호, 철학문화연구소, 2005(봄), p. 218.

15) '백산상회'는 항일운동가 안희제(安熙濟. 1884-1943)가 1914년 부산에 설립한 상회. 표면적으로는 해산물과 농수산물을 구매 · 위탁하는 무역상이었으나 실은 독립운동자금 조달과 국내연락망 구축을 위한 국내 독립운동기지였다. 1919년 11월 부산에서 백산상회 주주들과 영남지역 지주들이 중심이 되어 '장차 독립운동을 위한 인재양성'을 위하여 우수한 청년들을 선발하여 국내 및 해외유학 시키기 위해 장학재단인 '己未育英會'를 조직하였다.

16) 崔在穆 · 鄭茶雲 · 禹沂楨, 「凡父 金鼎卨의 日本 遊學 · 行蹟에 대한 檢討」, 『日本文化研究』31, p. 455.

그러나 이러한 사항들은 실제 객관적인 검토나 증거를 가진 것이 아니라는 점에서 문제가 있다.

사실 지금까지 범부의 생애는 종래 공개된 범부에 대한 기존의 연구에서는 모두 범부의 주요 저작 중의 하나인 『花郎外史』[17]의 부록 「약력」, 그리고 진교훈의 「범부 김정설의 생애와 사상」(『철학과 현실』 64호, 철학문화연구소, 2005(봄))에 의존하는 바가 컸다. 그러나 이러한 약력의 일부는 사실 확인을 전제로 다시 작성되어야 하며, 특히 일본 遊學 · 聽講 건은 현지답사, 자료수집을 통해 거의 새로 밝혀야 할 점들이다.

이와 관련한 각 시기별로 이루어진 범부의 구체적 활동과 강의는 물론 그의 가족, 사제 및 지인 관계 등에 대해서도 추후 보다 세밀하게 다뤄져야 할 것이다.

2) 주요 강의 및 강의노트 파악

범부는 많은 강의들을 행한 것으로 알려져 있다. 그의 강의에 촉발되어 이루어진 것으로 추정되는 많은 책들, 예컨대 黃山德(법철학자, 전 법무부장관)의 『三玄學』, 『自畵像』, 「어디다 국민윤리를 세울 것인가?」, 李鍾益(전 建國大 교수)의 『東方思想論叢』, 李中(전 숭실대 총장, 전 연변 과기대 부총장)의 『모택동과 중국을 이야기 하다』[18] 등의 책 서문에는 이에 대한 언급이 보인다.

---

17) 金凡父, 『花郎外史』(삼판), 대구: 이문출판사, 1981.

18) 이에 대해서는 각주 4) 참조

그러나 범부의 개별 강의들이 모두 밝혀진 것이 아니다. 지금까지 알려진 강의 혹은 강좌를 정리하면 대략 8회로 다음과 같다.(?는 不明을 표시)

[표 1] 범부의 주요 강의[19)]

순번	강의명	장소 등
1	周易講義(?)	1921년, 佛教中央學林(동국대 전신)
2	칸트 탄생 200주년기념 칸트講義	1924년
3	中國 魏晉時代의 玄談派와 格義佛教	1940년 전후, 다솔사(일본 比叡山 訪問團: 승려, 교수 등)
4	國民倫理特講	1950년대 초반, 經世學會(?)
5	易學과 五行思想	1950년대 후반(1958년?) 3년간, 建國大學 附設 東方思想研究所(당시 東方思想研究所長)
6	政治哲學講座	1958년(?), 建國大學 附設 〈東方思想研究所〉
7	東方思想	1962년 9월-?, 〈東洋醫藥大學〉
8	칸트 탄생 240주년기념 칸트講義	1964년, ?

앞으로 그의 생애를 체계적으로 정리하면서 여러 시기와 장소에 걸쳐서 이루어진 강좌의 내용에 대해서 구체적, 체계적으로 정리할 필요가 있다. 범부의 많은 강의에 대한 기록들이 거의 흩어져 버리고 현재 입수가 불가능한 상태이다.

지금부터라도 범부 주변 인물들이 소장하고 있을지도 모를 범부 자

19) 崔在穆, 「책 머리에 -『범부 김정설연구』 간행에 즈음하여 -」, 『범부 김정설연구』, 최재목 외, 경산: 대구 프린팅, 2009, p. viii.

필 강의노트, 혹은 그의 강의를 들었던 학생(문하생)들이 각기 소장하고 있을 강의노트 및 기타자료들이 일차적으로 충실히 수집되어야 한다. 한 가지 반가운 소식은 동국대학교(서울) 사학과 김상현 교수가 보관해오고 있는 효당 최범술 기록의 범부의 강의록(강의명 및 강의 년도는 미상)을 최재목 · 정다운 편, 『범부 단편선』, (서울: 도서출판 선인, 2009)의 부록으로 실을 수 있었다는 점이다.

3) 자료 수집 및 구술 증언의 확보

학계의 원로들이 전하는 바(이완재, 김정근 등의 구술)에 따르면 범부는 수시로 떠오르는 생각들을 주변의 쪽지, 신문지 등에 메모를 하였다고 하고, 그 양도 상당하여 시골에서 사용하는 큰 쌀자루 셋이나 되었다고 한다. 범부 사후(정확한 시기는 모름) 그의 수제자 격인 고 이종후 교수, 그리고 범부의 막내 사위인 진교훈 교수 등이 범부의 메모들을 파스칼의 팡세 식으로라도 엮자고 논의하였던 것 같다. 불행히도 이 자료는 현존하지 않아 범부의 사상을 재구성해내는데 아쉬움을 안겨주고 있다.

김정근 교수는 「김범부 연구를 위한 자료 발굴 문제」를 언급하는 가운데[20] 이렇게 증언하고 있다.

> 범부 연구를 위한 자료 발굴 문제와 관련하여 지금 한 가지 내 머리

20) 金正根, 「김범부를 찾아서」, 『凡父 金鼎卨硏究』, 최재목 외, 경산: 대구 프린팅, 2009(이 글은 『제4회 동리목월문학제 - 김범부 선생과 경주 문학』심포지움 자료집, (사)동리목월기념사업회, 2009. 4. 24에 실린 것을 보완한 것임)

에 떠오르는 것이 있다. 범부가 세상을 떠난 후 몇 해 지나지 않은 시점이었던 것 같다. 1960년대 말쯤이었을까. 대구에서 올라온 이종후 교수와 다른 몇 사람이 서울의 외가에서 모인 자리였던 것 같다. 그때 외가에 들러 심부름을 하면서 얼른 들었던 어른들의 말씀이 지금 어렴풋이 떠오른다. 하도 그 말씀이 인상적이어서 지금껏 기억에서 사라지지 않고 저장되어 있었던 것 같다.

범부는 평소에 메모를 많이 하는 습관이 있었다. 내가 외가에 머물 때 하던 일 중의 하나가 메모할 종이를 급히 찾는 일이었다. 그것은 경주 계림대학 때도 그랬고 서울 사직동 시절에도 그랬다. "종이 찾아라" 하고 말씀이 떨어지면 바쁘게 무엇이라도 찾아서 갖다드려야 했다. 그렇게 해서 모인 메모의 양이 엄청나게 많았다.

그는 평소에 글을 읽거나 생각을 하다가 무엇이 떠오를 때마다 그런 식으로 아무 종이나 가리지 않고 사용했다. 어떤 때는 신문지 귀퉁이 같은 데 난해한 글씨로 갈겨쓴 뒤에 그것을 찢어서 머리맡에 수북이 쌓아 두기도 했다. 사람들이 방을 청소할 때 혹시 없애지 않을까 신경을 쓰기도 했다. 자신의 메모를 없애면 안 된다고 누누이 주의를 주곤 했다. 그러면서 그 속에 책이 여러 권 들어 있다고 강조하곤 했다. 메모 속에 『世間學』도 들어 있고 『無와 律呂』도 들어 있고 또 무엇 무엇도 들어 있다고 했는데 지금은 더 이상은 기억에 없다.

그날 모인 사람들의 화제가 메모 관련이었던 것 같다. 우선 '귀중품'이므로 어떤 안전한 곳에 보관을 해야 한다는 이야기와 함께 장차 기회가 되면 파스칼의 '팡세' 식으로 엮는 방안을 강구해야 할 것 같다는 의견이었다. 그 말씀을 하고 의견을 제시한 사람은 내 기억에 이종후 교수였던 것 같다. 다른 사람들은 듣는 편이었던 것 같다.

나는 그 일이 있고 나서 얼마 후에 유학길에 올라 한 동안 국내에 없었기 때문에 더 이상 들은 바는 없다. 지금 이 글을 적고 있자니 문득 아득한 옛 일이 떠오르기에 언급해보는 것이다. 메모의 양이 상당히 많았을 터인데 그게 지금 어디 있을까. 보관은 잘 되고 있을까. 그 뒤에 '팡세' 식 편집 구상은 어떻게 진행되었을까. 새삼스레 궁금해진다.

내 생각에 이 메모 부분은 새로운 세대의 범부 연구자들이 주목하고 그 행방을 찾아 연구 자료로 활용할 수 있다면 도움이 되지 않을까 여겨진다. 가뜩이나 자료가 부족한 마당에 일종의 노다지 같은 무엇이 될 수도 있지 않을까. 메모 속에 감추어진 '암호'를 풀어내기만 한다면 의외의 성과를 가져올 수도 있을 것이라고 생각한다.

이 증언대로 범부의 메모가 발견된다면 그의 학문 범위를 추정하는 데에도 큰 도움이 될 것으로 보인다.

또 김정근교수는 이렇게 말한다.

나는 이런 생각도 든다. 그 자료 발굴의 범위를 조금 더 넓혀 범부의 직계 또는 방계 가족을 포함시키면 도움이 되지 않을까 하는 것이다. 하지만 그 수가 그다지 많지는 않을 것 같다. 2007년에 나온 선산김씨 대동보[21]를 들추어보니 이미 많은 사람들이 저 세상 사람이 되었다. 범부의 장녀인 나의 어머니 옥영(玉英)도 2007년 봄에 92세로 세상을 떠났다. 도움이 되는 증언을 해줄만한 사람이 얼마 남아있지 않다는 것을 새삼스레 알게 된다. 내가 아는 한에서 생존 인물 가운데 비교적 나이가 높고 범부와 시간적 공간적 공유의 기회가 많았을 법한 경우를 몇몇

---

21) 『善山(一善)金氏大同譜』(2007), 卷之五, 佔畢齋派 항을 보면 범부 일가의 내력이 자세히 나타나 있다. 범부가 伯氏이고, 仲氏(소설가 金性弘의 아버지)가 있고, 季氏가 소설가 金東里이다(卷之五 p. 2180 참고).

꼽아보면 다음과 같다.

김을영(金乙英), 범부의 막내딸, 1937년생, 서울 거주

지금 살아있는 사람 가운데 가장 좋은 정보 소스이다. 기억력이 좋기 때문에 특히 도움이 될 것이다. 영남대 연구팀이 이미 주목하고 있는 서울대 진교훈 교수의 부인이다. 아버지 범부가 살아 있을 때 어디나 따라다니며 강의 내용을 녹음으로 담아두지 못한 것을 두고 두고 후회하고 있다.

민순호(閔順鎬), 범부의 맏며느리, 장남 지홍(趾弘)의 부인, 1923년생, 서울 거주

맏며느리와 시아버지 사이였으므로 지근거리에 있었다. 지금 살아있는 사람 가운데 시공간의 공유가 가장 많았던 사람 가운데 하나이다. 지금 건강이 그다지 좋지 않다.

김수한(金洙翰), 범부의 맏사위, 장녀 옥영의 남편, 1918년생, 부산광역시 기장군 거주

맏사위와 장인 사이였으므로 평생 지근거리에 있었다. 경주 평동 사람이며 처가에 자주 다녔다.

가족, 인친척 외에도 범부와 관련이 깊은 인물들 즉 범부에게 수학하였거나 학술적으로 영향을 입은 인물들(예컨대 이종후, 이종익, 황산덕, 오종식, 최범술 · 김법린, 김동리, 이완재, 진교훈 등)이 있다. 이 가운데 생존해 있는 분들을 중심으로라도 구술 증언을 충분히 확보해 둘 필요가 있다. 범부 연구가 알려지자 필자에게 개인적으로 전화를

걸어 자료 등에 대해 제보를 하는 분들도 있는 것으로 미루어 보아 아직도 자료 수집 및 구술 증언의 확보는 충분한 가능성을 가지고 있다고 본다.

4) 범부사상의 주요 개념과 그 시대적 배경 문제 해명

범부 사상의 전체 틀을 파악하기 위해서는 그 주요 개념에 주목해야할 것이다. 아울러 그 개념들이 영위된 시대적 배경과의 상관관계도 파악해볼 필요가 있다. 아래에서는 그 주요한 항목을 들어보기로 한다.[22]

(1) 嶺南大學校 성립사 및 朴正熙 정권과의 관련성에 대한 해명

범부가 학장으로 있던 〈鷄林學塾〉(보통 〈鷄林大學〉이라고도 한다)이 해체되면서 大邱大學에 흡수되고, 다시 대구대학은 嶺南大學으로 흡수되어 오늘에 이른다. 현재의 영남대학의 성립에는 박정희 정권이 직접 관련되어 있다. 그리고 범부는 5.16 군사혁명을 전후해서 박정희 정권의 이념을 창출하는데 일정 부분 관여를 하게 된다(〈國家再建最高會議〉관여 및 동 기관지 『最高會議報』창간호에 기고, 〈5月同志會〉 副會長으로 관여). 따라서 범부를 연구 하는 것은 영남대학교 성립사와 박정희 정권과의 관련성을 객관적으로 접근해가는 방법이기도 하다.

22) 이 부분은 崔在穆, 「책 머리에 -『범부 김정설연구』 간행에 즈음하여 -」, 『범부 김정설연구』속의 「4. 향후 凡父 硏究의 覺書」를 보완, 수정한 것이다.

(2) 慶州 · 新羅 · 新羅精神 · 花郞 · 風流精神, 國民倫理, 우리 고유 사상 · 샤머니즘의 발견과 구상

범부는 조선시대의 주자학 비판을 통한 "샤머니즘-풍류도-단학-동학"이라는 우리 역사 속의 사상-정신 정통의 계보론을 밝히고 있다. 우리나라의 '샤머니즘'에 주목하고 '東學'으로 귀결하는 맥락에서 범부는 新羅의 花郞, 風流道 정신을 현대적으로 재평가하고, 그런 논의를 바탕으로 '國民倫理'를 처음으로 구상하였고, ('東洋' · '東洋學'이 아닌)'東方' '東方學'이란 개념을 새로운 시점에서 처음으로 제시했던 인물이다. 이러한 범부의 학술 내용이, 국내, 국외(일본 및 중국 등)의 영향 관계를 고려한 다음, 우리 사상사에서 볼 때 당시의 어느 부류와 통하며, 또한 어떻게 위치시킬 수 있는가를 살피는 일이 중요하다.

• 정치사적 맥락

범부의 사상에서 매우 주요한 것으로 慶州 · 新羅 · 新羅精神 · 花郞 · 風流精神, 國民倫理, 우리 고유사상 · 샤머니즘의 발견과 구상이 있다. 이 문제들은 우선 정치사적 맥락에서 보면 위와 관련되는 점도 있다. 다시 말하면 현재 범부는 '박정희 정권에 진정한 협조자인가?' '박정희 군사정권을 뒷받침해주는 이데올로그였던가?' '민족주의자인가?' '전통주의자인가?' '내재적 발전론자인가?' 등등의 많은 물음에 대답해야할 단계에 와 있다고 생각한다. 예컨대, 일제강점기를 통해서 이분법적으로 구상 기획된 '한반도 북방(→북한)의 고구려 문화', '한반도 남방(→남한)의 신라문화'의 설정과 양문화의 분리, 그리고 해방 이후 좌우익이라는 이념적 대결과 남북분단에 이르는 과정에서, 그 이후 이승만정권과 박정희 정권에 걸쳐 일제강점기에 일제의 어용학자들에 의해 창출된 도식을 재생산했던 이른바 〈북측(←고구려)의 공산주의 정권 대 남측(←신라)의 민주주의 정권〉이라는 이분법적 대항구도에 범부의 사상적 논리가 어떻게 관련되어 있으며 또한 얼마나 자유로웠나를 분명히 해 둘 필요가 있다.

최근 국내의 TV 드라마에서는 주몽, 광개토대왕과 같은 고구려 버전의 史劇이 주류였지만, 최근에는 선덕여왕과 같은 신라 버전의 연속물도 선보이고 있다. 이것은 범부가 제기한 신라-화랑과 같은 문제가 여전히 우리 사회에서 의미를 갖고 있음을 보여주고 있다. 아울러 그가 구상한 신라 화랑의 논의는, 일제강점기 일본 제국주의의 지식인들이 新造語 '花郞道'를 탄생시키고 화랑도를 일본의 武士道와 동일시하는 등 內鮮一體의 道義를 창출하여 청소년학생들을 '大東亞'(太平洋)전쟁에 내몰았던 저 〈學徒出陣〉 논리와 어떻게 다른가를 명확히 규명할 필요가 있다. 이 점은 일제→이승만 정권→박정희 정권으로 遺傳되는 '화랑 利用'의 기본틀과 범부의 화랑론이 어떻게, 얼마만큼 다른가를 분명히 해주는 것이기도 하다.

• 사상사적 맥락

그런데, 범부의 慶州 · 新羅　　新羅精神　　花郞 · 風流精神, 國民倫理의 발견과 구상은 사회적, 정치적 맥락을 벗어나 학술적, 사상사적 의미 파악이 선행되어야 함은 당연하다.

이완재 교수는 범부를 「新羅精神 風流道의 化神」이라 압축적으로 표현한 바 있다.[23] 아울러 그는 『花郎外史』의 勿稽子와 百結先生편이 '논문형식이 아니고 소설적인 설화형식으로 서술'되었으나 범부의 '풍류정신'이 가장 심도 있게 드러난 글이라고 보고, 그 속에는 儒 · 佛 · 道(仙) 三教를 포괄 · 융해하고 천인묘합(天人妙合)의 '大調和'에 있다고 하였다.[24] 이완재 교수는 그 내용을 다음과 같이 간추리고 있다.

> "風流라는 말은 우리말로 "멋"이란 말이다.
> 멋의 본질은 사우 맞는데(調和)에 있다.
> 만물은 제 길수(自然之理)가 있는데 제 길수를 얻을 때 사우가 생긴다.
> 天地는 和氣로써 언제나 사우가 맞아 있다.
> 天地의 和氣가 곧 나의 화기임을 깨달을 때 제작(天人妙合)이 생긴다.
> 제작(天人妙合)이 되면 터져버린다.(融通透徹)

---

23) 즉 "風流道는 우리 고유의 道이요 특히 新羅의 精神이다. 風流라는 표현은 孤雲 崔致遠의 鸞郎碑序文에 처음으로 보인다. "나라에 玄妙한 도가 있으니 風流라고 한다. 教化를 행하는 근원이니 仙史에 자세히 기록되어 있다.(國有玄妙之道 曰風流 設教之源 備詳仙史)" 하고 이어서 이 風流道는 儒 佛 仙의 원리를 두루 갖추어 있다고 하였다. 新羅의 風流道가 제도적으로 구체화된 것이 花郎道라고 한다. 신라는 이 화랑도를 통하여 젊은이들이 風流道를 익히고 그 風流精神으로 삼국통일의 위업을 완성하고 찬연한 신라문화를 꽃피웠다고 한다. 그러나 그 내용을 자세히 기록하고 있다는 仙史가 전하지 않으니 風流道의 내용이 구체적으로 어떠한 것인지는 알 수가 없게 되었다. 더구나 新羅의 쇠망과 더불어 風流道도 함께 시들어 역사의 후면으로 사라지게 된 것이다. 그러다가 千年이 지난 오늘에 그 보배로움을 알고 다시 그 본질을 밝혀내려 한 분이 바로 凡父선생이시다. 凡父선생은 불과 몇 편의 저술 밖에 남기지 않았다. 『花郎外史』와 『풍류정신』에 수록된 「「崔濟愚論」 「陰陽論」 「贅世翁金時習」 등 몇 편이 고작이다. 비록 몇 편 되지 않는 글이기는 하나 이 글들이 모두 風流道의 천명에 그 의도가 있었다고 해도 과언이 아닐 것이다. 특히 『花郎外史』의 勿稽子와 百結先生편은 풍류정신을 가장 심도 있게 다룬 글이라고 할 것이다."(이완재, 「凡父先生과 東方思想」, 『범부 김정설연구』, p. 79)

24) 이완재, 「凡父先生과 東方思想」, 『범부 김정설연구』, p. 80.

터지게 될 때 참 멋이 생겨나고 참 멋은 살아 움직이게 된다."

범부의 사상은, 『화랑외사』「백결선생」편에서 '큼직막한 망태를 둘러메고 산으로 들로 다니면서 꽃씨를 따 모아가지고, 꽃 없는 들판이나 산으로 돌아다니면서 뿌리곤 하'는 백결선생에게 이것이 무슨 취미냐고 물으면 백결선생은 '이것이 치국(治國) 평천하(平天下)야'라고 대답하는 것[25]처럼, 신선한 의의를 갖기도 한다. 즉, 김지하에 의해, '원효(화랑) → 최제우(동학) → 김범부'로 이어지는 생명학적 측면의 영남학 계보가 논의되고[26] 이런 生命學의 계보라는 관점에서 범부 사상을 네오휴머니즘(Neo Humanism)으로 다시 읽고자 한다.[27] 네오휴머니즘이란 새로운 것을 뜻하는 '네오(Neo)'와 인간중심주의를 뜻하는 '휴머니즘(Humanism)'이 결합된 것으로 휴머니즘에 깔려있는 인간중심적 감정을 모든 생명체와 무생명체까지 확장, 너와 내가 별개가 아님을 인식하고, 조화를 통한 상생의 관계를 추구하는 것이다. 이러한 네오휴머니즘의 정신은 바로 범부가 이야기한 '지구적 차원의 조화', 그리고 '우주적 생명의 멋 · 풍류'를 가장 잘 나타내주는 용어라 볼 수 있다.[28]

아울러 시인 김지하는「김범부라는 사람을 잘 봐야 해요. 이 사람은

---

25) 김범부,「백결선생」,『화랑외사』(3판), 대구: 이문출판사, 1986, p. 146.

26)「嶺南學과 영남대학: 60주년 기념 인터뷰/김지하 석좌교수」,『영남대학교 개교 60주년 기념호』, 영남대학교 신문방송사, 2007, pp. 16-17.

27) 김지하,『디지털 생태학: 소곤소곤 김지하의 세상이야기 인생이야기』4, 서울: 이룸, 2009, p. 154.

28) 최재목 · 정다운,「凡父 金鼎卨의『風流精神』에 대한 검토」,『동북아문화연구』20집, p. 118참조.

때를 잘못 만나서 그렇지, 참 천재였다고. 풍류도를 어떻게 해서든 현대화시켜 보려고 애를 썼던 사람이라. 건국 초기에 국민윤리 같은 걸 보면 어떻게 해서든 화랑도, 풍류도에서 국민윤리의 기본을 파악하려고 애를 썼던 사람이에요. 동학에 대해서도 깊은 이해를 가졌던 사람이라고. 고대 풍류도의 부활이라든가, 샤머니즘에 대한 재평가, 신선도에 대한 재평가 등 아주 중요한 사람이에요.」라고 평가하였다.[29] 사실 김지하는 1990년대 이래 꾸준히 범부에 대해 언급해왔다. 강의, 대담, 글을 통해 기회 있을 때마다 범부에 대해 언급하는 것을 잊지 않았다. 그는 주로 네오휴머니즘이나 생명학과 관련하여 범부를 언급했다. 그 예를 보기로 하자.[30]

이것은 이미 동학에서 제기했고 강증산이 제기했으며 김일부 선생이 황극인(皇極人)이란 말로 제기했던 신인간 사상과 깊이 연결됩니다. 서양에서는 애매하지만 베르그송이 이야기를 했고, 1920년대에 이돈화 선생이《개벽開闢》을 통해 신과 인간의 합일을 통한 우주적 휴머니즘, 신인철학을 제기했습니다. 또 해방 직후에는 김범부 선생이 동방르네상스와 함께 제3의 휴머니즘, 즉 사회주의도 자본주의도 아닌 제3휴머니즘에 입각한 신인간주의 운동을 제안한 바 있습니다.

'헌화가' 같은 향가를 보면 자연과 초자연, 웃음과 울음, 비속성과

---

29) 金正根, 「김범부를 찾아서」, 『제1회 범부연구회 자료집』(대구CC, 2009. 6. 6)(未刊) (이 원고는 『제4회 동리목월문학제 - 김범부 선생과 경주 문학』심포지움 자료집, (사)동리목월기념사업회, 2009. 4. 24에서 발표한 원고를 보완한 것임)(현재 간행 준비 중)에서 재인용

30) 金正根, 「김범부를 찾아서」, 『제1회 범부연구회 자료집』에서 재인용.

숭고, 성적인 것과 우아함, 비극과 희극 사이의 관계가 하나로 형성되는 미적인 핵심 원리로 작용하고 있습니다. 나는 그것을 일단은 '그늘'이라고 부릅니다만, 이런 것을 하나로 묶어서 네오휴머니즘(Neo Humanism)이다, 이렇게 해방 직후에 정신계에 제기했던 사람이 바로 김범부(金凡父)라는 유명한 사상가입니다. 김범부는 우리의 상고사가 수운 최제우(水雲 崔濟愚)에 의해 동학으로 드러났다고 보는 사람입니다. 저도 그와 같이 봅니다.

이 흐름이 기철학(氣哲學)의 화담 서경덕, 녹문 임성주, 혜강 최한기, 강화 양명학의 정재두 등의 생명학으로, 그리고 원효의 대승적 연기론(緣起論)과 귀명(歸命)·화쟁·무애 및 화엄적 중도(中道)사상 이후 다시 의상에서 현대의 탄허(呑虛)에 이르기까지 계속되는 화엄학, 동학 천도교의 수운 최제우(水雲 崔濟愚), 해월 최시형(海月 崔時亨) 이후 개벽지의 이론화에 이어, 해방 뒤의 김범부(金凡父) 그리고 6.15 뒤의 한동석(韓東錫)의 생명학은 참으로 면면하다.

소설가 박경리(朴景利)는 범부의 제자이거나 한 번이라도 범부의 강의를 직접 들은 경우는 아니었다. 다만 범부의 아우인 김동리의 추천을 통해 작가로서 등단을 했던 관계로 범부에 대한 이야기를 들었을 가능성은 충분히 있다. 내가 확인한 바로는 박경리는 문헌을 통해 범부를 접하게 되었다. 그 후부터 존경의 대상이 되었던 것 같다. 다음의 인용문이 그 대목을 설명해준다.[31]

---

31) 金正根, 「김범부를 찾아서」, 『제1회 범부연구회 자료집』에서 재인용.

그러니까 오래 전에 작고하신 凡父 선생의 '崔濟愚論'에서 본 기억인데 한자는 東夷族, 즉 우리 한민족이 만들었다는 대목이 있었다. 혹 그런 사료가 있다는 얘기였는지 모른다. 생시에 만나 뵌 적은 없지만 듣기에 주역을 꿰뚫었다는 그 어른이 소시적의 일본 유학 무렵, 학생의 신분으로 교수들에게 주역강론을 했다는 얘기였다. 거의 저서를 남기지 않아, 문외한인 나로서도 뭔가 크게 유실된 듯하여 애석한 마음이었지만, 그러나 '최제우론' 하나만으로도 대가의 품격이 약여한 필치와 도저한 학식을 엿볼 수 있었던 만큼 한자에 대한 대목을 그냥 지나칠 수 없었다. 범부 선생께서 허황하게 근거 없이 그랬을 리가 없을 것 같았던 것이다.

단군신화, 화랑도, 동학, 증산교......지역과 샤머니즘과 한자, 세 가지는 고리가 되어 미지의 세계로 나를 끌어들이고 있는 것이었다...샤머니즘을 종교로 보기보다 사상으로 보고 싶은 것이 내 희망인 것이다. 생명사상이야말로 샤머니즘의 핵심이 아닐까...범부 선생께서는 동학을 샤머니즘의 再來로 보고 있었다.

이처럼 종래 파악되어 온 범부의 우리 고유 사상(특히 東學에 대한 관점) · 샤머니즘의 발견과 구상은 새롭게 검토될 부분이 있다.

또한 범부는 丹學과 仙道에서는 字 풀이를 통해 '仙=무당'임을 밝히고 國仙이라 불렸던 화랑 역시 그 당시 神官으로서 그 지위가 최고위에 있었다[32]고 말하고 있다.

32) 김범부, 『풍류정신』, 서울: 정음사, 1986, pp. 145-6.

(3) 周易觀, 陰陽 · 理氣 · 太極論

범부의 학문 가운데 빠뜨릴 수 없는 것이 그의 周易觀 및 陰陽 · 理氣 · 太極에 대한 견해이다. 이것은 그의 동방학, 풍류론과도 관련된다. 아울러 그의 陰陽 · 理氣 · 太極論의 성격에 따라 그의 학문이 程朱學的인가 陸王學的인가를 가늠해 볼 수 있을 것이다.

(4) 東方 및 東方學 개념

"동방 르네상스"는 범부가 생전에 사용한 표현인 것 같다.[33] 범부는 東方 및 東方學 개념을 제시한다. 그런데 그가 구상했던 동방 및 동방학 개념의 지리적, 문화적, 학술적 의미와 의의는 무엇인가를 일단 물어볼 필요가 있다.

아울러 일본의 학술사조(예컨대, 東京帝國大의 '東洋學' 논의, 京都帝國大의 '東方學' 논의)와 어떤 관련이 있는가 하는 문제, 다시 말하면 일본에서 발생한 '동양 동양학', '동방 동방학'과 범부의 동방 동방학이 어떻게 관련되며 또한 어떤 차별성을 갖는가를 자세히 살필 필요가 있다.

나아가서 범부의 東方 및 東方學 개념이 당시 한국에서 제기되던 '國學', '朝鮮學'과 어떤 관련성이 있고, 또한 어떤 차별성이 있는가를 분명히 규명할 필요가 있다. 이에 대한 연구는 傳統의 계승과 비판, 우

33) 이것과 관련하여 김지하, 『율려란 무엇인가』, 서울: 한문화, 1999, p. 21, p. 26; 김용구, 「凡父 김정설과 동방 르네상스」, 『한국사상과 시사』, 서울: 불교춘추사, 2002, pp. 260-90을 참조.

리와 타자 인식 등 한국 근현대의 학술적 자기정체성 확립과도 관련이 된다.

이와 덧붙여 범부는 "文章이란 言語의 표현이고 언어란 意思의 표현이니, 모든 사람의 用語는 곧 그 사람의 思想이다. 언어란 소리로 들을 수 있는 생각이다. 觀念이나 思惟를 떼어놓고 말이 있을 수 없다. 그렇다면 그 國民의 言語를 떼어놓고 말이 있을 수 없다. (중략) 國語와 文章이 독립하지 못하면 그 국민의 사상도 獨立할 수 없는 것이다."[34]라고 하여, 국어-문장-사상을 일치시켜 말하고 있다. 특히 '언어란 소리로 들을 수 있는 생각이다.'라는 그의 언어관은 그의 학문을 엿볼 수 있는 주요 사고법이다.

(5) 외국 학술과의 연관성

• 일본 학술과의 관련

범부의 학술은 그의 일본 遊學과 같이 당시 일본학술과 깊은 관련을 갖고 있다. 그는 기본적으로 佔畢齋 金宗直의 15대 손으로 漢學을 기본으로 하고 있지만, 당시 일제강점기 신학문의 창구역할을 하던 일본학술계와 네트워크를 가지고 있다. 특히 일본 학계에서 東洋大學이 선도하고 있던 東西洋比較哲學의 풍조, 東京大 및 京都大의 학술적 흐름에 대해서도 그는 어느 정도 숙지하고, 그것을 토대로 한국의 주체적 입장에서 '東方學'을 구축하고자 했을 것으로 보인다. 따라서

---

34) 金凡父, 「言語와 文章獨立의 課題」, 『東方思想講座』, 李鍾益, 『東方思想論叢』, 寶蓮閣, 1975년 所收, pp. 11-12.

일본 학술과의 연속, 불연속을 토대로 범부의 학문을 재조망해 보는 것도 필요하다.

• 중국 학술과의 관련

범부의 경우, 일본학술과의 많은 연관이 발견되지만, 상대적으로 중국과의 관련은 그다지 많지 않는 것처럼 보인다. 그러나 영남대학교 도서관에 설치된 〈凡父文庫〉를 살펴보면 그의 학술은 중국의 전통 및 신지식에도 깊은 관련을 맺고 있었음을 알 수 있다.

• 서구 학술과의 관련성

국내 혹은 일본, 중국 등을 통한 유입을 생각해 볼 필요가 있다.

(6) 東里, 未堂의 문학 세계의 근거로서 범부사상

주지하는 대로 범부는 사상의 영역에만 머무르지 않고, 그의 동생 소설가 金東里, 그리고 未堂 徐廷柱 등 문인들의 예술세계 형성에도 지대한 영향을 미쳤다. 범부를 연구할 경우 이에 대한 별도의 탐구가 필요하다. 특히, 그가 추구했던 신라정신 혹은 신라의 예술정신이 무엇이었던가를 규명하는 시점에서 金東里, 徐廷柱의 문학세계와 대응시키며 영향관계를 규명하면 좋을 것 같다.

덧붙여서 범부의 詩書畵에 관심을 가질 필요가 있다. 최근 범부가 남긴 시나 글씨가 진교훈, 秋田에 의해 소개되어 있다. 이를 통해서 범부의 예술 세계 또한 가늠할 수 있을 것이다.

5. 결어

지금까지 범부연구의 현황, 과제를 살펴보았다. 사실 본격적인 범부연구는 이제 막 시작한 단계이다. 위에서 정리한 내용들은 어쩌면 앞으로의 과제를 오히려 잘 암시해주는 것일 수도 있다.

범부를 주제로 한 공식 세미나는 2009년 4월 24일(금) 동리목월문학관 영상실에서 열린 (사)동리목월기념사업회 주최의『동리목월문학 심포지움』〈김범부선생과 경주문학〉이 처음이었다. 물론 그 전에 범부의 사상적 정수라고 할 만한 '정치철학특강' '풍류정신' '화랑외사' 등에 관한 관심은 꾸준히 있어왔고, 이에 대한 연구자들의 논문도 간혹 발표되어왔다. 이후 사상적 차원에서 범부 연구가 본격적으로 활성화되기 시작한 것은, 2006년도 한국학술진흥재단 기초연구 지원 인문사회 특화주제연구(과제번호: KRF-2006-A0009) 〈일제강점기 한국철학의 재발견 -대중매체와 사적 글쓰기를 중심으로-〉(단장 최재목)에서부터였다. 연구단이 관심을 가졌던, 일제강점기부터 활약했던 한국의 사상가 가운데 일단 범부가 들어 있었고, 그 성과로 2007년에「凡父 金鼎卨 연구를 위한 예비적 고찰」(崔在穆 · 李泰雨 · 鄭茶雲)이, 2008년에「鷄林學塾과 凡父 金鼎卨(1) - '設立期'를 중심으로 -」(崔在穆 · 鄭茶雲)가 각각 발표되어 연구가 활성화되기 시작했다.

이를 계기로 〈범부연구회〉가 구성되어 서울, 경주 校洞의 鷄林學塾 흔적(최부잣집), 경남 사천의 多率寺, 부산, 일본의 比叡山 등 여러 지역을 답사하고, 또한 범부 관련 인물들의 구술 증언을 채록하기도 하였다. 뒤에 범부연구회가 그간의 기초적 연구와 관련 전문가들의 논고를 보태어『凡父 金鼎卨 硏究』라는 단행본을 선보이게 되었다. 이것은 범부의 본격적인 공동연구를 위한 첫 걸음이었다. 이렇게 현재 시점에서 우리 사회나 학계가 잊고 지내온 근현대기의 주목받을만한 사상가 범부의 생애와 사상을 지금까지 이뤄진 기초적 연구 자료를 중심으로 엮게 된 것은 그 나름의 의미가 있다고 생각한다.

범부는 '新羅-慶州-花郞' 개념의 중요성을 부각시킨 선각자일 뿐만 아니고 『풍류정신』에 실려 있는 「崔濟愚論」에서보듯이 '東學'에 누구보다도 깊은 관심을 가진 인물이다. 앞으로 어느 한 분야만이 아니고 여러 방면의 연구자들이 범부연구에 힘을 기울일 필요가 있다.

이러한 여러 형태의 협력을 바탕으로 범부 관련 자료수집 그리고 연구가 제대로 진행되어 이를 총괄 수렴하는 『범부선생전집』이 우선 간행되어야 할 것이다. 이러한 자료의 공유를 통해 범부라는 사상가가, 숭배나 찬양으로서가 아니라 우리 공동의 문화유산으로서, 공동의 기억으로서 다시 복원되고 조명되어 갔으면 한다.

3장

범부 김정설의 「최제우론(崔濟愚論)」에 보이는 동학 이해의 특징

범부 김정설의 「최제우론(崔濟愚論)」에 보이는 동학 이해의 특징

1. 서언

이 글은 凡父 金鼎卨(1897-1966)(이하 범부)의 「崔濟愚論」의 思想史的 의의에 대하여 논의하는 것이다. 지금까지 水雲崔濟愚(1824-1864)(이하 수운)[1]에 대한 많은 연구와 논의가 있어왔다.[2] 그런데, 수운의 연구사에서 비교적 초기의 연구인 凡父의 「최제우론」은 나름대로 매우 특색이 있으며, 이 시점에서 새롭게 평가할 충분한 가치가 있다고 본다.[3]

우선 논의에 앞서 범부에 대해서 약간 언급을 하고 시작하기로 한

---

1) 본관은 慶州. 초명은 福述 濟宣, 자는 性默, 호는 水雲 水雲齋.

2) 연구사의 기본 흐름은 오문환 외, 『수운 최제우』, (서울: 예문서원, 2005)를 참고바람.

3) 범부의 「崔濟愚論」에 대한 집중적인 주목은 1990년대 이후 김지하의 원고, 그리고 이에 자극을 받은 박맹수에 자각과 재인식에 의해 이루어졌다.(이에 대해서는 김정근, 「凡父와 東學」, 『金凡父의 삶을 찾아서』, (서울: 도서출판 선인, 2010), 120-123쪽을 참조). 이 논문에서 범부와 동학의 연관선 부분에 대한 서술은 김정근의 구술에 힘입은 바가 크다. 이 자리를 빌어 각별히 감사를 드린다.

다. 범부는 우리에게 잘 알려져 있는 소설가 金東里(1913-1995)의 맏형인 김범부의 약력은 아직 불충분한 점들이 많아 확정하기에 한계가 있지만, 지금까지 밝혀진 개략을 서술한다면 다음과 같다.[4)] 그는 1897년 경북 경주에서 태어나 白山商會 己未育英奬學會의 제1회 장학생으로 渡日, 일본 각지 유명대학에서 선진 학술과 외국어를 수학하였고, 귀국 이후 8 · 15광복까지 山寺를 歷訪하면서 불교철학 및 東方思

---

4) 범부의 경력 및 사상, 학술활동에 대해서는 김정근, 「범부 연보의 재구성」, 위의 책, 37-46쪽과 정다운, 「범부사상형성의 배경」, 『범부 김정설의 풍류사상: 멋 · 和 · 妙』, (서울: 도서출판 선인, 2010)의 「범부 연보」(94-98쪽)을 참고 바람. 아울러 범부의 연보에 참고가 될 자료를 소개하면 다음과 같다.

김정근, 「김범부를 찾아서」, 『김범부 선생과 경주문학』, 동리목월문학 심포지움 자료집, 2009.

김정근, 「김범부(金凡父)를 찾아서」, 『제1회 凡父 金鼎卨 硏究 세미나』 추가 배부용 자료.

이완재, 「범부 선생과 동방사상」, 『김범부 선생과 경주문학』, 동리목월문학 심포지움 자료집, 2009.

진교훈, 「범부 김정설의 생애와 사상」, 『대중불교』제113호, 1992.4.

______, 「범부 김정설의 생애와 사상」, 『김범부 선생과 경주문학』, 동리목월문학 심포지움 자료집, 2009.

진교훈, 「범부 김정설의 생애와 사상」, 『철학과 현실』64호, 철학과 현실사, 2005(봄).

최재목 · 이태우 · 정다운, 「凡父 金鼎卨 연구를 위한 예비적 고찰」, 『日本文化硏究』 제 24집, 동아시아일본학회, 2007.10.

최재목 · 정다운, 「'鷄林學塾'과 凡父 金鼎卨(1)」, 『동북아 문화연구』제16집, 동북아시아 문화학회, 2008.09.

최재목 · 정다운 · 우기정, 「凡父 金鼎卨의 日本 遊學 · 行蹟에 대한 檢討」, 『일본문화연구』31, 동아시아일본학회, 2009.07.

최재목 · 이태우 · 정다운, 「'凡父文庫'를 통해서 본 凡父 金鼎卨의 東洋學 지식의 범주」, 『儒學硏究』제18집, 충남대학교 유학연구소, 2008.12.

우기정, 「凡父 金鼎卨의 '國民倫理론' 構想 속의 '孝'」, 『동북아문화연구』19, 동북아시아 문화학회, 2009.06.

______, 「嶺南學과 영남대학: 60주년 기념 인터뷰/김지하 석좌교수」, 《영남대학교 개교 60주년 기념호》, 영남대학교 신문방송사, 2007.

想 연구에 몰두하였다. 아울러 그는 1950년 제2대 국회의원 선거 때 동래에서 당선되고 후에 경주《鷄林學塾》(일반적으로 鷄林大學으로 불림)의 學長을 지냈으며, 東方思想研究所 등을 세워 東方學을 강의하였다. 또한 1961년 5 · 16군사정변 후 한때 五月同志會 회장을 지내기도 하였다. 그는 漢詩에도 조예가 깊었다.

이런 어떤 이력보다 우리가 범부에 주목할 것은 그는 한국의 근현대기 한국의 사상과 학술 면에서 탁월한 능력을 보였던 사람으로 평가[5]된다는 점이다. 예컨대 '風流' 및 '東方' 등의 주요 개념들, 아울러 '東方學' 연구의 방법론에 대한 탐색 등 新羅-慶州-花郎-샤머니즘-신선도 등등 주요 개념들 재평가하고자 한 선각자이다. 이러한 사상의 흔적들은 대부분 강의-강연-강좌-좌담이라는 '口述' 형태[6]에서 수강생 · 제자들이 필기 · 기록하고 이것을 대부분 제자들이(일부는 본인이) 수정 · 보완하는 형식으로 이루어져 '著述'로 선보이게 된다.[7]

---

5) 이 점에 대해서는 특히 김정근, 「범부 연보의 재구성」, 앞의 책, 54-55쪽, 73-80쪽을 참조 바람.

6) 이 외에도 그의 사상은 범부 사상의 수신자인 수강생-제자들에 의해 책의 '서문 · 발문이나 수필 · 시 · 대담 등의 형태로 진실이 전해지고 있다(이 점에 대한 지적은 김정근, 「凡父가 세상과 소통한 방식」, 위의 책, 73쪽을 참조.)

7) 범부의 '말씀'이 '기록'으로 남는 필수적인 과정은 '口述에서 著述로'라는 방식을 취한다. 그 한 방식의 예에 대해서는 김정근, 「범부가 세상과 소통한 방식」, 앞의 책, 84-85쪽을 참조 바람.

사실 범부가 생전에 이루진 못했지만, 꼭 저술하고 싶었던 것은, 범부의 친 동생 소설가 김동리의 증언에 잘 드러나 있다. 즉, 「『花郎外史』는 물론 내 伯氏의 主著가 아니다. 내 伯氏의 주저로는 『無와 律呂』, 『易의 研究』, 『易과 佛教(華嚴)思想의 比較研究』, 『建國理念』등이 있을 것으로 되어 있었으나 거의 口述로 講義되었거나 談論되었을 뿐, 집필의 기회를 얻지 못하다가 졸연히 세상을 떠났으니 그 한스러움 이루 다 헤아릴 바 없다.」(金東里, 「跋文」, 『花郎外史』(三版), (大邱 : 以文出版社, 1981), 183쪽). 여기서 알 수 있듯이 범부가 꼭 저술하고자 했던 것은 『無와 律呂』, 『易의 研究』, 『易과 佛教(華嚴)思想의 比較研究』, 『建國理念』이었던 것 같다. 아울러 범부의 외손이 가운데 『花郎外史』[8](부산: 해군본부정훈감실, 1954(초판)[9]), 『風流精神』(서울: 정음사, 1986)과 『凡父遺稿』(일명 『政治哲學特講』. 대구: 이문출판사, 1986)의 세 권이 잘 알려져 있다. 범부의 돋보이는 논고인 「최제우론」이 실려 있는 것은 바로 『풍류정신』이다. 사실 「崔濟愚論」은 1960년 5월 『世界』誌에 실렸던 것[10]이다. 그것이 다시 『풍류정신』에 수록된 것이다.

범부의 동생인 소설가 김동리가 『풍류정신』의 앞머리 「백씨를 말한다」에서 밝히고 있듯이, 이 책(『풍류정신』)은 당시 정음사의 편집부장

자 김정근 교수(부산대 명예교수)는 다음과 같이 증언한다. 즉 「내가 이해하기로 그는 자신만이 할 수 있는 그 일을 주로 저술을 통해 이루려고 했다. 저술이 그가 세상과 소통하기 위해 세웠던 주된 '전략'이었다. 나는 자라면서 '저술'과 관련한 그의 말씀을 많이 들었다. "이번 가을부터 저술에 들어간다." "내년에는 내가 저술에 빠져 있기 때문에 다른 일은 못하니 그런 줄 알거라." 이런 말씀을 자주 들었던 기억이 난다. 어느 의미에서 그의 일생은 저술을 위해 벼르고 벼른 시간이었다고 해도 지나친 말이 아닐 것이다. 『풍류도연구』, 『세간학』, 『무와 율려』, 『국민윤리론』, 『건국철학』 등과 같은 대작을 머릿속으로 써내려가면서 집필의 때를 기다리고 있었던 것이라고 여겨진다.」(김정근, 「범부가 세상과 소통한 방식」, 『金凡父의 삶을 찾아서』, (서울: 도서출판 선인, 2010), 62쪽), 「내가 범부 슬하에서 학교를 다니고 있을 때 가끔 들어서 지금도 기억하고 있는 책 타이틀만 해도 제법 여러 권이다. 『風流道硏究』, 『無와 律呂』, 『世間學』, 『建國哲學』, 『新生國政治』, 『國民倫理論』등이 바로 이것이다.」(김정근, 「범부가 세상과 소통한 방식」, 위의 책, 81-82쪽), 이에 따르면 『風流道硏究』, 『無와 律呂』, 『世間學』, 『建國哲學』, 『新生國政治』, 『國民倫理論』의 6권이다. 이를 종합해 보면, ① 『無와 律呂』, ② 『易의 硏究』, ③ 『易과 佛敎(華嚴)思想의 比較硏究』, ④ 『建國理念』, ⑤ 『風流道硏究』, ⑥ 『世間學』, ⑦ 『建國哲學』, ⑧ 『新生國政治』, ⑩ 『國民倫理論』이었다. 이 가운데 일부는 이미 소개가 되어있다고 보아도 좋다.

8) 여기에 「國民倫理特講」이 붙어 있다.

9) 이후 『화랑외사』는 1967년 서울의 삼화인쇄주식회사에서 1,000부 한정판으로 재판, 1981년에 대구의 이문출판사에서 삼판으로 간행 된 바 있다. 각각의 판들에는 『화랑외사』가 쓰여진 이유를 적은 '서(序)'와 '서문(序文)'이 포함되어 있다.(이에 대해서는 정다운, 앞의 책, 107-111쪽 참조)

10) 김범부, 『世界』2, 국제문화연구소, 1960.5, 227-240쪽.

으로 있었던 조홍윤 교수(同社 편집위원)의 주선으로 그간 산발적으로 발표되었던 범부의 글을 모아 책으로 간행하게 되었다.[11)]

이 책은 「제1부 花郞」, 「제2부 崔濟愚論」, 「제3부 陰陽論」, 「제4부 贅世翁 金時習」, 「金凡父 선생 약력」으로 구성되어 있는데[12)] 2009년

---

11) 김동리, 「백씨를 말하다」, 『풍류정신』, 서울: 정음사, 1986.

12) 참고로 전체 목차를 보면 다음과 같다.

[표 1] 『風流精神』의 목차

「제1부 花郞」
제1장 序
제2장 화랑가
제3장 사다함
제4장 김유신
제5장 물계자

「제2부 崔濟愚論」
제1장 水雲의 幼少時代
제2장 水雲의 得道
제3장 水雲의 思想
제4장 水雲의 宇宙觀
제5장 水雲의 道德觀과 政治觀
제6장 筆者의 贊曰

「제3부 陰陽論」
제1장 언어와 문장 독립의 과제
제2장 동양학 연구법
제3장 사고의 유형문제
제4장 동방인의 특수한 사고형
제5장 의문검정법과 태극도설
제6장 陰靜陽動說
제7장 과학의 유형
제8장 陰陽은 一氣이다
제9장 氣論
제10장 理氣說
제11장 理氣論
제12장 丹學과 仙道
제13장 精 · 氣 · 神

「제4부 贅世翁 金時習」
제1장 육신묘(六臣墓)
제2장 설잠(雪岑)과 금옥(金玉)
제3장 기인 김오세(奇人 金五歲)
제4장 생사지기(生死知己)
제5장 운중행로(雲中行路)
제6장 초혼(招魂)
제7장 어디로 가려는가
제8장 장사 금옥(壯士 金玉)
제9장 추등감구록(秋燈感舊錄)
제10장 초간심사(草間心史)
제11장 인간기상학(人間氣象學)
제12장 피리춘추(皮裏春秋)
제13장 강호(江湖)
제14장 탈적(脫籍)
제15장 안개
제16장 수륙무차평등재(水陸無遮平等齋)
제17장 사신일전(捨身一戰)
제18장 사일풍진(四日風塵)
제19장 기다리던 날
제20장 최후의 일광(日光)
金凡父 선생 약력

영남대출판부에서 진교훈의 교열에 의해 새로 간행되었다.[13]

이 글에서는 범부의 『풍류정신』「제2부 최제우론」을 중심으로 그가 수운의 동학을 왜, 어째서 風流道라는 관점에서 주목하고 있는지를 밝히는 형태로 논의를 진행하고자 한다.

논의의 순서는 먼저 「崔濟愚論」이해의 기초로서 「凡父와 東學의 연관성」을, 이어서 「風流道의 관점에서 崔濟愚-東學의 천명과 재평가」를, 마지막으로 「「崔濟愚論」에서 水雲 · 東學思想 記述의 특징」에 대해 네 가지 점으로 나누어서 서술할 것이다. 참고로 이 글에서는 범부의 사상의 내적 논리를 좇아가는데 다소 복잡한 면이 있으므로 여러 논의를 아울러 범부 이론적 · 논리적 回路를 복원하고 그것을 가능한 한 도표화함으로써 이해를 돕고자 하였다.

2. 凡父의 水雲-東學에 대한 관심과 그 변천 -「崔濟愚論」이해의 기초로서

범부와 동학의 연관은 『풍류정신』의 「최제우론」에서 그치는 것이 아니다. 다시 말해서 연보적으로 소급하여 정리하면 다음과 같은 일련의 흐름을 짚어낼 수 있다.

첫째로, 범부의 동학에 대한 관심은 1920년대부터 나타난다. 즉, 범

13) 범부 김정설, 「崔濟愚論」, 『風流精神』, 경산: 영남대학교출판부, 2009, 111-146쪽.(이하 범부의 「崔濟愚論」은 〈김범부, 「崔濟愚論」, 『風流精神』, 쪽〉으로 표시함. 필요한 경우 소목차를 밝힘.)

부가 28세 되던 1924년, 그의 조부 金東範[14]이 수운 보다 한 살 아래로 두 사람은 고향 친구였는데 범부는 자신의 조부(와 동네 노인들)에게서 들은 이야기라며 小春 金起田(1894-1948)[15]에게 수운-동학에 대한 내용을 구술하고 그것이 「大神師 생각」이란 제목으로 기록되어 『天道敎會月報』[16]에 실린 바 있다.

둘째로, 김정근교수의 구술 증언에 따르면, 범부는 1950년대 중후반(58세-63세)에 「이 나라의 역사에서 최복술(崔福述)(=수운의 兒名)[17]이 큰 인물이다」라는 표현을 자주 하였다고 생생하게 술회한다.[18]

셋째로, 범부 서거 6년 전인 1960년(범부 64세) 『韓國日報』1월 1일-8일자 지면에 겨울 여행기 「雲水千里」10회분을 발표한다.[19] 즉, 제1회: 「아리내(閼川)行」, 제2회: 「昌林寺址」, 제3회: 「北川椿事」, 제4회: 「求忠堂 李義立」, 제5회: 「龍潭을 바라보고서」, 제6회: 「降仙臺」, 제7회: 「五陵巡參」, 제8회: 「溫達城을 물어서」, 제9회: 「懷墓를 보고」, 제10회: 「壯義寺 옛터를 찾으니」가 그것인데, 이 가운데 제5회: 「龍潭을 바라보며」가 수운-동학 관련 글이다. 이 글들은 재미있게도 대부분

14) 범부의 조부 동범에 대한 것은 김정근, 「凡父의 家系와 가족관계」, 앞의 책, 136-139쪽을 참조 바람.

15) 天道敎人. 언론인. 보성전문학교를 졸업한 뒤 1909년 天道敎에 들어감. 매일신보사 사원으로 일했고, 잡지 『開闢』의 주필을 맡았고, 이 잡지에 매호 논설 수필 시 등을 발표. 천도교 청년당 대표를 지냈음. 1948년 평양에서 행방불명되었음.

16) 金起田, 「大神師 생각」, 『天道敎會月報』제162호, 1924.3, 16-17쪽.

17) 김정근의 책에서는 「복술이」라는 부분에서 이렇게 기술하고 있다 : 「수운은 그 아버지 만득의 아들로서 애지중지 사랑을 받으며 자랐다. 그래서 얻은 아명(兒名)이 복술이었는데 한자로 福述이라고 썼다. 그것은 당시 경주 지방에서 명(命)이 길기를 바라면서 귀한 자식에게 붙여주었던 이름이었다.」(김정근, 「凡父와 東學」, 앞의 책, 115-116쪽.)

18) 김정근, 「凡父와 東學」, 위의 책, 117쪽.

19) 이것은 최재목 · 정다운 엮음, 앞의 책에 모두 실려 있음.

〈花郞-護國-建國-風流〉라는 주제로 되어 있어 어떤 의도를 갖고 '기획'된 것으로 생각되며, 수운의 '東學'도 그 범주 속에 위치해 있음을 알 수 있다.[20] 범부는 자신의 어렸을 적의 기억을 되살리면서 신문사 일행과 함께 실제로 경주 금장 나룻터에 서서 바라보이는 수운의 고향 마을을 묘사했다. 그는 글에서 예로부터 경주 지방에서 부르던 대로 '매룡골(←馬龍洞)', '현실(←見谷面)'이라고 했다.[21] 이 글에서 범부는, 동학이 '啓示宗教'와 같다고 보고, 또한 그것이 우리 '巫俗'에서 유래하였다는 것을 지적한다. 그는 여기서 「내 비록 병들어서도 (중략) 푸른 무지개 같은 패기가 일어난다」[22]고 술회한다.

넷째로, 앞서서 소개한 대로, 「雲水千里」가 소개되던 해(1960) 5월, 『世界』誌에 「崔濟愚論」이 실린다.

위의 네 가지 사항을 연결하면 하나의 일관된 線(=맥락)이 생겨난다는 사실을 알게 된다. 즉, 아래 표와 같이 범부의 동학에 대한 관심은 '風流 · 花郞 → 建國理念 · 國民倫理' 등의 중요한 문제의식과 상관성[23]을 가지면서 단계적으로 제시되어 갔고, 범부의 만년의 관심이 수운-동학으로 귀착되어 갔음을 확인할 수 있다. 마침 김정근이 최근 연구에서 「수운과 동학 관련은 범부 생애의 마지막까지 관심의 대상이 되고 있었다」[24]라고 언급하고 있는데 매우 타당한 지적으로 보인다.

---

20) 이에 대해서는 별도의 원고로 돌리기로 하고 상론은 피한다.

21) 김정근, 「凡父와 東學」, 앞의 책, 118쪽 참조.

22) 최재목 · 정다운 엮음, 「龍潭을 바라보고서」, 앞의 책, 202쪽.

23) 이에 대한 구체적인 내용은 후술.

24) 김정근, 「凡父와 東學」, 앞의 책, 141쪽.

[표2] 범부의 동학에 대한 관심의 변천

1924년(28세)	1950년대 중후반경 (58세-63세)	1960년 1월-5월경 (64세)	
小春 金起田에게 수운-동학에 대한 내용 구술	「이 나라의 역사에서 최복술(崔福述)(=수운의 兒名)이 큰 인물이다」라는 표현을 자주 함	「龍潭을 바라보고서」를 발표	「崔濟愚論」발표
金起田, 「大神師 생각」, 「天道教會月報」 제162호(1924.3)	김정근 교수의 구술 증언(김정근, 「凡父와 東學」, 「金凡父의 삶을 찾아서」, (서울: 도서출판 선인, 2010)	「韓國日報」1월 1일-8일자 지면에 겨울 여행기 「雲水千里」 10회분 중 제5회 째	김범부, 「世界」2, (국제문화연구소, 1960.5)(東學創道百週年紀念特輯 중 하나)
	1948년(52세): 經世學會 조직, 建國理念 연구 · 강의/「花郎外史」 구술(멋-風流포함) 1952년(56세): 「花郎外史」 초판 간행 1950년대 초반 경: 「國民倫理特講」 강의[25] 1955년(59세): 경주 계림대학장에 취임1958년(62세): 건국대학 부설 동방사상연구소장 취임	1960년4월: 風流精神과 新羅文化 발표 1961년(65세): 邦人의 國家觀과 花郎精神 발표. 1962년(66세): 「建國政治의 理念」 저술	

25) 「國民倫理特講」(김범부, 「國民倫理特講」, 『花郎外史』(三版))은 凡父의 제자인 李鍾厚가 整理하여 실었다)은 "凡父 생전(1950년대 초반) 某團體 會員들에게 행한 連續講義의 速記錄을 整理한 것"(『花郎外史』, 李鍾厚의 〈三刊序〉 참조) 이다. 이 글의 구성은 〈國民倫理의 現狀〉, 〈國民倫理의 歷史性〉, 〈國民倫理의 普遍性과 特殊性〉, 그리고 〈韓國的 國民倫理의 傳統〉이라는 5개의 장으로 이루어져 있다.

범부는 단순히 수운을 평가하는 수준에서 그치는 것이 아니었다. 그 자신이 추구했던 평생의 작업, 즉 풍류도의 발견과 그 근대적 재생의 생생한 모습, 그리고 그 실현의 구체적 인물을 최종적으로 수운으로 여겼다고 판단된다. 수운은 범부 만년의 사상을 이론적, 실천적으로 모형화한 하나의 範例였던 것이다.

그래서 범부는 수운의 '내림(降靈)'→ 東學 성립을 결론적으로 風流道의 부활로 보고, 이 사건을 「歷史的 大降靈」·「神道盛時精神의 奇蹟的 復活」·「國風의 再生」·「史態의 驚異」·「정말 어마어마한 역사적 대사건」[26]으로 평가하고, 수운을 「기적적 존재」·「불세출의 천재」로, 동학의 교설을 「동방의 자연사상+유교의 懿德[27]精神 +玄妙한 仙道」를 「혼연 융합한 것」으로 보고 있다.[28]

범부의 사상적 여정을 살펴보면, 종래의 평가처럼, 그 스스로도 유불도를 포섭하고, 그 지적인 영역을 넘어서서 서양학 등을 포괄적으

'國民倫理'라는 개념은 1948년 범부가 구술한 내용을 제자 趙璡欽이 기록한 것을 이후 출판한 『花郎外史』(초판:1954, 재판: 1967, 삼판: 1981)(이에 대해서는 정다운, 앞의 책, 104-111쪽 참조)에서 처음 사용되었다(진교훈, 「凡父 金鼎卨의 생애와 사상」, 『철학과현실』제64호, 철학문화연구소, 2005(봄), 219쪽 참조). '國民倫理'라는 개념은 1950년대 중반 凡父의 「國民倫理特講」이라는 강연 제목에서 발견되며, 그 이후 공식적으로 사용되는 것은 1960년대 중반이다(황경식, 「서양윤리학의 수용과 그 영향」, 『철학연구 50년』, 이화여대 한국문화연구원 편, 서울: 혜안, 2003, 497쪽 참조). 처음 '國民倫理'라는 용어를 造語하면서 凡父가 염두에 둔 것은 혼란한 시대에 던져져 있는 韓國民族의 정신적 지침을 제공하고자 한 것이었다고 생각된다.(정달현, 「金凡父와 國民倫理論」, 『現代와宗敎』제10집, (현대종교문화연구소, 1987), 284쪽 참조) 이상의 범부의 국민윤리론에 대한 보다 자세한 내용은 우기정, 『범부 김정설의 국민윤리론』(서울: 예문서원, 2010)을 참고 바람.

26) 김범부, 「崔濟愚論」, 위의 책, 124쪽.

27) '懿德(의덕)'은 '宜德'과 같은 의미로 '좋은 덕행'을 말한다.

28) 김범부, 「崔濟愚論」, 앞의 책, 144-145쪽.

로 습득하면서 이른바 「風流道의 化身」으로 살고자 했던 면면을 발견할 수 있다.[29] 아울러 그는 자신의 몸속에 화랑의 피를 내재했다는 확고한 믿음을 가진 이른바 「현대판 화랑」의 삶을 살았다고도 평가할 수가 있다.[30]

그렇다면 범부는 스스로의 학문적 경지를 동학에, 그리고 스스로의 삶을 수운에 투영하고자 했음을 추론할 수 있다. 결국 범부가 구축하고자 했던 「東方學」은 정신사적으로 본다면 「東學」의 연장선이거나 그 정신사를 계승하는 위치에 있다고 해야 할 것이다.

3. 風流道의 관점에서 崔濟愚-東學의 闡明과 재평가

범부의 「崔濟愚論」은 東學을 '風流道'라는 측면에서 새롭게 재발견하고, 나아가서 스스로의 사상적 여정을 거기에 투영하고 귀착시키고자 했다. 그래서 범부가 주장하는 '東方學'은 바로 수운 '東學'의 이론적 계승으로 보는 것이 옳다고 생각한다.[31]

---

29) 범부의 강의를 들었던 이완재(영남대 명예교수)는 범부를 풍류도의 화신으로 평가한다(이완재, 「凡父先生과 東方思想」, 『범부 김정설 연구논문자료집』, 서울: 도서출판 선인, 2010, 103-104쪽 참조).

30) 김정근은 〈범부와 유불선 삼교〉에서 범부의 스스로의 사상이 유학 · 불교 · 仙道 · 西學(西洋學) · 風流道로 진전되어 갔음을 지적한다(김정근, 「凡父와 東學」, 앞의 책, 108-111쪽 참조). 아울러 김정근은 범부를 「그 자신이 다름 아닌 풍류도인이었으며, 현대판 화랑의 삶을 살았다고 할 수 있다」고 한다(같은 책, 112쪽).

31) 필자는 이러한 맥락에서 '「東」의 誕生'을 논한 바 있다(최재목, 「'東'의 誕生 - 水雲 崔濟愚의 '東學'과 凡父 金鼎卨의 '東方學' -東의 誕生 - 」, 『陽明學』제26집, (한국양명학회, 2010.8.25)을 참조).

주지하는 대로 수운은 '西學'에 대하여 경계하고[32] '我東方'(이 문구는 여기저기서 나옴)[33]의 학으로서 '東學'을 이야기 한다. 여기서 '東方'이란 당시의 조선 즉 한국이다. 수운은 「國號는 朝鮮이오/邑號는 慶州로다//(중략) 東都는 故國이오/漢陽은 新府로다//아 東方 생긴 후에/ 이런 王都 또 있는가」[34]라고 하여, 동방 가운데서도 그는 왕도인 '경주'를 높이 평가한다.[35] 범부는 西方(서양)에 대칭되는 지역으로 東方이란 개념을 사용하는데, 이 개념의 범주 속에 한국을 포함시키며, 나아가서는 한국문화 · 사상을 이해하는 하나의 지리적-문명적 기반으로 삼고자 한다.[36]

수운은 東方의 王都로 보았는데, 범부도 또한 풍류도=동학이 起源한 장소인 '경주'로 지목하고 거기에 「神道盛時精神」(神道 즉 샤머니즘=무속이 번성하였던 시기의 정신)이 살아 있다고 적극 평가한다. 이것은 東學을 풍류도의 정통으로서 평가하는 하나의 주요한 배경이 된다.

범부는 東方 문화의 바탕이 되는 것을 '神道'로 파악하는데, 그것은 다른 말로 風流道=花郎道=國風이다. '神道'란 샤머니즘=무속을 말한다. 범부의 논의에 따르는 한, 3,4천년전 몽고계의 고대문화와 공통성

---

32) 「서학이라 이름하고 온동네 외는말이//사망년 저인물이 서학에나 싸잡힐까 (후략)」운운하고 있다. 『龍潭遺詞』「安心歌」(천도교중앙총부 편, 『天道教經典』, 서울: 천도교중앙총부출판부, 2001(5판), 157-58쪽)

33) 『龍潭遺詞』의 「龍潭歌」(천도교중앙총부 편, 위의 책, 166쪽, 167쪽, 173쪽), 「勸學歌」(같은 책, 211쪽), 「道德歌」(같은 책, 217쪽) 등에 보임.

34) 『龍潭遺詞』「龍潭歌」(같은 책, 165쪽)

35) 최재목, 「'東'의 誕生 - 水雲 崔濟愚의 '東學'과 凡父 金鼎卨의 '東方學' -東의 誕生 - 」 참조.

36) 최재목, 위의 논문 참조.

을 가진 사상(즉 동방사상)으로서의 '神道思想'이었던 샤머니즘=무속(→萬神=神仙)의 정신이 우리나라 신라에서 다시 융성하여 '나라의 샤먼'인 花郞의 도(=花郞道)=國仙의 道(國仙道, 仙道)=風流道가 독창적으로 성립하였다고 본다. 화랑은 기본적으로 샤먼, 神官이며 그 지위는 당시 사회에서 최고위였으며, 그들의 습속이었던 花郞道가 곧 風流道로서 國教였는데, 이것을 줄여서 '國風'이라고도 한다.

위의 내용을 이해를 돕기 위해 정리하면 다음과 같다.

[표3] 샤먼 · 무당 · 萬神 · 神仙 · 花郞 · 國仙 · 風流의 관계

'나라의 샤먼(=무당)'인 花郞의 道(=花郞道)= 國仙의 道(國仙道, 仙道)=風流道 성립
▲
神道思想 (3,4천년전 몽고계 고대문화와 공통성=東方思想) 샤머니즘=무속(→萬神=神仙)의 정신

범부는 花郞의 운동은 원래 신라에서 중심적이었지만, 다시 조선에 이르러 수운의 동학(→ 갑오동학란)으로 꽃 피고, 일제 강점기의 3.1 의거나 당시(5,60년대)에 이르기까지(아마도 범부는 4.19, 5.16도 상정한 것으로 보임[37]) 그 혈맥은 의연히 약동하고 있다고 본다. 이러한 범부의 논리를 그대로 밀고 나간다면, 수운은 조선판 화랑이고, 샤먼이라고 해도 될 것 같다. 화랑은 우리의 '혈맥' 속에 면면히 이어져 오

37) 그렇다면, 범부의 논리를 좀 더 밀고 나가면, (범부의 논고에서 그 구체적인 언급은 아직 찾아내지 못했지만) 박정희의 5.16 군사 혁명도 화랑-풍류도의 맥락에서 이해하고 있었던 것으로 볼 수 있다. 박정희는 현대판 화랑이었다고 볼 가능성도 있을 것으로 보인다.

고 있는 것이다.

이러한 논지는 아래의 발췌 인용문(①-⑤)에 잘 집약되어 있다.

① 晋代에 仙術者 葛洪이 지은 『抱朴子』라는 책은 神仙說 · 養生術 · 醫術 등에 대해 많이 말하였는데, 그 글 가운데에 '黃帝到靑邱過風山見紫府眞入習三皇內文俾刻之謂之萬神'이라는 글이 있다. 글은 매우 간단하지만 글 중에 매우 귀중한 내용이 들어 있다. 靑邱는 곧 東方 震檀이니 중국인이 고조선 肅愼 지방을 가리켜 부르는 말이요, 風山은 어느 산인지 미상이나 또한 古朝鮮 땅에 있는 산이요, 紫府眞人은 古仙人이요, 三皇內文은 黃帝 이전의 문자인즉, 이것이 동방 고대문자로서 蒼頡所作의 문자도 이에 연원한 것이라고 볼 수 있다.

② 萬神이란 말은 지금의 '무당'을 가리키는 것이라 하니 '萬'은 곧 샤먼(Shaman)의 약어이다. 우리 민족은 어족으로는 우랄 · 알타이계요, 종족은 퉁그스(滿蒙系)계요, 문화는 샤먼계이다. 고대 黃帝가 동방에 왔다고 함은 黃帝가 西北間島에 왔음을 의미할는지도 모른다. 舜帝가 東夷人이라는 것은 문헌에 드러났는데 舜은 黃帝의 증고손이라고 한다. 그러면 중국인 蒼頡을 동방사람이라고 함이 당연하다. 한자가 黃帝시대에 이루어졌는데 黃帝가 東夷族이 아니라고 하더라도 蒼頡이 지은 것임은 의심할 수 없다. 한발 양보하여 蒼頡이 동방인이 아니라고 하더라도 한자만은 漢族과 동방인의 것임에 틀림없다.[38] (강조는 인용자. 이하 같음)

③ 신선의 仙道는 한국에서 발생하였다. 중국 上代의 문헌에는 신선

---

38) 김범부, 「언어와 문장 독립의 과제」, 『풍류정신』, 149-150쪽.

설이 없다. 十三經 중의 {老子}에도 없으며 춘추시대까지도 없었다. 『莊子』에 비로소 선인, 神人說이 비치고 『楚辭』에 나왔는데, 이는 전국시대에 해당된다.

仙은 人邊에 山자 또는 僊자로 쓰는데, 산에 사는 사람 또는 인간 세상에서 遷去한 사람이란 뜻의 會意문자이다. 곧 山人 이다. 仙의 音이 '센'이니, '새이'는 무당을 말하고 경상도에선 '산이'가 무당이다. 그러므로 '산이씨자 무당의 씨자'라고 하는 속담이 있고. 땅재주하는 사람이 '아우구 산이로구나' 하는데 이것은 降神하는 데에 쓰는 소리이다. 이 '산이'니 '센'이니 하는 어원은 근본 '샤먼'에서 온 것이다. 몽고계에서 전한 샤만은 곧 무당이라는 뜻이다. 이것은 몽고계의 고대문화와 공통성을 가진 神道思想에서 온 것인데, 무당 중에서 강신이 잘 되는 이를 '사얀'이라고 하며 신 집히는 사람도 '사얀'이라고 한다. 센, 새이, 산이, 이 모두 샤먼에서 파생된 것이다.

花郞을 國仙이라고 하고, 花郞史를 仙史라고 하며, 花郞道는 風流道라고 하였다. 화랑은 神官으로서 그 지위는 사회적으로 최고위였으며, 風流道는 국교였다. 화랑도는 그 당시 하나의 종교로서 그 영도자가 '도령'이며 그 단체를 '낭도'라고 하였고 평시에 종교적 수련과 음악, 무당, 무술 등을 수련하였는데 음악, 무용은 신과 교제하는 의식으로서 사용된 것이다. 그것이 뒤에 불교, 유교가 들어오면서 그 권위를 잃게 되어 무당은 사회적으로 천민 계급에 떨어지게 된 것이다. 당초에는 인도의 바라문이나 가톨릭의 신부와 같은 지위였던 것이다. 그 뒤에 이 사얀이 중국으로 들어가서 한자로 仙이 되고 또는 신선이라고 하여 詠歌舞蹈하였다.[39]

④ 花郞은 우리 민족생활의 역사상에 가장 중요한 지위를 차지하게

39) 김범부, 「丹學과 仙道」, 『풍류정신』, 205쪽.

된 일대사건이다. 그러므로 花郎은 언제나 마땅히 국사상의 學理的 究明이 요구되는 일대의 과제로서 우리 學徒에게 있어서는 모름지기 努力研鑽의 일대 宿債이라 할 수밖에 없는 것이다. 그런데, 이것은 그다지 시급하지는 않은 것이라 하더라도 이제 와서 우리 국민도덕의 원칙을 천명함은 遲晩之嘆이 없는 바도 아니다. 그런데 이 국민도덕의 원칙은 민족적 인생관의 전통적 요소를 제쳐두고는 찾을 수도 밝힐 수도 없는 것이니, 진실로 이것을 찾고 밝히려면 우리는 할 수 없이 花郎을 더듬어 보지 않을 수 없는 터이다. 아니 그 원천을 정확히 탐구해서 국민도덕의 전통적 근거를 삼지 않으면 안 될 것이다. (중략) 이(=『花郎外史』) 제목을 '화랑의 혈맥' 혹은 '風流外史'라고 붙이기도 했거니와, 花郎의 운동은 원래 신라에서 위주한 것이지만 그 정신과 풍격만은 당시로는 백제, 고구려에도 아주 없었던 것은 아니요, 또 후대로는 고려, 한양을 통과해서 금일에 이르기까지 그 혈맥은 의연히 약동하고 있는 것이다. 그래서 〈花郎外史〉는 신라만이 아니라 고구려, 백제, 고려, 이조까지의 열전을 隨時해서 公刊하게 될 것이다. 그리고 독자에게 또 한 말씀 드릴 것은 花郎을 正解하려면 먼저 花郎이 崇奉한 風流道의 정신을 이해해야 하고 風流道의 정신을 이해하려면 모름지기 풍류적 인물의 風度와 생활을 翫味하는 것이 그 요체일지라, 그래서 그 玄妙한 風流道의 연원을 默想하던 나머지 勿稽子 百結 先生을 발견한 것이니 누구든지 진실로 〈花郎外史〉를 詳讀하는 이는 勿稽子 百結 先生으로부터 그 讀次를 취하면 거기에는 암연히 일맥 관통의 묘리를 짐작하게 될 것이다. (중략) 이 글이 세상에 나감으로써 긴 세월을 吾族의 혈관 속에 졸고 있는 만천의 화랑이 깨어나게 된다면 (하략).[40]

40) 김범부, 「서」, 『풍류정신』, 14-17쪽.

⑤ 國風으로서 神道가 我邦文化의 근원인 것은 더 費言할 필요가 없고, 신라 건국 초기에 시조 혁거세의 神德으로서 奉戴王國이 우리 東土에 최초로 성립되었다. 그래서 이 神道尊尙의 風韻이 세월에 따라 성장하고 세련되어서 마침내 風流道가 출현하면서 문화면으로 정치면으로 신라의 번영을 가져왔던 것이다. 그러다가 이 정신이 세운을 좇아 점점 쇠미하던 나머지 말경에는 겨우 '하느님'이란 어휘와 함께 散落한 신앙과 또 굿이니 禱神이니 別神이니 하는 野巫輩의 糊口小技로 잔존했던 것이다. 그런데 수운 최제우가 세상에 와서 '하느님'의 진상을 증언하고 '내림'(강령)의 위력을 새로이 천명하고 보니 인제는 과연 道喪千載에 분명히 神道는 재생한 것이다. 이것은 정말 역사의 기적적 약동이며, 이 역사적 대사건의 주인공인 최제우는 실로 기적적 존재, 불세출의 천재로다. 그리고 그 교설에 동방의 자연사상과 유교의 諸德精神과 또 玄妙한 仙道의 氣味가 혼연 융합된 것은 역시 그럴 수 있는 일이요, 그것은 오히려 자연스러운 것이다.[41]

범부는 국민도덕의 원칙을 세우려면 어쩔 수 없이 花郞을 더듬어 보지 않을 수 없으며, 이를 바탕으로 그(국민도덕) 전통적 근거를 삼아야 한다고 보았다. 우리 속에 내재하는 '전통적 근거'를 찾았던 그는 마치 '우리 식 민주주의'라는 말처럼 '우리 식 국민도덕'을 창출하고자 하였다.

참고로, 범부는 근대적 서양학문을 기초로 학문을 한 사람이 아니다. 그는 전통학문에 바탕한 사상가이다. 김정근 교수의 주장대로 범부는 당시의 '교실-제도권 교육을 벗어난 자유로운 영혼'[42]으로서, 비

41) 김범부,「崔濟愚論」, 앞의 책, 144-145쪽.

42) 김정근,「凡父의 서당 공부와 '청강'에 대한 해석」, 앞의 책, 서울: 도서출판 선인, 2010, 200쪽.

제도권-비학력주의를 떳떳하게 생각했던, '지조 있는 토종 학문(=우리 전통 학문)'[43] 계열에 들 수 있다. 평소「책만 책이 아니다. 세상이 다 책이다.」·「교과서가 따로 없다. 세상에서 배워야 하는 것이다」[44] 라고 생각했던 범부에게 당연한 귀결이었을 것이다.

'순전(純全)한 한국인'[45]으로서 '주체적'인 사고에 투철하고자 했던 「순 토종 학력(=서당공부)'[46]의 범부는, 김지하의 말대로 우리 시대에 다시 주목해야할 천재 지성인으로[47]「서양에 대한 '환상'을 버리고 학문의 방향을 '바깥(=外)'이 아닌 '안(內)'으로 잡았으며, '우리 민족의 역사적 경험'에서 '길'을 찾고자 하였던」[48] 사상가이다. 그가 주목한 우리 민족의 주요한 역사적 경험이란 바로 '풍류도'이고 그 맥락에서 '샤머니즘', '화랑도', '동학', '신선도' 등을 재평가하고자 했고, 이를 기반으로 한국 건국초기 국민윤리의 이론적 구조틀(framework)을 잡고자 하였다.[49]

---

43) 김정근,「凡父의 서당 공부와 '청강'에 대한 해석」, 위의 책, 201쪽.

44) 이것은 범부의 외손자인 김정근 교수가 범부 곁에서 평소 들었던 말씀을 구술한 것이다(김정근,「凡父의 家系와 가족관계」, 위의 책, 148쪽 각주(34) 참조.

45) 김정근,「凡父의 서당 공부와 '청강'에 대한 해석」, 위의 책, 200쪽.

46) 위의 글, 201쪽.

47) 김지하는 김범부를 다음과 같이 평가한다(이문재,「인간성에 대한 새로운 인식이 시급하다: '율려문화운동' 펼치는 시인 김지하」,『문학동네』제5권 제4호/통권17호(1998년 겨울)).「김범부란 사람을 잘 봐야 해요. 이 사람은 때를 잘못 만나서 그렇지, 참 천재였다고. 풍류도를 어떻게 해서든 현대화시켜보려고 애를 썼든 사람이라. 건국 초기에 국민윤리 같은 걸 보면 어떻게 해서든 화랑도, 풍류도에서 국민윤리의 기본을 파악하려고 애를 썼든 사람이에요. 동학에 대해서도 깊은 이해를 가졌던 사람이라고. 고대 풍류도의 부활이라든가, 샤머니즘에 대한 재평가, 신선도에 대한 재평가 등 아주 중요한 사람이에요.」(김정근,「凡父가 세상과 소통한 방식」, 위의 책, 78쪽에서 재인용)

48) 김정근,「凡父가 세상과 소통한 방식」, 위의 책, 66쪽.

49) 이문재,「인간성에 대한 새로운 인식이 시급하다: '율려문화운동' 펼치는 시인 김

범부는 우리 전통 학문을 온전히 복원하고 내재적인 문맥 복원하는 방식을 그 나름의 독특한 방법론 즉 다양한 論證을 활용하고자 한다. 즉 그는 ①'文證'(←文獻), ②'物證'(←古蹟), ③'口證'(←口碑傳說), ④'事證'(←遺習 · 遺風 · 遺俗 · 風俗 · 習俗), ⑤'血證'(←心情 · 血脈))[50]을 통해 새롭게 '闡明'[51]하여 서구-외세의 학술에 대응하려는 것이다. 이 점에서 그는 (그가 생각 했던)'우리 식 학문'의 구축을 지조 있게 闡明했던 독창적인 사상가라고 할 수 있다. 여기서 말하는 '闡明'이란

지하」에 인용된 김지하의 말 참조.

50) 범부는 '史蹟'을 연구하는 방법론으로서 '五證論' 즉 ① '文證'(←文獻), ②'物證'(←古蹟), ③'口證'(←口碑傳說), ④'事證'(←遺習 · 遺風 · 遺俗 · 風俗 · 習俗), ⑤'血證'(←心情 · 血脈)을 제시한다. 이 오증론은 〈경주-신라의 '時代 精神'인 '그 時代의 中心文化'〉를 들춰내려는 〈동방학의 방법론〉이었다.(이것은 (金凡父, 「朝鮮文化의 性格(제작에對한對話秒)」, 『新天地』(서울: 서울신문사, 1950.04))(최재목 · 정다운 편, 앞의 책, 19-20쪽); (金凡父, 「風流精神과 新羅文化 — 風流道論緒言 —」, 『韓國思想』3, (韓國思想講座編輯委員會 · 編, 1960))(최재목 · 정다운 편, 앞의 책, 33쪽; 金凡父, 「國民倫理特講」, 『現代와 宗教』 창간호(대구: 현대종교문제연구소, 1977), 89-90쪽; 金凡父, 「國民倫理特講」, 『花郎外史』(3판)(대구: 이문출판사, 1981), 232-33쪽에 소개되어 있다). 이것을 도표화 하면 다음과 같다.

[표4] 범부의 五證論

범부의 五證(徵)	1	文證(徵)	文獻
	2	物證(徵)	古蹟
	3	口證(徵)	口碑傳說
	4	事證(徵)	遺習 · 遺風 · 遺俗 · 風俗 · 習俗
	5	血證(徵)	心情 · 血脈

(이에 대한 전반적인 내용은 최재목, 「東의 誕生 - 水雲 崔濟愚의 '東學'과 凡父 金鼎卨의 '東方學' -」참조)

51) '闡明'이란 표현은, 金凡父, 「序」, 『花郎外史』(三版), 대구: 以文出版社, 1981; 김범부, 「國民倫理特講」, 앞의 책, 209쪽, 214-19쪽 등에 보인다.

'드러내어 밝힘'으로 범부는 '案出'과는 구분한다.[52] '案出'이란 '생각(고안)해 냄'이다. 따라서 천명은 단순히 머리 속에서 고안-생각-구상-상상하는 것만이 아니라 그러한 내용을 구체적, 실천적으로 드러내어 밝히는 것, 제시하는 것을 말한다.

범부가 천명하고자 한 것은 '외래사상'(=外: 남의 것)이 아니라 바로 '傳統'(內: 우리 것)이다. 보다 정확히 말하면 〈① 民族의 固有한 本來에 있는 傳統, ② 外來文化 外來思想이 여기에 들어와서 뿌리를 내려와서 傳統으로 化한 것〉 가운데서 전자(①)를 말한다.[53]

이처럼 범부는 우리 전통 학술-지성의 내재적 발전에 주목하고, 그것을 외세에 대항하는 에토스로, 해방 이후 한국이라는 신생 국가의 '國民倫理'로 만들어야 함을 역설하는 논리적 단계를 밟고 있다.[54]

---

52) 즉, 그는 이렇게 말한다: 「何如間 우리가 가진 禮俗이라는 것이 第一優越하다고 敢히 생각하지 않습니다마는 이러한 血族倫理에 있어서는 確實히 우리 韓國人은 누구에게도 遜色이 있을리 없는 優越한 倫理를 가졌다고 自負해서 좋으리라고 생각합니다. 그러니 우리가 國民倫理를 천명하는 데는 어떠한 사람이 個人으로 생각하거나 그렇지 않으면 어떠한 思潮가운데에서 求할바가 아니라 우리가 지금까지 살아오는 傳統가운데에서 果然 繼承해야 될 倫理가 있느냐 없느냐 그것을 우리가 闡明해야 합니다. 그래서 勿論 우리가 繼承할 必要가 없는 傳統이 있을 것입니다. 하지만 要는 우리가 이제부터 繼承해야 할 것이 무엇이냐 그것을 우리가 闡明해야 할 것입니다. 그러므로 國民倫理는 案出하는 것이 아니라 歷史的 事實 가운데에서 우리 生活의 事實 가운데에서 이 生活의 性格 가운데에 闡明해야 하는 것입니다.」(김범부, 「國民倫理特講」, 앞의 책, 209쪽)(강조는 인용자)

53) 그는 이렇게 말한다. 「우리의 國民倫理의 闡明에 있어서 첫째 重要한 問題는 우리의 傳統을 闡明하여야 하는데 이 傳統 가운데 두가지 種類가 있습니다. 첫째는 民族의 固有한 本來에 있는 傳統이고 둘째로는 外來文化 外來思想이 여기에 들어와서 뿌리를 내려와서 傳統으로 化한 것의 두가지 種類가 있습니다. 그러면 이 闡明의 順序에 있어서 무엇을 먼저 闡明해야 하느냐 하면 固有한 傳統부터 闡明할 것입니다.」(김범부, 「國民倫理特講」, 위의 책, 214쪽.)

54) 김범부, 「國民倫理特講」, 위의 책, 209쪽 참조.

한마디로 범부가 신생국의 국민윤리로 천명하고싶었던 본질은 '國風의 재생'이었다. '국풍'이란 崔致遠(857-?)의 「鸞郞碑序文」에 나오는 '國有玄妙之道曰風流'에서 근거를 둔 것이다. 국풍은 현묘지도의 다른 표현이다. 범부는 '玄妙之道'란 것을 '儒 · 佛 · 仙의 三教를 包含한 것'이란 표현에서 '포함'이란 말에 주목하여 「三教보다 더 廣大」한 사상 범주로 격상시킨 뒤 「風流道가 이미 儒佛仙 그以前의 固有精神일진대는 儒佛仙的性格의 各面을 內包한 동시에 그보다도 儒佛仙이 所有하지 않은 오직 風流道만이 所有한 特色이 있는 것」이라 하여 「風流道」로 단정한다.[55] 그래서 玄妙之道는 바로 國風이고 風流道이다(風流道=玄妙之道=國風).

범부는 풍류도는 '儒佛仙(=三教)을 포괄하는 것'으로 三教보다 훨씬 광범위한 영역 내지 범주를 갖는다.

[표5] 風流道와 儒佛仙(三教)의 관계

〈風流道(=玄妙之道=國風)〉=〈儒佛仙(三教)+α〉 ⇒ 風流道⊃儒佛仙(三教)

아울러 시간상으로도 소급할 때도 신라보다 훨씬 더 오래인 우리

55) 崔致遠의 鸞郞碑序文(三國史記에 보이는 斷片的인 數節)에 적히기를 國有「玄妙」之道曰「風流」實乃「包含三教」接化羣生, 入則孝於親, 出則忠於君, 魯司寇之教也, 不言而教無爲而化, 周柱史之旨也, 諸善奉行諸惡莫作竺乾太子之化也. (중략) 참으로 너무나 零碎한 斷片的인 數節에 不過하건만 그래도 우리는 이 不幸中에서 多幸한 이 아질아질하게 남아떠러진 片言隻字를 端緖로 해서 우리의 風流道(혹은 風月道라고도 적혔지만) · 그眞相을 遡求할밖에 딴수가 없다 그런데 첫째 우리는 이碑文을 撰述한 崔致遠의 「思想과 教養」을 먼저 若干만이라도 檢討할必要를 느끼는 바이다 왜냐하면 所記의 明文대로 본다면 風流道는 실상인즉 儒佛仙三教를 包含한 玄妙之道라 했으니 三教를 包含하니만치 三教보다 더 廣大하단 말이라.(김범부, 「風流精神과 新羅文化」, 앞의 책, 38쪽).

고대의 것으로 보았다.[56] 이렇게 한국 민족의 '기억'의 시점을 소급하여 '상상'의 폭을 무한히 확장하고자 한 그는 우리 민족은 神道로서 '風流道'의 血統을 가졌다고 본다. 범부의 입장에서 본다면 풍류도는 한민족에게서 일종의 '道統'인 셈이다.[57]

이와 같이 동학을 風流道統의 맥락 속에 위치시켜 파악하고자 했던 범부의 시도는 사상사적으로 매우 독창적이며, 관점 자체도 종래에 볼 수 없었던 매우 신선한 것이었다고 일단 평가할 수 있다.

4. 「崔濟愚論」에서 水雲 · 東學思想 理解의 특징

범부의 「崔濟愚論」은 여러 가지 수운-동학에 대한 사상 기술의 내용적 특징을 갖는다. 즉, 〈① 賤生의 번민에서 촉발한 得道, 啓示에 주

56) 즉, 그는 이렇게 말한다. 「風流道의 性格을 究明하려면 첫째 그道를 어찌해서 風流라고 일렀을가 우선 風流란 語義부터 意味를 가진것이고 또 實乃「包含」三教라 했으니 이 「包含」二字도 容易하게 看過해서는 안되는 것이다 이 包含二字를 잘못解釋하면 우리文化史의 全體가 사뭇 비틀어지게 되는 판이란 말이다. 이를테면 三教를 調和했다거나 或은 集成했다거나 或은 折中했다거나 或은 統一했다거나 或은 統合했다 거나할 境遇에는 본대 固有의淵脉은 없이 三教를 集合한것이 될것이다 그런데 이건 「包含」이라 했으니 말하자면 이 固有의精神이 본대 三教의性格을 包含했다는 意味로 解釋해야 할것이다 그리고 三教라 한것은 물론 儒佛仙인데 이 風流道의 精神이 이미 儒佛仙의性格을 包含한것이 거니와 여기 하나 重大問題가 들어있는것은 風流道가 이미 儒佛仙 그以前의 固有精神일진대는 儒佛仙的性格의 各面을 內包한 동시에 그보다도 儒佛仙이 所有하지 않은 오직 風流道만이 所有한 特色이 있는것이다.」(김범부, 「風流精神과 新羅文化」, 위의 책, 41쪽.)

57) 이용주는, 「凡父 사상체계와 전통론의 의의」라는 논문[이용주, 「凡父 사상체계와 전통론의 의의」, 《제2회 범부연구회 세미나자료집》, 영남대 법학전문도서관 2층 영상회의실, 2009. 10. 24-25쪽.]에서 범부의 도통론을 '風流道統論'으로 규정한 바 있다.

목, ② 東學을 「啓示宗教」로 규정, ③ 東學-水雲思想의 '融攝性' · '渾然融合性' 강조, ④ 人權 · 平等思想의 평가〉가 그것이다.

1) 賤生의 번민에서 촉발한 得道, 啓示에 주목

범부는 「최제우론」의 〈제1장 水雲의 幼少時代〉에서 최씨의 世居地인 경주의 '見谷面 馬龍洞'에서 鄕儒 近菴 崔鋈의 아들 수운 최제우가 출생한 것을, 1860년 수운의 득도일='백 년 전, 庚申 4월 5일(陰)'='어마어마한 역사적 대사건'의 주인공 탄생으로 特記한다. 旣述한 대로 범부의 조부는 수운과 동네 친구였다. 그래서 조부(와 동네 어른들)의 입을 통해 수운의 집안 내력, 사람 됨됨이 등에 대해서 익히 들어온 바가 있었을 것으로 추정된다.

범부는 '대사건이 발생하려면 흔히는 심상치 않은 전조가 있는 것'이라 하고 '近菴이 還進甲을 지내고 63세인가 되던 해 慶州 西面 金尺이란 동네에서 우연히 단봇짐으로 떠들어온 과부'를 만나 '희대의 奇男子(=수운)'를 탄생시키는 일을 강조한다. 즉, 수운의 생모가 부친의 둘째 부인으로서 '단봇짐으로 떠들어온 천대받은 과부'란 요인 즉 '鬱憤' '恨'에 주목하고 있다.

좀 긴 문장이긴 하나 범부의 생각이 잘 드러난 부분이기에 인용을 하면 아래와 같다.

> 금년으로서 백 년 전, 庚申 4월 5일(陰)에 정말 어마어마한 역사적 대사건이 慶州 一偶인 見谷面 馬龍洞이란 肅條한 山隣에서 발생했다.
>
> 見谷面 일대는 경주 최 씨의 世居地로서 馬龍洞도 그 중에 하나였는

데 여기에 鄕儒인 近菴 崔鋈의 서재가 있었다. 近菴은 당시 望士로서 文行을 겸비한 사람이었다. 그런데 이 어마어마한 역사적 대사건이 발생하기는 近菴이 돌아간 지 한 20년 뒤가 된다. 初後兩娶 夫人이 다 소생이 없이 돌아간 터이라 近菴은 늦도록 血嗣가 없었는데, 아마 中晩年期에 양자를 들였던 모양이기에 시방도 近菴의 자손은 見谷面에 살고 있다.

대사건이 발생하려면 흔히는 심상치 않은 전조가 있는 것이다. 近菴이 還進甲을 지내고 63세인가 되던 해 慶州 西面 金尺이란 동네에서 우연히 단봇짐으로 떠들어온 과부가 近菴과 만나게 되었다. 그래서 만삭이 되자 희대의 奇男子가 탄생하니 이것이 곧 역사적 대사건의 주인공인 수운 최제우, 동학교조 그 사람이다.

수운은 老儒의 晩得 귀동자로서 가여운 귀염도 받았을 것이다. 그러나 그 생모 되는 이는 수운이 6, · 7세 적에 세상을 떠나고 그 어른 近菴도 16세 적에 돌아갔다. 그런데 여기 수운의 운명과 사상과 志業과 긴밀한 관련을 가진 미묘한 事機가 暗動을 하고 있었다.

그것은 무엇보다도 그 생모가 단봇짐으로 떠들어온 과부란 것이 주원인이 된 것이다. 수운이 어려서부터 총명과 기백이 비상했던 것은 물론이고 그 용모도 비범하게 생겼던 모양이라, 밖으로 나가게 되면 동네 아이들이 말하기를 저 복술이(수운의 아명) 놈의 눈깔은 역적질할 눈깔이라 했는데, 그럴 때마다 오냐 나는 역적이 되겠으니 너희들은 착한 사람이 되라고 했더란 것이다. 여기에 분명히 문제가 있었던 것이다.

말하자면 그 역적질할 눈깔이란 그 눈은 과연 비범한 눈인 것은 틀림없었고, 또 그 아이들도 비범한 眼光에 놀랐던 것이다. 그 아이들이 속으로 그 비범한 風神에 위협을 느낄수록, 자기들의 열등함을 자인할수록, 그 비범한 威稜에 모욕을 주고 싶었던 것이다. 왜냐하면 그것은 단봇짐으로 떠들어온 과부의 賤生이란 것인데 이것은 아이들이 모두 자기 어른들에게 듣고 배운 지식인 것이다. 그리고 그 어른 그 아이들이 역시 타인보다도 그 일족이었던 것도 알기 쉬운 일이다. 왜냐하면 그 시대의 禮俗은 一門 중에서 오히려 그러한 종류의 차별이 더 심했던 까닭이다.

그리고 그러한 예속과 풍습이 전 사회의 공기였던지라, 그 시대 사람들은 모두 그 공기를 호흡하고 살았던 것이다. 그러자니 그 과부의 천생이 천대를 받을 때는 그 과부에 대한 대우가 어떠했을 것인가는 역시 잘 알 수 있는 일이다. 그때 一門 중에 길흉사가 있다 해도 다른 부녀들과 同列에 참여할 수 없는 과부의 신세인지라, 그런 때일수록 혼자서 어린 복술을 데리고 눈물에 젖은 손으로 그 천대 받는 옥동자를 어루만졌을 것이다. 영특한 복술은 어릴망정 그것이 무슨 일인 줄을 아주 모르지 않았을 것이고, 또 점점 자라남에 따라 더 잘 알게 될수록 그 울분 그 고민은 도리어 그 壯志와 雄圖를 길렀던 것이다. 이리하여 자라난 복술이 곧 수운 최제우, 그 사람이다.

수운은 어려서 '총명과 기백이 비상'했고 '용모도 비범'했는데, 밖으로 나가게 되면 동네 아이들이 '비범한 眼光에 놀라' 저 '福述이'[58] 놈의 눈깔은 '역적질할 눈깔'이라 했다고 한다. 그럴 때마다 수운은 오냐 나는 역적이 되겠으니 너희들은 착한 사람이 되라고 했다는 것이다. 범부는 '여기에 분명히 문제가 있었던 것'이라 한다. 즉 과부 賤生

58) 김정근의 언급대로 '福述'은 당시 경주 지방에서 명(命)이 길기를 바라면서 귀한 자식에게 붙여주었던 이름이기에 무속적, 기복적인 의미가 들어 있다(김정근, 「凡父와 東學」, 앞의 책, 116쪽 참조). 이에 대해 '水雲'은 道家, 仙教的인 것으로 볼 수 있다.

의 賤待에서 비롯된 울분과 고민이 도리어 그 壯志와 雄圖를 길렀다고 본다.

아울러 수운의 부친 近菴 崔鋈(자는 子成. 호는 近庵. 1762-1840)을 '당시 望士로서 文行을 겸비한 사람'으로 평가한다. 근암은 신라의 文昌候 崔致遠의 6대손이다. 그 아버지의 이름은 宗夏이다. 1762년(英祖38년, 壬年)에 경주 稼亭里에서 태어났는데 일찍부터(13세 때) 畸窩 李象遠의 문하에서 배웠다. 기와는 바로 퇴계 영남학파의 선봉인 葛庵 李玄逸의 직손이다.

근암은「畸窩先生文集序」(『近庵集』卷五)에서 이렇게 말한다.

> 오직 퇴계 선생이 우리나라 유학을 깊이 분석하고 널리 종합하여 매우 뜻 깊은 학설을 이루었다. 그래서 위로는 주자의 참된 전통을 이어받았고 밑으로는 鶴峯 金誠一, 敬堂 張興孝, 存齋 李徽逸, 葛庵 李玄逸, 密庵 李栽 같은 여러 어진 학자들의 원천을 마련하였다. 그리고 大山, 李象靖 선생이 우리나라 성리학을 일으켜 떨치게 하였다. 나를 가르친 기와 선생은 바로 갈암의 손자의 손자(玄孫)이며 밀암의 외손인 대산의 문하에서 직접 가르침을 받았다. 그러므로 선생의 도와 문장은 그 뿌리가 있어서 순수하다.[59]

근암은 뒤에 역시 부친의 뜻에 따라 잠시 과거의 준비를 위한 공부에 온 힘을 기울였다. 이 '잠시'라고 생각했던 과거공부에 너무나 많은

---

59) 惟退陶夫子, 集東儒之大成, 紹朱子之嫡統, 下以啓鶴敬存葛密諸賢之淵流大山先生得密翁正傳, 扶植吾道興起斯文, 先生以葛密賢孫, 受學於大山門下, 則先生之道之文, 其眞有所本矣.(崔鋈, 앞의 책 『근암집(近庵集)』, 최동희 옮김, 서울: 창커뮤니케이션, 2005, 587쪽)

시간과 정력을 빼앗기고 그 뜻도 이루지 못했다. 악몽 같은 지난날을 뉘우치고 일찍이 기와 문하에서 깨달았던 참된 자기를 위한 학문(爲己之學) 곧 퇴계 성리학으로 돌아왔을 때 이미 나이는 60을 지났고, 집안도 기울었다. 그러나 절망을 딛고 오로지 퇴계의 성리학에 몰두했다. 근암이 일찍이 기와의 문하에서 깨닫게 된 학문의 길이 바로 퇴계가 독자적으로 해석한 주자의 성리학이다.[60]

이러한 근암의 유학은 수운의 득도와 계시라는 독창적 사상을 여는 데 매우 중요한 기반이 된다. 그래서 범부는 이렇게 말한다.

> 대저 어떠한 사상이든 유래 없이는 발생되는 법이 없는데 무릇 그 원인이나 동기는 흔히 문헌에서 오고, 또는 遺風流俗에서 오고, 혹은 그 시대상의 자극에서 오고, 또는 어떠한 경우의 촉발에서 올 수 있는 것이다. 아마 수운의 창작은 최후의 或例인 경우의 촉발에서 온 것이 틀림없을 것이다. 생각하건대 단봇짐으로 떠들어온 과부의 전생으로서 일족의 천대를 받으면서 그 어린 영웅 복술은 그 천대의 暴威에 정복도 당하지 않고 왜곡도 되지 않고, 마침내 그 폐습을 근본적으로 원칙적으로 소멸하기 위해서 이다지 雄猛한 사상을 창작한 것이고 또 그렇게도 용감한 실천을 하게 된 것이니, 다른 것은 다 두고 이것 하나만 해도 당시 사회의 타성적 세력의 완강한 분노를 얼마나 촉발했겠는가 말이다. 이만만 해도 정말 죽고도 남을 것이고. 또 죽고도 남을 逞勇[61]이 아니고는 그러한 행동을 감위하지 못할 것이다. 그러고 보니 수운의 도덕관은 유교에서, 國風에서, 자기 일신의 경우에서 유래한 것으로 이만한 집성

---

60) 최동희, 「(근암집) 머리말」, 『近庵集』, 19쪽.

61) '逞勇(영용)'은 '힘자랑할' 영, '용맹할' 용으로, '용기를 뽐내다', '힘을 자랑하다'는 뜻임.

이 있었다 할 것이다.[62]

즉, 사상의 유래는 보통 ① 문헌, ②遺風流俗[63], ③時代相의 자극, ④(개인적) 촉발에서 올 수 있다고 보고, 수운의 경우는 ④에 주목하고 확신한다. 따라서 수운의 得道, 啓示를 '儒教'+'國風'(神道, 花郎道, 風流道)+(자기 일신에 유래한)'觸發'에 의한 것으로 보고 있다. 이 '촉발'이 없었다면 앞의 儒教'+'國風'(神道, 花郎道, 風流道) 또한 충분히 특징적, 독자적으로 발현될 수 없었다는 것이 범부의 이해이다.

2) 東學을 「啓示宗教」로 규정

범부는 일관되게 수운의 동학을 '啓示宗教'로 간주한다.[64] 즉 수운이 체험한 계시 관경은 일종의 降靈 즉 '내림이 내린 것'으로 볼 수 있고, 또 그 降靈法도 자신의 체험을 양식화한 것이며, 무릇 무속은 샤머니즘계의 신앙풍속으로서 신라의 風流道의 중심사상이며, 그 연원은 神道(=샤머니즘 · 무속)라고 본다.

범부는 「최제우론」의 「水雲의 得道」 부분에서 이렇게 말한다. 좀 긴 문장이지만 논지 전개를 위해서 대부분을 인용한다.

---

62) 김범부, 「崔濟愚論」, 위의 책, 142쪽.

63) 遺風流俗은 '후세에 남아 있는 옛날의 풍습과 옛날부터 전해 오는 습속'을 말한다. 범부가 사용하는 風流道라는 개념은 '遺風流俗'의 측면도 있는 것으로 보인다.

64) 이에 대해서는 이미 최재목, 「범부 김정설의 '崔濟愚論'에 대하여」, 『동학학회 9월 월례발표회 논문집』(동학학회, 2009. 9) 및 최재목, 「東의 誕生 – 水雲 崔濟愚의 '東學'과 凡父 金鼎卨의 '東方學'–」에서 논한 바 있다.

① 수운이 언제나 3 · 7자를 妙訣로 해서 교도를 지도했고 또 그 3 · 7자야말로 동학의 命脉이 되어 있기도 하다. 그런데 주문의 유래를 말하자면 불교의 密門에서 숭상하는 다라니가 가장 대표적일 것이며, 또 그밖에 道教에서나 術家에서는 符呪를 비결로 하는데 수운의 수행 당시에 術書에 대한 관심과 그 수행에 대한 傳聞도 적지 않은 것으로 보아서 符呪에 대한 묘미를 會得했을 것도 짐작할 수 있는 것이다. 그 중에 크게 우리의 흥미를 자아내는 것은 그 降靈呪文이다.(중략)

至氣今至願爲大降이란 降靈呪文을 수운 자신이 해석한 말인데 여기도 물론 수운의 사상을 규찰할 수 있는 대문이 없지 않아서 渾元之一氣라든가 氣接이라든가 하는 것도 등한히 할 바는 아닌 것이다.

그런데 이 降靈이란 法門은 그 유래가 어디서 오느냐 하는 것이다. 이것은 멀리 찾을 것도. 복잡하게 설명할 필요도 없이 무속에서 유래한 것이다. 무릇 무속은 샤머니즘계의 信仰流俗으로서 신라의 風流道의 중심사상이 바로 이것이고. 또 이 風流道의 연원인 단군의 神道設教도 다름 아닌 이것이다. 그러므로 신라 시조 혁거세가 神德이 있었던 것이 이 신앙의 權化라는 말이 次次雄 · 慈充은 바로 方言巫也 譯解한 것을 보면 이야말로 思過半인 것이다.

그래서 이 神道. 더구나 風流道의 盛時에는 모든 문화의 원천도 되고 인격의 이상도 되고 修濟治平의 經法도 되었던 것이 후세 이 정신이 쇠미하면서는 거러지, 풍각쟁이, 사시락이, 무당패로 떨어져 남아 있어서 오늘날 무속이라면 그냥 깜짝 놀라게 창피해 하는 것이다. 그래 그렇게도 玄妙한 교법이 어째서 이다지도 영락했는가 하는 것도 우리 문화사상 중요하고도 흥미 깊은 한 개의 과제가 아닐 수 없는 것이다.

그런데 이 降靈法이란 것은 샤머니즘의 여러 가지 범절 중에 그 주요한 하나로서 邦語로서는 '내림을 받는다', '내림이 내린다', '손이 내린다', '손대를 잡는다', '신이 내린다', '신대를 잡는다' 하는 것이다. 이것은 巫輩들이 댓가지[竹幹]나 소반이나 혹은 다듬이 방망이나 이런 것을 두 손으로 잡고 제대로의 주문을 외우면 점점 팔이 무거워지면서 점점 떨리게 되고 나중에는 그야말로 손이거나 신이거나 내림이 내리는데 여기서 예언도 하고 所崇의 사물을 발견도 한다는 것이다. 이것이 지금의 형태로서는 조금도 文雅한 행위로 보이지 않는다. 그러나 그 유래인즉, 고대 神道의 유풍인 것은 틀림이 없는데 아마 이 道의 성시에는 이 모양으로 조야한 형태가 아니었을 것도 요량할 수 있는 것이다.

그런데 수운이 체험한 계시 광경은 일종의 降靈 즉 '내림이 내린 것'으로 볼 수 있고 또 그 降靈法도 자신의 체험을 양식화한 것이라 할 것이다. 그러고 보니 이 계시의 유래는 유교 정신에서 올 수 없는 것은 물론이고, 또 불교나 도교의 그것일 수도 없는 일이고, 기독교에서 온 것도 아예 아닌 것이다. 그래 이것이 꼭 무속의 '내림'에서 온 것이 틀림없고 본즉, 이건 과연 우리 문화사 · 사상사에 天飜地覆의 대사건이라 하겠다.[65)]

② 수운의 불교에 대한 조예가 그리 깊을 리 없고, 仙道에 대해서나 漢土의 丹學에 대해서도 많은 공부를 한 흔적은 보이지 않는다. 수운의 교양과 학식은 오직 유학, 그 중에도 宋學의 經理에 대해서 그 대강을 해득한 모양이다. 그러고 보니 수운의 심중에 그나마 그동안 좌정했던 宋儒學적 天은 수운의 근본적 회의로서 그 왕좌로서의 동요가 이미 왔던 것이다. 그래서 그 所宗에 대한 신뢰를 상실했을 때는 한동안 허무의 오뇌에 시달리기도 했을 것이다. 그 중에 본토 神道로의 所宗인 하느님만은 그 심장에 민족문화사적 생리로서 잠재해 있었던 것이다. 그

65) 김범부, 「崔濟愚論」, 『風流精神』, 121-123쪽.

러나 宋儒學적 天이 그 심중의 왕좌를 점거했을 동안은 하느님의 성격에 대한 의식은 자각되지 못했을 것이다. 그런데 이도 역시 문화교류사적 연쇄인과현상으로서 기독교의 천주의 성격은 수운의 허무적 심경을 고동시켰고, 인하여 그 심중에 잠재해 있던 하느님 의식이 방불한 共鳴과 함께 자각을 한 모양이다. 그런데 하느님은 宋學적 天과 같이 하나의 도리라든지 법칙이라든지 하는 종류의 합리적 원칙만이 아니라, 사실인즉 기독교의 천주와 같이 상벌도 있고 기원도 들을 수 있고 또 계시(강령)도 내릴 수 있는 '靈活한 절대존재'의 성격을 가진 편이다. 이러한 하느님 의식에 자각한 수운은, 인하여 기독교의 계시적 설화를 들을 때 하느님 의식의 자각과 함께 내림(강령)에 대한 의식마저 각성할 수밖에 없었을 것이다. 그리하여 얼마 동안 하느님 · 내림, 이러한 의식이 심중에 왕래하면서 일념의 수행이 의식적 혹은 무의식적으로 정통했던 모양이다. 그러다가 마침내 庚申 4월 5일에는 그 功行이 盈科하면서 機緣이 성숙한지라 '하느님의 내림'이 내린 것이다. 즉 이것이 천주의 강령이니 계시, 묵시, 天啓 등의 어휘로 표현되는 것이며, 邦譯을 하자면 '내림'이란 이외에 다른 말이 있을 리 없을 것이다. 그래 하느님 · 내림은 본토 神道의 고유한 사상인데 천주와 계시는 기독교의 정신으로서 고유한 神道의 혈맥을 潛藏한 최제우는 기독교 교설의 자극을 받아서 하느님 의식이 蘇惺을 하고 인하여 내림 중에도 큰 내림이 내리게 된 것이다.[66)]

그리고 범부는 「龍潭을 바라보고서」라는 글에서 「東學은 啓示宗敎」라는 논지를 축약적으로 다음과 같이 기술한다.

---

66) 김범부, 「崔濟愚論」, 위의 책, 126-127쪽.

동학교조수운최제우(東學教祖水雲崔濟愚)는 우리 근세사상(近世史上)에 제일 유명한인물인즉 많은 말을 하지않아도 잘알수있거니와 동학이란말은 수운자신이 명명한 바라 문자 그대로 동학인것이 가장 정확하다 유불선삼교(儒佛仙三教)운운(云云)은 오히려 투어(套語)에불과하고 동학이란말만이 오직 산말(活語)이다 왜냐하면 수운의증득(證得)한 종지(宗旨)는 일종의 계시종교(啓示宗教)인바 유불선과는 다소의 거리가있는 것이다 천어(天語)를듣는다니 강신(降神)을한다니 모두 계시종교의 특색을가졌는데 이건 또수운의 말씀 한바와 같이 서학(西學)에서 온것도 아니다이건 다름아닌 우리의 신도(神道)곧 무속(巫俗)에서 유래(由來)한것이다

그리고 내유신령외유기화(內有神靈外有氣化)는역시 수운독자(獨自)의대발명으로 과연동학교의안목(眼目)이될것이고(하략)[67](띄어쓰기 등 원문 그대로임: 인용자 주)

다시 말해서 범부는 수운이 證得한 宗旨는 일종의 啓示宗教인데 「天語를 듣는다」·「降神을 한다」는 것이 바로 계시종교의 특색이라는 것이다. 아울러 이러한 계시종교는 儒 · 佛 · 仙 三教에서 직접 연관된 것도 아니고, 그렇다고 西學, 기독교에서 온 것도 아니며(물론 기독교의 하느님에 共鳴하고 촉발된 점은 인정한다), 다름 아닌 우리의 神道, 곧 巫俗=샤머니즘의 전통에서 유래한 것이라 한다.

범부는 동학의 샤머니즘적 측면은 『東經大全』 「論學文」의 「(神多戰寒), 外有接靈之氣, 內有降話之教(=(몸이 몹시 떨리면서) 밖으로 접

67) 金凡父, 「雲水千里」,(《韓國日報》, 1960.01.06(5회)(최재목 · 정다운 엮음, 앞의 책, 203-204쪽)

령하는 기운이 있고, 안으로 降話(한울님이 세상 사람에게 내리는 말씀)의 가르침이 있었다)」[68]에서 잘 드러난다고 본다. 즉 무당의 接神과 같은 경지가 나타난다는 것인데, 이때 그 소리를 '仙語'(「有何仙語, 忽入耳中」)[69]라고 한다. 동학은 바로 이러한 '내림'이라는 형태의 계시, 즉 수운이 '듣고' '직접 체험하여 깨달은 것'을 바탕으로 성립한 사상이라는 점이다. 그런 다음 수운은 한울님의 지시로 종이를 펼쳤고 그러니까 그 종이위에 靈符가 '보였다'.[70] 그래서 이 영부를 그렸다는 시간적 순서를 갖는다. 즉, 듣고 봤지만 '들은' 것이 먼저라는 사실에 주목할 필요가 있다.[71]

이러한 듣고-보는 것은 들음을 청각-시간-초월-무형, 봄을 시각-공간-내재-유형과 연결시켜 이해할 수 있고, 아울러 수운의 「內有神靈, 外有氣化」와도 상관적으로 생각한다면, 內-神靈은 〈청각-시간-초월-무형〉을, 外-氣化는 〈시각-공간-내재-유형〉을 말한다. 범부는 「內有神靈, 外有氣化」를 「天人妙合」이란 말로 풀이한다.[72] 천인묘합은 바로 「터지는[融通透徹] 멋=제작=사우맞음=풍류」라고 본다.[73]

따라서 범부가 말하는 啓示宗敎로서의 東學이라는 규정은 이처럼 시청각(오디오적인 것과 비디오적인 것)이 함께 만나 펼치는 '멋있게

---

68) 천도교중앙총부 편, 『天道敎經典』, 서울: 천도교중앙총부출판부, 2001(5판), 27쪽.

69) 천도교중앙총부 편, 「布德文」, 위의 책, 18쪽.

70) 이러한 靈符, 呪文과 같은 것은 샤머니즘적인 요소를 갖는 점이다(손병욱, 「동학의 '삼칠자 주문'과 '다시 개벽'의 함의」, 『동학학보』 제18호, (동학학회, 2009), 214-215쪽 참조).

71) 손병욱, 위의 논문, 205쪽 참조.

72) 김범부, 「崔濟愚論」, 앞의 책, 129쪽.

73) 김범부, 「崔濟愚論」, 위의 책, 130쪽.

터져 나온' '風流'의 세계를 그려내려는 하나의 방법적 표현에 다름 아니었다고 할 수 있다.

3) 東學-水雲思想의 '融攝性' · '渾然融合性' 강조

범부는 東學-水雲의 사상에서 '融攝性' · '渾然 · 融合(=混融)性'을 평가하고 있다. 이 '融攝' · '混融'의 특징은 이미 風流道가 가진 본질적 성격이다. 왜냐하면 風流道가 「儒佛仙 三敎을 포괄하는(=包含三敎) 것」이기 때문이다.

그래서 범부는 『風流精神』의 「勿稽子」[74]편에서 이렇게 말한다.

> 이러구러 세월이 흘러가는 동안에 저절로 물계자를 중심으로 한 한 개의 풍기가 생겼다. 그 풍기란 물계자 문인 치고는 빽빽하거나, 어색하거나, 설멋지거나, 까불거나, 넘치거나, 고리거나, 비리거나, 얄밉거나, 젠 체하거나, 따분하거나, 악착스런 사람은 아주 없다는 것이었다. 누구나 척 대하기만 하면 물계자 문인인줄 알 만큼 한 개의 뚜렷한 풍기가 생겼으므로 세상 사람들은 물계자 문인들을 모두 멋[風流]장이라고 말하게 되었다. 아닌 게 아니라 문인들 자신도 모두 멋쟁이로 자처하고 그것을 당연히 받을 徽號라고 생각했다. 그리고 물계자도 이 말을 듣고는

---

74) 물계자(勿稽子, ?-?)는 신라 내해 이사금((奈解泥師今, ?-230년, 재위 196년-230년. 신라 제10대 왕) 때의 장군이자 충신이다. 가야와 신라를 침범한 포상(浦上) 8국을 무찌르는 데 큰 공을 세웠으나, 태자 날음의 미움을 사서 거문고를 들고 사체산(師彘山)에 들어가 여생을 보냈다고 한다. 「물계자가(勿稽子歌)」가 있다 하나 가사가 전해지지 않는다. 「물계자가」는 물계자가 자신의 전공(戰功)을 알아주지 않자 산에 숨어서 머리를 풀고 거문고를 뜯어 불렀다고 하는 노래.

"세상 사람들이 아주 모르기만 한 것은 아니야. 흥, 멋쟁이? 글쎄 딴 말이 있을 수도 없지. 그러나 세상 사람들이 멋이란 과연 그 무엇인지 알기나 하고 하는 말인지……. 흥, 멋! 하늘과 사람 사이에 서로 통하는 것이 멋이야, 하늘에 통하지 아니한 멋은 있을 수 없어. 만일 있다면 그야말로 설멋(틀린 멋)이란 게야. 제가 멋이나 있는 체할 때 벌써 하늘과 통하는 길이 막히는 법이거든."

멋이란 말을 할 때마다 물계자의 얼굴은 오히려 엄숙해졌었다. 그리고 가장 수련이 높은 제자들을 향해

"참멋과 제 작은 마침내 한 지경이니 너희들이 여기까지 알는지? 사우[調和] 맞지 않는 멋은 없는 것이며, 터지지[融通透徹] 않은 멋도 없는 것이니 사우 맞지 않고 터지지 않은 제 작이 있는가?"

하고 깊이 타이르기도 하였다.[75]

즉 범부가 말하는 '풍류'는 유불선 삼교의 에스프리를 다 포괄하는 범주의 미학적 개념이기도 하다. '風流'는 멋=제작=사우맞음=터짐이며, 또한 이것은 한자어로는 '調和(和)', '融通透徹'이라고 할 수 있다.[76]

범부는「최제우론」에서 이러한 정신의 요체를 수운의 '侍天主造化定'의 '定' 자에 주목하여 풀이한다.

다시 말하자면 '天人一體', '神我一體', 이것이 수운의 신관으로서 저 기독교 등의 外在神觀과는 상이한 점이다. 그러나 역시 天은 天이요 人

---

75) 김범부,「勿稽子」, 앞의 책, 92-93쪽.

76) 이에 대한 체계적 분석 및 그 각각의 의미에 대해서는 정다운, 위의 책을 참고 바람.

은 人인 사실이 엄연한 바에, 人의 수행이 없이는 天人妙合의 경지에 도달할 수 없는 것이다. 그러자면 '侍'가 없어서는 안 될 말씀이다. 모시되[侍] 부모로서 섬겨야(稱其尊而與父母同事) 한다는 것이다. 모시되 至孝로써 섬겨야 할 것이다. 그러면서도 加被라든가 섭리라든가 하는 인격의지적 성격과는 딴판으로 그 대신 조화라 하였다. 조화는 의지와는 아주 다른 원리로서 하염없이 절로 된다는 것이니, 이 하염없이 절로 되는 그것만이 天의 성격이란 것이다. 그래서 造化者無爲而化也라 한 것을 보면 그 본의는 명백한 것이다.

그리고 또 侍天主造化定이란 '定'자에 要妙가 있는 것이다. 그 自解曰 定者合其德定其心이라 하니 그 德은 곧 '天德'이며 그 心은 이 '我心'이라. 侍天主를 도저히 해서 조화가 定하는데 그 定한다는 것은 다름아니라, 즉 我心이 天德에 합하여 조화가 定하는 것이니 我心이 天德에 합할 때는 天德이 곧 我德이며 我心이 곧 天心이라. 이야말로 과연 造化定이 아닌가? 그래서 평생을 두고 存想을 해서 잊지 말고 쉬지 말고 정진을 하고 보면 마침내 만사를 알게 될 것이라. 그 自解曰 永世者人之平生也不忘者存想之意也萬事者數之多也知者知其道而受其知也라 했으니 知其道란 知는 '我知'요, 其道는 '天道'요, 受其知란 受는 '我受'요, 其知는 곧 '天知'라. 그래서 明明其德念念不忘則至化至氣至於至聖이라 하니, 그 德은 '天德'이요, 明明은 '人事'요, 念念不忘은 '勇猛精進'으로, 이리해서 天人一氣의 원칙으로써 도저한 지경에 도달하게 되면 至化至氣至於至聖이란 것이다. 다시 말하자면 天德이 곧 我德이며 我心이 곧 天心인 天人妙合의 극치를 증득한다는 것이다. 이상은 수운의 신관, 신앙 · 수행관의 대요라 할 것이다.[77]

---

77) 김범부, 「崔濟愚論」, 앞의 책, 129-130쪽.

侍天主를 「到底히 해서」 「조화가 定해지는」데, 그것은 「我心이 天德에 합하여 조화가 定하는 것」이다. 이렇게 되면 「天德이 곧 我德」이며, 「我心이 곧 天心인 天人妙合의 극치를 증득하는 것」이다. 이 「天人妙合」이 다른 말로, 「터지는[融通透徹] 멋=제작=사우맞음=풍류」인 것이다. 범부는 「최제우론」에서 동학 사상의 '融攝性' · '渾然融合性'을 지적한다. 물론 이러한 성격들은 한국 문화의 일관된 습속 - 범부의 말로서는 「檀代의 神道設敎는 邦史의 일관한 敎俗」-이며, 동학은 그런 「邦史의 일관한 敎俗」을 재천명한 역사적 대사건이었던 것이다.

① 檀代의 神道設敎는 邦史의 일관한 敎俗으로서 고구려 · 백제가 다 한가지로 이것을 신앙의 표준으로 삼았는데, 신라에 와서는 마침내 이 정신이 더욱 발전하고 세련되고 조직화되어서 風流道를 형성하여 신라 일대의 찬란한 문화를 釀出하고 傑特한 인재를 배양하고 또 삼국 통일의 기운을 촉진했던 것이다. 그러다가 외래문화인 불교나 유교와 서로 融 · 攝하면서 점점 변형이 되는 일면, 이 道의 士氣가 世變과 함께 강쇠한지라, 그래서 풍류의 정신은 오히려 불교에 가서 더 많이 발휘되고 보니 원효의 佛學은 果是 그 대표적인 것이며, 또 역대 유학의 형태에서 배양된 우수한 인물들도 왕왕 風流의 神韻을 보이는 것이다. 그러나 외래문화의 형태가 사회의 주류를 짓게 되는 때는 언제나 土風의 그것이 도태를 면치 못하고 그 遺風流俗은 저절로 주류 문화의 혜택이 소원한 하층 사회에 잔존하는 것이 저간의 通則인지라 季世에 와서 풍각쟁이, 광대, 기생, 무당, 사당, 오입쟁이 등등 그 퇴폐한 여운과 사이비한 형태를 探見할 수 있을 뿐이다.

그런데 역사도 왕왕 기적적 약동이 있는 모양인지라 昏睡에 醉夢으로 支離한 천 년의 적막을 깨뜨리고 하늘에서 외우는 소리는 웬 셈인지

馬龍洞 최제우를 놀래 깨운 것이다. 이것이 과연 '歷史的 大降靈'이며 동시에 神道盛時精神의 '기적적 부활'이라 할 것이다. '國風의 재생'이라 할 것이며 '史態의 驚異'라 할 것이다. 정말 어마어마한 역사적 대사건이었다.[78)]

② 國風으로서 神道가 我邦文化의 근원인 것은 더 費言할 필요가 없고, 신라 건국 초기에 시조 혁거세의 神德으로서 奉戴王國이 우리 東土에 최초로 성립되었다. 그래서 이 神道尊尙의 風韻이 세월에 따라 성장하고 세련되어서 마침내 風流道가 출현하면서 문화면으로 정치면으로 신라의 번영을 가져왔던 것이다. 그러다가 이 정신이 세운을 좇아 점점 쇠미하던 나머지 말경에는 겨우 '하느님'이란 어휘와 함께 散落한 신앙과 또 굿이니 禱神이니 別神이니 하는 野巫輩의 糊口小技로 잔존했던 것이다. 그런데 수운 최제우가 세상에 와서 '하느님'의 진상을 증언하고 '내림'(강령)의 위력을 새로이 천명하고 보니 인제는 과연 道喪千載에 분명히 神道는 재생한 것이다. 이것은 정말 역사의 기적적 약동이며, 이 역사적 대사건의 주인공인 최제우는 실로 기적적 존재, 불세출의 천재로다. 그리고 그 교설에 동방의 자연사상과 유교의 懿德精神과 또 玄妙한 仙道의 氣味가 혼연 융합된 것은 역시 그럴 수 있는 일이요, 그것은 오히려 자연스러운 것이다.[79)]

「邦史의 일관한 敎俗」인 풍류도는 「昏睡에 醉夢으로 支離한 천 년의 적막을 깨뜨리고」 「하늘에서 외우는 소리」가 「馬龍洞 최제우를 놀래 깨움」에 의해 기적적으로 부활되어 나온 것이다. 따라서 동학의

---

78) 김범부, 「崔濟愚論」, 위의 책, 123-124쪽.
79) 김범부, 「崔濟愚論」, 위의 책, 144-145쪽.

'融攝' · '混融'의 정신은 수운의 '촉발'에 의해 창의적으로 발휘된다. 물론 풍류의 정신은 오로지 수운에게만 있는 것이 아니라 「오히려 불교에 가서 더 많이 발휘되어」 「원효의 佛學」이나 「역대 儒學」에서도 「風流의 神韻」이 뚜렷하다는 것이다.

4) 人權 · 平等思想의 평가

범부의 「최제우론」에서 제기된 수운-동학의 마지막 특징점은 인권의식과 평등사상이다. 그는 두 가지를 붙여서 人權平等思想이라 표현한다.

먼저 범부는 「龍潭을 바라보고서」라는 글에서 이렇게 말한다.

> 당시에 가비(家婢)두명을하나는 자부(子婦)를하나는 양녀(養女)로 단정한 그사상그확신 그용기그것이어디서 왔느냐고 여기는 모든사추(邪推)를용인하지않고다만수운은 소생으로환진갑지내근암(近巖)최옥(崔鋈)의서자(庶子)이다 十세전에어머니를여인영특한복술(水雲初名)은개혁사상의맹아리를이때부터길러얻은것이다[80] (띄어쓰기 등 원문 그대로임: 인용자 주)

즉, 범부는 수운의 인권 · 평등사상은 그의 부친 근암 최옥의 서자로서 태어나서 겪은 불평등-차별의 설움 · 한을 그가 긍정적으로 해소해 간 결과라고 본다. 그래서 수운은 당시의 신분 차별적 상황에서

80) 金凡父, 「雲水千里」,《韓國日報》, 1960.01.06(5회)(최재목 · 정다운 엮음, 앞의 책, 203-204쪽)

자신의 家婢 두 명을, 한 사람은 子婦로, 또 한사람은 養女로 받아들인 예를 든다.

범부는 수운의 이러한 인권 · 평등 의식은 그의 도덕관의 '연역'으로 본다. 도덕관이란 다름 아닌 國風, 神道, 즉 風流道로 본다.

> 守心正氣는 自家의 체험으로부터 얻은 것이고, 또 守心正氣의 妙力은 실로 呪文 · 降靈에 있는 것이다. 그래 수운의 도덕관은 원칙으로서 유교의 윤곽 이외에 별반 다른 것이 있는 것은 아니고 그 수양방법에 참으로 이채가 있는데, 이것은 역시 國風인 神道에서 유래한 것이다. 그러나 수운의 도덕관에도 전연 유교에서 유래하지 않은 일면이 명백히 있으니, 이것은 철저한 '평등사상' 그것인데 이것은 그 주장에서보다 오히려 그 실천에서 아주 현저히 볼 수 있다. 그 실례로서 傅鉢高弟 海月이 그 시대로 두고 말하자면 수운과 同人間의 家閥이 아니었지만, 그것쯤은 크게 문제될 것이 없다. 그러나 수운이 자기 당대에 자기네 비속 두 명을 한 명은 며느리로, 한 명은 양녀로 한 것은 과연 대사건 · 대경이가 아니고 무엇인가? 그런데 이것이 유교에서 오지 않은 것은 물론이고. 그 당시로 말하면 서양의 것이라고는 천주교나 들어왔지 루소가 왔을 리도 만무하고, 또 중국으로부터 黃宗羲의 『明夷待訪錄』이 왔을 리도 만무하다. 가령 이러한 것이 국내에 침입했을 양하고라도 그것이 그때로 말하면 僻地 鄕曲에서는 꿈같은 말씀이다. 그보다는 너무나 휴헐한 淸朝의 주요한 문인을 시골서 구경하게 된 것이 아마 50년이 넘지 않을 것이다. 그리고 또 가령 그런 것을 보았다 할지라도 루소도 이 정도의 실천은 문제가 아닐는지? 더구나 黃宗羲도 이런 실천을 들었다면 驚然自失할 것이다.(중략)
>
> 그리고 수운의 정치관은 곧 그 도덕관의 연역으로서 인권평등은 물

론이고 輔國安民을 대의로서 명언하면서, 군주에 대한 것은 역시 충의를 중시하지 않은 것은 아니로되 암만해도 輔國安民처럼 중대시하지 않은 모양이다. 이 정신의 혈맥이 약동할 때 갑오 동학란이 일어난 것도 알기 쉬운 일이고, 3 · 1운동의 주동이 된 것도 그럴 수 있는 일이다. 더구나 수운은 임진왜란과 병자호란을 평생에 잊지 못할 國讎라 해서 누누이 그 보복을 말한 적이 있다. 이것은 원체 애국적 열정인 것은 더 말할 것도 없고, 인권평등의 원칙으로서 국제평등을 침해하는 것은 수운의 사상으로서 용서할 수 없는 것이었다. 그런데 수운은 自初로 종교나 도덕이나 정치나 하는 것이 제 가끔 그 원칙을 따로 하고 있는 것이라 생각한 것이 아니고, 오직 '道'가 있으니 모든 것이 여기서 출발하는 것이라고 확신한 것이다. 그러므로 수운의 정치관은 이것이 정치관이라고 따로 있는 것이 아니라, 그 우주관도 인생관도 經世面으로 볼 때는 역시 그대로 정치관일 수 있는 것인즉 이러한 원칙으로서 관찰하고 보면 그 정치관의 요령도 용이하게 會得할 수 있는 것이다.[81]

범부는 수운의 인권 · 평등사상은 서양의 루소나 중국의 황종희 등의 天賦人權說에서도 볼 수 없는 독창적인 것이라 한다. 이렇게 독창적인 수운의 인권 · 평등사상을 범부는 기본적으로 풍류도에서 나온 것으로 규정한다. 수운의 인권 · 평등사상 약동할 때 갑오 동학란이 일어났고, 3 · 1운동도 일어난 것으로 이해한다. 역시 풍류도의 재현으로서 수운의 인권 · 평등사상을 이해한다. 더욱이 애국적 열정을 지닌 수운은 임진왜란과 병자호란과 같은 외세의 침략을 도저히 용서할 수 없는 일로 인식했다고 한다. 이쯤 되면 범부는 수운을 조선판 花

81) 김범부, 「崔濟愚論」, 앞의 책, 141-143쪽.

郞으로 보았을 가능성도 있다. 왜냐하면 그는 수운의 동학을 일관되게 풍류도의 역사적 부흥으로 보기 때문이다.

5. 결어

이상에서 필자는 凡父 金鼎卨의 〈崔濟愚論〉이 갖는 思想史的 의의를 논하였다.

범부는 『풍류정신』의 「최제우론」에서 그치지 않고 연보적으로 소급해 보면 일련의 흐름을 갖는다. 즉, 〈1924년(28세): 小春 金起田에게 수운-동학에 대한 내용 구술 → 1950년대 중후반경(58세-63세): 「이나라의 역사에서 최복술(崔福述)(=수운의 兒名)이 큰 인물이다」라는 표현을 자주 함 → 1960년 1월-5월경(64세): 「龍潭을 바라보고서」 · 「崔濟愚論」 발표〉가 그것이다.

이러한 구술-논술의 배후에는 풍류도라는 관점에서 한국사상사를 구상하고 기술하고자 했던 범부가 있었다. 물론 범부의 생애 또한 유불도를 포섭하고, 그것을 넘어서서 스스로 이른바 風流道의 化身으로 살고자 했고, 자신의 몸속에 화랑의 피를 내재했다는 믿음을 가진 「현대판 화랑」의 삶을 살았다고 평가할 수 있다. 그는 스스로의 학문적 경지와 삶을 수운-동학에 집약적으로 투영했던 것으로 볼 수 있다. 그래서 범부가 구축하고자 했던 「東方學」은 정신사적으로 본다면 「東學」의 연장선이거나 그 계승적 위치에 있다고 볼 수 있다.

수운은 東方의 王都로 보았는데, 범부도 또한 풍류도=동학이 起源한 장소로서의 경주를, 「神道盛時精神」 즉 〈神道=샤머니즘=무속이

번성하였던 시기의 정신〉이 살아 있는 곳으로 적극 평가한다. 이것은 東學을 풍류도의 정통으로서 평가하는 하나의 주요한 배경이 된다. 범부는 西方(서양)에 대칭되는 지역으로 東方이란 개념을 사용하는데, 여기에는 한국도 포함되며, 한국문화 사상의 바탕이 되는 개념이다. 범부는 東方 문화의 바탕이 되는 것을 '神道'로 파악하였다. 다른 말로 하면 동방문화는 風流道=花郞道=國風이다. 범부는 3, 4천년 전 몽고계의 고대문화와 공통성을 가진 사상(즉 동방사상)으로서의 '神道思想'이었던 샤머니즘=무속(→ 萬神=神仙)의 정신이 우리나라 신라에서 다시 융성하여 '나라의 샤먼'인 花郞의 도(=花郞道)=國仙의 道(國仙道, 仙道)=風流道가 독창적으로 성립하였다고 본다. 화랑은 기본적으로 샤먼, 神官이며 그 지위는 당시 사회에서 최고위였으며, 그들의 습속이었던 花郞道가 독 風流道로서 국교였는데, 줄여서 國風이라고도 한다. 이와 같은 風流道統의 맥락 속에 범부는 동학을 위치시켜 파악하고자 하였다. 이러한 범부의 시도는 사상사적으로 매우 독창적이며, 관점 자체로도 매우 신선하였다고 할 수 있다.

범부는 「崔濟愚論」에서 水雲 · 東學思想을, 賤生의 번민에서 촉발한 得道, 啓示에 주목하였고, 東學을 「啓示宗教」로 규정하였으며, 동학사상의 '融攝性' · '渾然融合性'을 강조하였을 뿐만 아니라 人權 · 平等思想을 적극 평가하였다는 특징점을 갖는다. 이러한 동학-수운에 대한 주목, 평가의 근저에는 범부가 지향했던 〈天人妙合=터지는[融通透徹] 멋=제작=사우맞음=풍류〉라는 이론=풍류도적 시점이 일관되게 자리해 있었다. 범부의 풍류도적 시각에서 한국사상사를 재해석해낸 특징 있는 사례를 여기서 찾아낼 수 있는 것이다.

마지막으로 범부는 수운을 '조선시대판 風流人-花郞'으로 보았을 가능성도 충분하다고 본다. 왜냐하면 그는 수운의 동학을 일관되게 풍류도-화랑도의 역사적 부흥으로 보고 있기 때문이다. 이러한 맥락을 그는 그의 국민윤리론으로, 나아가서 건국의 정치철학의 기조로 밀고 간다. 이와 연관해서 읽어낼 수 있는 많은 정치적-사회적인 의미들도 있다.[82] 따라서 범부의 「최제우론」은 단순히 동학-수운의 평가라는 차원에서만이 아니라 좀 더 폭넓은 문맥에서 다각도로 재음미해볼 가치가 있다고 본다.

---

82) 그렇다면 이것을 좀더 철저히 밀고나가 본다면, 하나의 물음이 생겨난다. 동학-수운의 사상을 기어코 국민윤리-建國의 정치사상으로 구축하고자 했던 범부의 의도는 (그의 논고에서 자세히 드러나 있지는 않지만) 수운-동학혁명-3.1운동-4.19-(박정희의)5.16을 연결하는 하나의 線을 풍류도-화랑도로 보려고 했던 것은 아니었을까? 아니 5.16 직후 집권초기의 박정희를 범부는 화랑-풍류도의 현대판 재현으로 기대했던 것은 아니었을까? 이처럼 좀 논리가 비약된 것으로 보일 물음들은 이제 범부 연구를 위한 하나의 시작으로 불과하다.

4장

'東'의 탄생

수운 최제우의 '東學'과 범부 김정설의 '東方學'

'東'의 탄생
-수운 최제우의 '東學'과 범부 김정설의 '東方學' -

"한대 온대가 지구 자체만의 한대 온대는 아니다.
이것은 전 태양계와 관련된 약속이다. (…)이 지상에서
일주일야一晝一夜가 있는 것은 우주적 일대 조화의
원칙에서 그렇게 되어야 할 원리가 있는 것이다."[1] - 김범부

"조선의 겨레는 물동이의 母性과 밥상의 父性,
이 兩親의 子孫임에 틀림없다."[2] - 김범부

"언어란 소리로 들을 수 있는 생각이다."[3] - 김범부

---

1) 凡父 金鼎卨(이하 金凡父),『風流精神』, 진교훈 교열 · 해설, (경산: 영남대학교출판부, 2009), 156쪽,

2) 金凡父, 「朝鮮文化의 性格(제작에對한對話秒)」, 『新天地』, (서울: 서울신문사, 1950.04)(최재목 · 정다운 편, 『凡父金鼎卨短篇選』, (서울: 선인출판사, 2009), 28쪽).

3) 金凡父, 「言語와 文章獨立의 課題」, 『東方思想講座』[李鍾益, 『東方思想論叢』, (서울: 寶蓮閣, 1989년) 所收], 11쪽.

1. 서언

이 글은 경주가 낳은 두 사상가 수운(水雲) 최제우(崔濟愚. 1824~1864)의 '동학(東學)'과 범부(凡父) 김정설(金鼎卨. 1897~1966)의 '동방학(東方學)'을 '동(東)'의 탄생이라는 '시점(視點)'에서 다시 조명해보려는 것이다.

여기서 말하는 '시점'이란 영어로 point of view이다. point of view란 '시력(視力)의 중심이 닿는 곳'='주시점(注視點)'이다. 주시점이란 화자(話者)가 이야기를 하기 위해 자리 잡은 시선의 각도(=서술의 발화점 · 관점, 사물 · 사건을 바라보는 관점)[4]이다. 따라서 이 시선의 각도에서 비로소 이야기가 시작되고, 서술된다. 이야기가 거기서 시작되고, 발원하는 곳을 컴퍼스를 예로 든다면, 땅에 꽂은 한 다리를 중심으로 해서 다른 한 다리가 그려내는 동그라미처럼 '나의 주체(관)적인 이야기가 생겨나는 시공간'이다.

이러한 예들을 우리는 『해동고승전(海東高僧傳)』, 『동국여지승람(東國輿地勝覽)』, 『동국세시기(東國歲時記)』, 『대동여지도(大東輿地圖)』등등의 많은 자료나 호칭들에서 볼 수 있다. 다시 말해서 시간과 공간, 인물을 '東○', '○東'이라는 어법을 통해서 우리 나름의 새로운 시점(시간과 공간)을 만들고 '동'의 이야기를 세상 이야기의 시초 혹은 중심으로 만들려는 노력을 찾아볼 수 있다.

---

4) 신현승, 「타자를 향한 시선: 근대 일본 지식인의 동아시아 인식 - 시라토리와 나이토의 언설을 중심으로 -」, 『한국일본사상사학회 제25차 추계학술대회발표집: 동북아 평화의 모색과 타자인식 - 역사 갈등의 국가주의를 넘어서 - 』(한국일본사상사학회, 2009.11.28), 43쪽 참조.

그런데 이 글에서 왜 수운과 범부인가를 좀 말해둘 필요가 있다. 수운과 범부 두 사람은 '경주'라는 지연(地緣) 외에, 문화적, 정신사적인 몇 가지 '고리'를 갖는다.

우선 범부의 조부 김동범(金東範)은 유년기부터 이웃 면(面)의 최복술(崔福述)(뒷날의 수운 최제우)과 친구 사이였다는 사실에 주목해볼 필요가 있다. 범부는 어릴 적에 조부를 통해서, 그리고 동네 노인들로부터 수운과 동학 얘기를 많이 들었다고 한다.[5] 범부가 동학 창도 백년인 1960년에 쓴 「崔濟愚論」(『風流精神』제2부)[6]은 아마도 이러한 경주 지역 내의 구전(口傳)하는 해박한 지식을 배경으로 해서 나온 것으로 보인다. 그리고 이것은 범부가 동학의 정신적 자산가치에 눈뜨고, 그 사상적, 영성적 위대성을 발견하고서 「최제우론」에서 동학을 '(우리나라 역사를 일관하며 신라시대에 더욱 발전하고 세련된) 국풍(國風)의 재생'으로 보고, '사태의 경이(驚異)'라 칭하며, '역사적 대사건'으로 재평가하는 계기가 되었다고 생각한다.[7]

---

5) 범부의 외손자인 부산대 김정근 명예교수의 증언에 따르면, 범부의 조부인 동범(東範)은 유년기부터 이웃 면의 최복술(崔福述)(뒷날의 수운 최제우)과 친구 사이(동범이 한 살 아래)였으며, 동범과 수운의 친구 관계 이야기는 『개벽(開闢)』의 주필, 천도교 청년당 당두(黨頭) 등을 역임한 소춘(小春) 김기전(金起田. 1894-1948)의 「大神師 생각」(『天道教會月報』162호, (天道教會, 1924.3))이라고 글을 통해 세상에 처음 알려졌다고 한다.

6) 金凡父, 『風流精神』, 진교훈 교열(경산: 영남대학교 출판부, 2008), 112-146쪽.

7) 범부에 의하면, '무속은 샤머니즘계의 信仰流俗으로서 신라의 風流道의 중심사상이 바로 이것이고 또 이 風流道의 연원인 단군의 神道設敎도 이러한 巫俗과 다름 아닌 것으로 간주된다. 이러한 신도설교는 우리나라 역사 전체를 일관한 것으로 고구려 · 백제가 모두 이것으로 신앙의 표준으로 삼았으나, 신라에 이르러 이 정신이 더욱 발전하고 세련되고 조직화되어서 풍류도를 형성, '신라 일대의 찬란한 문화를 釀出하고 傑特한 인재를 배양하고 또 삼국통일의 기운을 촉진'했던 것으로 범부는 보았다. 그러나 이러한 기운은 외래문화의 형태가 사회의 주류를 이루게 되면서

이어서 범부는 동학의 지리적, 문화적, 정신적 '기원(起源)'으로서 신라와 경주를 고려하고 있었던 것 같다. 수운이 '元曉', '孤雲 崔致遠' '花郎' '風流'와 같은 신라, 경주의 정신을 주도적으로 계승하고, 범부는 다시 이러한 수운의 정신을 충분히 계승한다고 자부했던 것처럼 보인다.

수운은 '西學'에 대하여 경계하고[8] '我東方'(이 문구는 여기저기서 나옴)[9]의 학으로서 '東學'을 이야기 한다. 여기서 '東方'이란 당시의 조선 즉 한국이다. 수운은 「國號는 朝鮮이오/邑號는 慶州로다//(중략) 東都는 故國이오/漢陽은 新府로다//아 東方 생긴후에/ 이런 王都 또 있는가」[10]라고 하여, 동방 가운데서도 그는 왕도인 '경주'를 높이 평가한다. 이렇게 경주가 높이 평가된 기록들은 '東國의 문장', '東方의 문장'으로 칭송된[11] 고운(孤雲) 최치원(崔致遠. 857~?. 海雲이란 호도 있음)에서 시작된다.

그런데, 고운이 있던 당시의 공고한 중화질서와는 달리 수운과 범부의 시대는 이미 공통적중화에 대한 반성과 비판적 자각이 일어난 시기이다. 이 점 또한 정도의 차이는 있지만 기본 틀로서는 수운과 범

쇠퇴하게 되었고, 결국에는 그 정신은 사라진 채 퇴폐한 여운과 사이비한 형태만을 유지하게 되었다는 것이다. 이러한 즈음에 있었던 수운의 출현은 가히 '역사적 大降靈'이며 동시에 '神道盛時精神의 기적적 부활'로 범부에게 인식되었다. 그리고 범부는 이러한 출현을 '國風의 재생', '사태의 驚異'라 칭하며 '역사적 대사건'으로 규정하고 있다.(최재목, 「범부 김정설의 최제우론에 대하여」, 『2009년 9월 동학학회 월례발표회 논문집』, (동학학회, 2009.9), 3쪽 참조.)

8) 「서학이라 이름하고 온동네 외는말이//사망년 저인물이 서학에나 싸잡힐까 (후략)」운운하고 있다. 『龍潭遺詞』「安心歌」(『天道教經典』, 157-58쪽)

9) 『龍潭遺詞』의 「龍潭歌」(『天道教經典』, (서울: 천도교중앙본부, 2001), 166쪽, 167쪽, 173쪽), 「勸學歌」(같은 책, 211쪽), 「道德歌」(같은 책, 217쪽) 등에 보임.

10) 『龍潭遺詞』「龍潭歌」(『天道教經典』, 165쪽)

11) 洪奭周, 「校印桂苑筆耕集序」(1834年)(최치원 지음, 『계원필경집』 · 1, 이상현 옮김 (서울: 한국고전번역원, 2009), 57-59쪽 참조)

부는 통한다. 즉, 수운 이후 근현대기 범부의 시기에는 '중화질서의 몰락 · 해체', '서구의 동점(東漸) 혹은 몰락(沒落)에 의한 충격과 허탈감'으로 해서, 종전의 중심이었던 중국과 서구를 새롭게 인식하고, 자아의식(한국의식)을 강화해가며, 타자로서 중국과 서구를 자기방식으로 인식하기 시작한 시기이다.

여기서 잠시 우리의 근대기 학술에 영향을 미쳤던 일본의 사정을 좀 언급할 필요가 있다. 예컨대 우리나라 식민지시대 역사학 형성에 부정적 영향을 미쳤던 근대기 일본의 역사학자로서 우리가 새롭게 연구할 대상이 도쿄대학(東京大學)의 대표적 동양사학자이자 '만선사관(滿鮮史觀)'-'문헌학파'로 유명한 시라토리 쿠라키치(白鳥庫吉. 1865-1942), 교토대학(京都大學)의 대표적 동양사학자이자 '지나사관(支那史觀)'-'실증학파'로 유명한 나이토 코난(內藤湖南. 1866-1934), 그리고 와세다(早稻田)대학의 문헌사학자 쓰다 소우키치(津田左右吉. 1873-1961. 白鳥庫吉에게서 배운 적 있음.) 등이 그렇다. 이들에게서 제조된 '동양' '동방'론은, 그것이 한국에 어떤 영향을 미쳤는가는 별도의 논의로 하기로 하고, '우리→동→중심'을 파악, 확정해가는 방식에 특색을 보여준다. 쓰다 소우키치는 일본문화를 부각시키기 위해 중국문화를 철저히 부정해야할 대상으로 삼고 일본문화를 중국문화와 분리를 우선했고, 나이토 코난은 일본문화의 전제로서 동양문화(혹은 중국문화)를 긍정적으로 설정하고 그 테두리 안에서 부정적 타자로서 중국문화를 설정한 뒤 일본문화의 진보성을 염두에 두고 있었다.[12] 이 두 문맥은 수운과 범부의 동-동방의 '시점'의 독자성

12) 다시 말해서 쓰다는 일본과 중국은 문화적으로 역사적으로 별개의 세계이며 중국

을 이해하는 데에도 어느 정도 참고가 될 수 있다. 적어도 범부는 이러한 흐름을 파악하고 있었을 것으로 보이며, 그는 이들의 '문증'. '실증'을 넘어서서 '오증(五證)'을 제시하고, '만선사'-'지나사'와 같은 제국주의 식민사학의 허점을 극복하고자 했을 것이다.

지난 날 문명을 장악, 전유해왔다고 생각했던 중국 혹은 서구의 문명이 이제 '한국=동(동방)'에서부터 새롭게 창출된다는 사고에서 수운과 범부는 '동(東)'에 눈을 돌리고, '동'을 중심에 앉힌 새로운 시점을 '영유(領有)'함으로써, 한국적인 맥락에서 '동(東)'을 신선하게 '탄생'시킨 인물들이다. 여기서 말하는 '영유'란 영어로는 'appropriation'이며 전유(專有)함 · 사용(私用)함의 뜻을 갖는데, 공공적 · 일반적인 것을 '자기 것'(=私有的 · 특수적인 것)으로 만드는 것을 말한다. 다시 말하면 동서남북의 '동'이란 공간은 한국을 넘어서서 어디에나 있지만 이 일상의 개념이 수운과 범부에 의해 각각 새롭게 해석되고 의미가 재부여됨으로써 〈동(東) = 한국(韓國) = 문명국 = 특수적〉으로 탄생되는 것이다. 앞서서 든 쓰다와 나이토의 문맥을 생각한다면 수운과 범부는 전자(쓰다)의 입장과 유사하다고 하겠다. 다시 말해서 수운과 범부는 동=동방=한국의 문화는 '무속(샤머니즘)-풍류'에 뿌리를 둔 독특한 것이며, 중국문화가 특별히 영향을 주지 못한 '고유한 맥락'

사상은 일본에 유입되어서도 일본의 실생활에 아무런 영향도 주지 못했다고 생각하였다. 결국 쓰다의 중국론은 유교와 중국사상을 부정적으로 평가하면서 중국의 문화와 사상이 일본의 독자적인 생활이나 문화형성(=자기의 역사형성)에 본질적인 관련성을 가지지 못한 이물(異物)이라고 전제하였다. 이에 반해 나이토는 중국문화야말로, 그(중국문화) 내부로부터 자기(=일본문화)가 성장해온 것과 같은 이른바 '모태'였다. 따라서 타자=중국문화는 자기=일본문화의 밖에 있는 것이 아니었다.(신현승, 「타자를 향한 시선: 근대 일본 지식인의 동아시아 인식 - 시라토리와 나이토의 언설을 중심으로 -」(한국일본사상사학회, 2009.11.28), 47쪽 참조)

을 갖는 것이었다.

그런데, 이처럼 수운의 동학과 범부의 동방학을 통한 '동의 탄생'에 공짜는 없다. 탄생에 이르는 과정, 즉 '동'이란 개념이 재발굴되어 시대의 언어와 정신으로서 정착-착륙하는 데에는 일정한 대가를 지불해야만 된다. 일반적으로 공유되던 하나의 개념이 특수한 지역의 사상가에 의해 그 지역의 살아있는 정신으로 사유(私有)-전유(專有)될 때에는 반드시 그에 대항하는 사람들이 나타나고, 그들과 격투 · 쟁투를 해야 한다. '동'을 내세울 경우, 그에 의해 부정될 수밖에 없는 '서(西)'의 신봉자들, 그리고 동을 '우리, 진정한 것=진짜, 본래적(본질적)인 것, 일차적인 것, 중심적인 것, 체(體)'라는 것으로서 규정했을 때 '남(너희들), 사이비=가짜, 비본래적(비본질적)인 것, 이차적인 것, 주변적인 것, 용(用)'으로 폄하, 무시당한다고 간주하는 사람들이 그냥 지나칠 리 없는 것이다. 이렇게 '동'이라는 '시점(視點)'이 '탄생'해서 이후 전개되는 과정은 인간들의 생애와도 흡사하다. 더욱이 '대동아공영권' 등과 같이 특정한 부정적 정치적 의도에 의해 추진된 '동의 탄생'은 역사 속에서 비판의 대상이 되기도 한다. 지금 대두되는 '동아시아' 구역 논의의 '동'이란 시점도 마찬가지이다.

이 글에서 수운과 범부에 의해 탄생된 '동'의 의미, 그리고 그들이 제창했던 '동학'과 '동방학'의 성격을 거시적 관점에서 재조명해보는 것은, 신라-경주의 특수성을 특정 지역의 정치색으로 연결하려는 의도에서가 아니며, 최근 국내외에서 신라-경주가 새롭게 조명되는 흐름을 염두에 두고 한 단계 너른 단계에 수운과 범부의 재평가하고자 하려는 것임을 밝혀두고자 한다.

아래에서는 수운과 범부의 '동(東)'이란 은유의 배경 찾기로서 〈'동

(東)'의 의미에 대하여〉가, 이어서 〈水雲 崔濟愚의 '東學'과 凡父 金鼎卨의 '東方學'의 소통〉에 대해서 차례로 서술하고자 한다.

2. '동(東)'의 의미에 대하여－수운과 범부의 '동(東)'이란 은유의 배경 찾기로서－

1) '東' - '日出' 지역 쟁탈전

최근 독도 문제를 계기로 '東'의 의미가 새로이 부각되고 있다. 다시 말해서 우리의 東海(East Sea, Eastern Sea)[혹은 朝鮮東海(East Sea of Korea)]를 일본은 日本海(Sea of Japan)라 지도에 표기하는 데서 국제적 문제로 이어지고 있다. 우리가 '東'을 포기하는 것은 '韓國'을 포기한다는 의미이고, 일본이 '東'을 인정한다는 것은 '日本'을 포기한다는 것이다. 한국이 '동해'로 표시하면 일본은 '서해'로 해야 한다.

8세기 무렵 일본이 중국의 수나라 황제에게 보낸 국서에서 발송자를 '해 뜨는 곳의 천자 (日出處天子)'로, 수신자를 '해지는 곳의 천자(日沒處天子)'로 명기했다는 것이다. 중국을 西로 보고, 일본은 자신을 東으로 보고자 했던 것이다. 일본이 중국에 기어코 빼앗고자 한 것은 동의 상징으로서 문명국(文明國), 선진국의 의미였다고 생각된다.[13)]

---

13) 임형택, 『문명의식과 실학 - 한국 지성사를 읽다 -』(서울: 돌베개, 2009), 23쪽 참조.

'동(東)'은 해가 뜨는 쪽이며, 서에 대하여 반대쪽을 가리킨다. 북쪽을 보고 섰을 때 동은 오른쪽, 서는 왼쪽이 된다.

2) '西'에 맞선 '東'이라는 시점

'西'에 맞선 '東'이라는 시점은 서양에 파악한 동양의 이미지에서 주로 시작된다. 즉, 서양에 대립하는 동양은 사실 서로 맞서며, 서로 벗어나, 어긋나, 평행선을 달리고 있었다. 영국의 시인 키플링(Kipling, 1865~1936)이 "동은 동, 서는 서, 이 둘은 결코 만날 수 없다"(East is East and West is west, And never the twain shall meet)[14]라고 읊었듯이 '동은 동 서는 서 이 둘은 결코 만날 수 없다.'는 인식 하에 동양은 하나라는 이른바 '동양일체관'(東洋一體觀)[15]이 서양에서 일찍 성립해 왔다.

그리스 이후의 유럽인에게는 아시아란 지중해 동쪽 지역을 뜻하는 이름인 동시에 이 명칭 속에는 유럽과의 이질 존재라는 뉘앙스가 항상 풍기고 있었다. 또한 유럽인은 그리스 이래의 전통에 따라 유럽 문명은 일체라고 생각하여 왔다. 이러한 태도를 동양에도 적용해서 단일적인 실체를 전제로 한 동양관이 적지 않게 이론 체계로 꾸며지곤 하였다.[16]

---

14) J. R. Kippling, The Ballad of East and West. Rudolf Otto, Mysticism East and West, trans. B. L. Bracey & R. C. Payne(New York:Meridian Books, 1957), p.XV에서 재인용.

15) 이에 대해서는 김용운 김용국, 『동양의 과학과 사상』(서울: 일지사, 1984), 12-13쪽 참조.

16) 예를 들면 몽테스큐가 『법의 정신』에서 동양의 전제문제를 다룬이래, J. S. 밀을 비

그러나 동양이라고 할 경우 그것은 비유럽적이라는 정도의 뜻일 뿐 유럽의 경우와 같은 공통의 연속적 전통의 존재를 가리키는 것이 아닙니다. 동양은 민족 · 종교 · 문화 등이 그 풍토 조건에 못지않게 유럽과는 비교가 안 될 만큼 다양하다.[17)]

3) '동양(東洋)'의 의미[18)]

「동양(東洋)」이란 말은 적용 범위가 반드시 일정하지 않지만 보통 「서양(西洋)」(Occident, Abendland)에 대립하는 것으로서 East, Orient 혹은 Morgenland의 번역어로서 사용되고 있다. 원래 동양(東洋)이란 「동녘 동」「바다 양」으로 되어 있듯이 말 그대로는 「동방(東方)의 해양(海洋)」, 즉 동해(東海)를 말한다.

동양과 서양의 구별은 중국인이 남해(南海)에 대한 지식이 한층 깊어졌던 송(宋)나라 말에서 원(元)나라 초(13세기)에 생겨난 것으로 당시 중국의 선박이 항상 왕래하고 있었던 대략 북위 16 이남의 남(南)인도 연안지방에 있는 몇 개의 소국(小國)을 가리켜 말한 것에서

롯한 고전파 경제학자들이 〈동양적 사회〉 또는 〈아시아적 사회〉의 개념을 설명하였고, 그 뒤를 이어 소위 과학적 사회주의자들도 이와 비슷한 처지에서 〈아시아적 체제〉라든가 〈아시아적 생산양식〉에 관해서 언급하였다. 막스 베버의 종교사회학적 고찰, K.위트포겔의 〈水力사회〉, 〈水力문명〉의 이론도 동양을 단일적인 것으로 보고 있다는 점에서 마찬가지이다(김용운 · 김용국, 12-13쪽 참조). 종래 서구세계의 동양관에 대한 비판은 주〈163〉을 참조.

17) 위의 내용은 최재목, 「유교는 철학인가, 종교인가」, 『나의 유교읽기』(부산: 소강, 1997), 63-64쪽 참조.

18) 이 부분은 최재목, 「'동양', '지역'에 대한 새로운 이해를 위하여」, 『멀고도 낯선 동양』(서울 · 대구: 이문출판사, 2004), 14-16쪽 참조.

비롯한다.[19)]

현재 흔히 동아시아에서 「동양」이라고 하면, 주로 「중국, 한국, 일본, 인도 및 그 주변 여러 나라를」 지칭하고 있는 것 같다.[20)] 그러나 서양에서는 Orient 혹은 Morgenland라고 하는 경우에 한국, 일본, 인도(와 같은 동북아시아, 남아시아)를 지칭하는 데에 미치지 않고, 바빌로니아나 이집트(중근동 이슬람지역, 서 · 서남아시아)를 이 속에 포함하여 생각하고 있다. 그 원래 뜻은 이런 의미였다. 사실 우리들의 입장에서 보면 이 중근동의 이슬람권은 서양에 훨씬 가깝다.

그런데, 우리는 일반적으로 통용되는 동양 일체관의 오류들을 범하지 않기 위하여 다음과 같이 보다 다양하고도 객관적인 눈으로 동양을 파악할 필요가 있다.

---

19) 즉 송나라(960~1279) 때 광저우(廣州)와 수마트라 동부를 연결하는 선(線)의 동쪽 바다를 동남해라 했고, 원나라(1271~1368) 때 동양이라고 불렀다. 명나라(1368~1688)에 이르러서는 광둥(廣東)과 보르네오를 연결하는 동경 113 선의 동쪽 바다를 뜻했다. 즉, 명나라 때 중국에 건너온 유럽 선교사가 세계지도에 한자(漢字)로 설명을 하고, 북부 태평양의 서반(西半)을 대동양(大東洋), 그 동반을 소동양(小東洋)이라고 했다. 이에 반하여, 인도양 서부를 소서양(小西洋)이라 했고, 유럽의 서쪽을 대서양(大西洋)이라고 했다. 동양제국으로서는 루손 · 몰루카 · 보르네오 등, 서양제국은 안남 · 자바 · 수마트라 · 말래카 등을 들었으며, 타이완 · 류큐 제도 · 일본 등은 소동양, 남인도는 소서양, 유럽은 대서양이라고 불렀다. 그 후 중국인의 지리적 지식의 확대와 서양인의 아시아 진출에 따라서, 동양의 개념은 역사적으로 변화했다고 할 수 있다. 현재는 서양(유럽)에 대응되는 말로서 사용되며, 대체로 터키 동쪽의 아시아 전 지역의 총칭으로 사용된다.(『두산세계대백과 엔싸이버』(http://www.encyber.com/)의 「동양」 항목 참조)

20) 「중국인들이 오로지 일본을 부를 때 쓰는 말」이라고도 한다[諸橋轍次 『大漢和辭典』권6(東京: 大修館書店, 1984), 197쪽 참조]

(1) 지역적(地域的) 구분: 로마(Rome)를 기점으로 한, 유럽(Europe) 이동(以東)의 아시아(Asia) 지역 전체.

[표 1] 로마를 기점으로 한 동서양 구분

西洋	Rome	東洋
Occident		Orient
라틴어 occidere(떨어지다, 몰락하다) → Occidentis: 日沒(=해지는)지역	中	라틴어 oriri(떠오르다, 태어나다, 나타나다) → Orientis: 日出(=해뜨는)지역
West		East

(2) 문화사적(文化史的) 구분: 大河 유역을 중심으로 해서 고대에 발상(發祥)한 세 문화권

① 황하(黃河) · 양자강(揚子江)으로 대표되는 중국(中國)을 중심으로 한 「동아시아」

② 인더스 강(Indus R.) · 갠지스 강(Ganges R.)으로 대표되는 인도(印度)를 중심으로 한 「남아시아」

③ 티그리스 강(Tigris R.) · 유프라테스 강(Euphrates R.)으로 대표되는 「서남아시아」

(3) 한국을 포함하여 중국 · 일본 · 인도로 보는 것이 일반적

그러나 「동양」, 「아시아」는 일의적(一義的) · 일괄적(一括的) · 획일적(劃一的) 개념이 아니다. 예컨대 동양, 아시아 내부에서도 「중국문화권」, 「티베트 · 몽골문화권」, 「한국문화권」, 「일본문화권」, 「인도문화권」, 「서아시아문화권」, 「동남아시아문화권」과 같이 서로 상이한

문화권이 있다.

4) '오리엔탈리즘(orientalism)', '옥시덴탈리즘(Occidentalism)'[21)]

위와 같이 다양한 동양으로의 관점 전환 없이 진행된 동양일체관은 결국 동양의 부정적 인식과 폄하, 동양 침략의 근거가 된「오리엔탈리즘(orientalism)」으로서 표출된다.

다시 말하면 오리엔탈리즘은 오리엔트, 즉 동양(중동, 아랍, 아시아)에 대한 선입견과 인식의 틀이 일정한 방향으로 굳어져 확대 · 재생산되어 나오는 근거였다. 그 핵심은 사람들로 하여금 동양이 열등하고 비이성적이며, 폭력적이라고 느끼고 사유하도록 만드는 것이다. 그 반대 항으로 묘사된 서양은 우월하고 이성적이며 평화를 애호하는 존재이다. 서양문명과의 만남 이후 한국인들이 미국과 유럽에 대해 느끼는 열등감도 바로 오리엔탈리즘에 근원한다. 오리엔탈리즘은 동 · 서양의 두 항의 대리구도로서만 머무르지 않는다. 일본 제국주의의 한반도 지배, 그리고 우리 내부에 존재하는 지역색, 지역차별의 논리도 이에 속한다. 특히 위대하고 세련되고 강한 중앙=서울에 대해서 약하고 촌티나는 시골=지방의 대립적 논리는 우리 내부에 기생하는 오리엔탈리즘의 전형이다. 에드워드 사이드(Edward Said)는 일찍이 그의 저서인『오리엔탈리즘(Orientalism)』(1979)에서「서양에 의해

---

21) 이 부분은 최재목,「'동양', '지역'에 대한 새로운 이해를 위하여」,『멀고도 낯선 동양』(서울 · 대구: 이문출판사, 2004), 18-20쪽 참조.

구성되고, 전유되고, 날조된 동양」 이해와 관점을 말한 적이 있다.[22]

아울러 '오리엔탈리즘(Orientalism)'과는 반대로 '옥시덴탈리즘(Occidentalism)'도 태동한다. 반오리엔탈리즘으로서의 옥시덴탈리즘은 「동양에 의해 구성되고, 오해되고, 날조된 서양」이해나 관점을 말한다. 다시 말해서 오리엔탈리즘이 「동양을 열등하게 설정하는 서양의 편견」이라면, 옥시덴탈리즘은 「서양을 우월하다 상정하는 동양의 편견」이다.

5) '빛은 동쪽에서'(Ex Orient Lux) - 한국의 '동/동방' 찾기: 元曉, 塞部 -

애국가 첫 구절이 '동해물'의 '동해'라는 글자에서 시작하듯, 그리고 라틴어 격언 중에 "빛은 東方으로부터(Ex Orient Lux; Lights from the East)"[23] 라고 있듯이, 동서양을 막론하고 해돋이나 새벽은 새로운, 희망적 은유로 제시된다.

일제강점기 저항시인으로 잘 알려진 이육사(李陸史. 1904~1944)

---

22) 오리엔탈리즘과 더불어 「아시아적 가치」의 우위를 강조하는 것도 문제이다. 아시아적 가치는 경제적 성과를 등에 업은 싱가폴의 리 콴유, 말레이시아의 마하티르 모하마드가 권위주의적 통치를 정당화하기 위한 도구로 앞세운 논리이다. 그리고 아시아적 정실자본주의는 원래 필리핀의 독재자 페르디난드 마르코스의 족벌체제를 가리키는 말이다. 아시아적 가치논쟁, 중국형이니 일본형, 한국형이니 하는 사고구조 경제성장의 모델들이 갖는 한계가 무엇인지 하는 것에서 우리는 되새겨볼 대목들이다. 마찬가지로 유교자본주의론, 유교르네상스론, 유교권, 한자문화권 등의 말들도 무조건 긍정되고 찬양될 것은 아니다.

23) 근동지방(Near East)의 문명 즉 고대 이집트에서 페르시아 제국에 이르는 문명이 서양 문명을 주도했다는 의미로 보임.

가 그의 대표시 시「광야(曠野)」에서 아래와 같이 읊었듯이 말이다.

까마득한 날에
하늘이 처음 열리고
어디 닭 우는 소리 들렸으랴.
(중략)
다시 천고(千古)의 뒤에
백마 타고 오는 초인(超人)이 있어
이 광야에서 목놓아 부르게 하리라

해돋는 것, 그 새벽을 알리는 '꼬꼬댁' 하는 '닭 울음 소리'[24]는 모든 것의 새로운 시작(첫출발)이고, 개벽이고, 희망이다. 그리고 만물이 생동하는 봄을 상징하며, 메시아(messiah)-초인(超人. 이상적 인간, superman), 또는 '개벽(開闢)'-'다시 날밝음(개벽)'을 기대하게 만든다.

『삼국유사(三國遺事)』「귀축제사(歸竺諸師)」조에 보면 인도는 신라를 '구구탁예설라(矩矩矺礊說羅)'[25]로 불렀다고 한다. 즉, '닭을 귀하게 여기는 나라'라는 뜻이다. 오늘날의 말로는 '꼬꼬댁의 신라'이겠다. 경주 계림(鷄林)의 '계' 즉 '꼬꼬댁'='닭'은 새벽, 해돋음, 개벽을 의

24) 달구벌은 이런 '닭=달구'(경상도 사투리로는 '달구') 울음이 들리던 '벌(벌판)'이었을 것이다.

25) 원문은 「天竺人呼海東云矩矩吒礊說羅. 矩矩吒言雞也. 礊說羅言貴也.」이다, 번역을 하면 「천축인(天竺人)(=인도인)은 바다의 동쪽[海東]을 "구구탁예설라(矩矩吒礊說羅)"라 부르는데, 이 '구구탁'이란 닭(=달)[계]을 말함이요, '예설라'는 존귀함[貴]을 말한다.)

미한다.[26)]

이처럼 신라는 어둡고 칙칙한 나라가 아니라 '희고 밝은' 나라이다. 일본의 『원형석서(元亨釋書)』에는 덴표 호지(天平 寶字) 원년(元年)(=757년) 8월에 신라의 사문(沙門) 32명과 비구니 2명 및 남자 19명, 여자 21명이 일본으로 건너가 무주(武州)(=武藏野(무사시노))의 한지(閑地)에서 신라군(新羅郡. 시라기군. 시라기노 고오리)을 비로소 설치하였다는 기록이 보인다.[27)] 물론 그 전 해(756년)에도 삼국(신라, 고구려, 백제)의 남녀 백성과 비구니 승[僧尼] 62명이 일본에 건너간 기록이 있다.[28)] 이러한 기록을 통해서 신라의 승려(비구, 비구니)들이 해외에서 활동한 사실을 알 수 있다.[29)] 아울러 일본 고시가집인 『만요슈(萬葉集)』에는 일찍이 일본으로 건너가 나라(奈良)의 사호산(佐保山) 기슭의 어느 정사(精舍)에서 30여년 교화를 하다 세이부천황(聖武天皇) 덴표(天平) 7년(신라 聖德王 34년(735)) 세상을 떠난 비구니 승려 이원(理願)에게 오호토모노 사카노우에노 이라쯔메(大伴坂上郎女)가 만사(輓詞)를 지었는데, 그 가운데 '흰 빛 신라의 나라에서 (중략) 건너 오시어'라고 읊고 있다.[30)]

---

26) 이 부분은 손병욱, 「동학의 '삼칠자 주문'과 '다시 개벽'의 함의」, 『동학학보』제18호, (동학학회, 2009), 203-204쪽을 참조.

27) 師錬 撰, 『元亨釋書』권20, 資治表1廢帝條(『日本佛教全書』101卌, 406쪽).

28) 『日本書紀』권30, 「持天皇 元年 四月 甲午朔癸卯條」.

29) 이 부분에 대해서는 金煐泰, 「新羅의 女性出家와 尼僧職 고찰 - 都維那娘 阿尼를 중심으로 -」, 명성스님고희기념 論文集 간행위원회, 『명성스님고희기념 佛教學論文集』(雲門僧伽大學出版部, 2000), 51쪽 참조.

30) 金煐泰, 「新羅의 女性出家와 尼僧職 고찰 - 都維那娘 阿尼를 중심으로 -」, 명성스님고희기념 論文集 간행위원회, 『명성스님고희기념 佛教學論文集』(雲門僧伽大學出版部, 2000), 52쪽.

일찍이 고운(孤雲) 최치원(崔致遠. 857~?. 海雲이란 호도 있음)이 쓴 「백월보광탑비명(白月葆光塔碑銘)」에,

> 빛이 왕성하고 충실하여 온 누리를 비출 바탕을 갖춘 것으로 태양에 비길 것이 없고, 기(氣)가 온화하고 두루 통하여서 만물을 기를 능력을 갖춘 것으로 봄바람만한 것이 없다. 이 큰 바람과 태양은 모두 동방에서 나오는 것이다.(光盛且實而有暉八紘之質者, 莫均乎曉日, 氣和且融而有浮萬物之功者, 莫溥乎春風, 惟俊風與旭日, 俱東方自出也).[31](강조 인용자, 이하 동일)

고운은 '동(東)'을 선호하고 그것으로써 우리나라의 자연, 인간, 문화의 의미를 매우 긍정적으로 성찰하였다. 이마도 고운은 당시 '신라'(-경주)='동(東)'의 상징과 함축을 적극적으로 인식한 다음 「동(東)의 의식 · 문화 · 인간론을 편 첫 한국인」[32]이었다고 해도 좋겠다.

고운의 이러한 '동(東)'의 의식은 중국이라는 이역 생활에서 싹트고 깊어졌으며 결국 그의 그의 문장에 '동(東)'자를 빌려 여러 성어가 되었고 새벽 일출, 아침 해에 대한 예찬이 되었다.[33]

元曉(617~686)는 법호가 분황(芬皇)이며 법명이 원효(元曉)이다. 오랜 주석으로 법호가 된 '분황'은 '푼타리카(芬) 중의 푼다리카'(皇),

31) 번역은 한국고대사회연구소 편, 『譯註 韓國古代金石文』Ⅲ(가락국사적개발연구원, 1992) 참조하여 수정하였음.

32) 김용구, 「고운 최치원의 시학(詩學)과 언설사상」, 『한국사상과 시사』(서울: 불교춘추사, 2002), 89쪽.

33) 김용구, 「고운 최치원의 시학(詩學)과 언설사상」, 『한국사상과 시사』(서울: 불교춘추사, 2002), 90쪽 참조.

즉 '연꽃 중의 연꽃'을 일컫는다. '원효'는 새벽의 영남 방언인 '새부'(塞部)와 '시단'(始旦)처럼 '첫새벽' 혹은 '처음으로 새벽을 연다.'는 뜻이다. 『대정신수대장경(大正新脩大藏經)』에는 우리나라 사람으로는 원효, 의상, 태현, 경흥, 명효, 지공, 일연 등의 글이 실려 있는데 원효의 글이 13편으로 가장 많다. 원효의 『대승기신론 별기(別記)』제일 앞에는 '해동 사문 원효 찬(海東 沙門 元曉 撰)'이라 해서 '신라(해동) 승려(사문) 원효가 지었다(찬)'고 밝히고 있다. 그런데 맨 끝에는 또 '새부 찬(塞部 撰)'이라고 써 놓았다. '새부=원효가 지었다(찬)'는 것인데, '새부'는 당시 신라의 영남 방언 새벽의 한자 표기이다. 한자 '원효(元曉)'(으뜸 원, 밝을 효)가 처음 밝아짐 즉 '새벽'인 것이다. 첫머리에 한자 이름 원효라는 것을 밝혔으면서도 끝에 우리말 새부라는 것을 구태여 밝힌 원효의 의도에서 '새벽'에 대한 특별한 평가를 읽어 낼 수 있다.[34)]

혜초(慧超. 704 787)는 『왕오천축국전(往五天竺國傳)』에는 수행자로서의 방랑의 기록이 담겨있다. 즉 신라인으로서 남천축(남인도)으로 가는 도중 고향을 그리던 '길 위의 수행자' 혜초. 그는 고국 계림(鷄林)=신라를 그리워하는 마음에서 다음의 여덟 구의 시[35)]를 쓴다.

> 달 밝은 밤에 고향을 바라보니(月夜瞻鄕路)
> 뜬구름은 너울너울 돌아가네(浮雲颯颯歸)

---

34) 이에 대해서는 김영태, 「元曉의 신라말 이름 '塞部'에 대하여」, 『佛敎思想史論』(서울: 민족사, 1992), 145-157쪽 참조.

35) 이것은 『往五天竺國傳』 속의 「南天竺國」편에 들어 있다. 번역은 정수일 역주, 『혜초의 왕오천축국전』(서울: 학고재, 2004), 30~31쪽에 따른다.

그 편에 감히 편지 한 장 부쳐보지만(緘書添去便)
바람이 거세어 화답이 안 들리네(風急不聽廻)
내 나라는 하늘가 북쪽에 있고(我國天岸北)
남의 나라는 땅 끝 서쪽에 있네(他邦地角西)
일남(日南)[36]에는 기러기마저 없으니(日南無有鴈)
누가 소식 전하러 계림으로 날아가리(誰爲向林飛)

해상 실크로드를 따라 베트남에서 쓴 시이다. 혜초의 시에서 '하늘가 북쪽에 있'는 '내 나라' '계림'이 눈에 닿을 듯 말듯 하다. 그것도 하필 바람 따라 파도가 쳐대는 '하늘가(天岸)'이다. 구법순례자 혜초의 눈 끝에 걸렸던 계림=경주 앞바다는, 베트남에서는 북쪽으로 보이겠으나, 바로 '꼬꼬댁'하고 닭이 울고 '해가 떠오르는 곳'이었다.

6) 타고르가 말한 '東方의 등불' 코리아(조선)

1913년에 노벨문학상을 받은 인도의 시성(詩聖) 라빈드라나드 타고르 (Rabindranath Tagore. 1861-1941)는 1929년 캐나다 여행 중에 잠깐 일본의 동경에 들렀다(일본 세 번 째 방문). 3월 27일, 일본 망명 중인 인도의 혁명가 보-스 씨의 숙소를 방문했던 동아일보 기자는 타고르와 만났고, 당시 동아일보 동경지국장인 이태로(李太魯)씨가 타고르에게 한국 방문을 요청하였다. 타고르는 "내일이면 (캐나다로)

36) 오늘날의 베트남 중부를 지칭한 고대어로서 남해의 출발 항구였다. 남해를 거쳐 중국에 오는 외국상인들도 이 항구를 통해 상륙했다. 일남이란 말은 혜초가 남해로를 거쳐 인도에 갔음을 입증하는 대목이다.(정수일 역주, 『혜초의 왕오천축국전』(서울: 학고재, 2004), 207쪽 참조)

떠날 것이고, 돌아오는 길에는 일본에 들리지 않을 것이기에 갈 수 없다. 내일 떠나기 전 다시 만나자."라고 답했다. 다음 날(28일) 오후 3시에 'Empress of Asia'호를 타고 요코하마를 떠나는 타고르를 배웅하러 간 기자에게 영어로[37] 간단한 의미의 메시지(=시)를 써 주며 『동아일보』를 통하여 조선민족에게 전달해 달라 하였다. 그 해 4월 2일자 『동아일보』 1면에 시인 주요한(朱耀翰)(당시 동아일보 기자)의 번역이 곁들여져 〈빛나든 아시아의 등촉(燈燭) 켜지는 날엔 동방(東方)의 빛〉이란 기사 제목으로 실렸다.

> 일즉이亞細亞의 黃金時期에
> 빗나든燈燭의 하나인朝鮮
> 그燈불한번다시 켜지는날에
> 너는東方의밝은 비치되리라

타고르의 이 시는 예언자적인 비전과 당시 한국인들에게 무한한 격려와 용기를 불러일으키는 감동적인 글임에 틀림없었다.

그러나 주요한이 번역한 시와 실제 글의 내용과는 좀 차이가 있다. 일종의 의미 변용이나 확대를 통한 사회적, 정치적 상황 극복의 효과를 노린 것으로 보인다.

〈빛나든 아시아의 등촉(燈燭) 켜지는 날엔 동방(東方)의 빛〉이란 제하에 실린 타고르의 시 '동방의 등촉(등불)'은 일제 치하 이 땅 사람들의 아픈 가슴을 어루만져 준 격려의 송가로 해석됐다. 뿐만 아니

---

37) 이 영어 문장의 소재는 불분명.

라 희망을 잃은 암울한 그때 우리의 문화적 저력을 인정해 준 이 시구 하나로 그는 오늘까지 이 땅의 사람들 뇌리 깊숙이 '우리 편(우군)'으로 살아 숨 쉰다. 그러나 그는 1905년 러일전쟁에서 승리를 거둔 일본에 대해 시를 지어 일본을 찬양한다. 「바다 기슭에 밤은 밝고/ 핏빛 구름의 새벽에/ 동녘의 작은 새/ 소리 높이 명예로운 개선을 노래한다.」 타고르는 식민지 인도가 영국을 물리칠 수 있다는 희망을 러일전쟁에서 봤던 것이다. 타고르는 「일본은 아시아 속에 희망을 가져왔다. 우리는 해 돋는 이 나라에 감사한다. 일본은 수행해야 할 동양의 사명이 있다.」라 하였다. 그는 조선을 집어삼킨 일본을 응원한 일본 편이었다. 러시아전에 승리한 일본에 대해 '일본 찬가'를 써서 "동방의 작은 새가 개선을 노래한다."고 표현한 그가 〈동방의 등불〉이라는 시를 통해 식민지 조선에게 보내준 애정은 사실 '억지'이고 우리가 타고르에게 가진 애정은 '아전인수식의 짝사랑'임을 증명한다. 타고르는 러시아에 대한 일본의 승리와 그로 인해 일본이 강대국으로 진입하는 것에 인도의 희망을 투사했다.[38)]

그렇다면 타고르가 조선을 '동방의 등불'이라 한 것과 일본 제국을 두둔한 '동방의 작은 새'라 표현한 가운데 '동방'은 어떤 의미를 갖는가?

---

38) 이에 대해서는 이옥순, 「타고르의 동양, 조선의 동양」, 『식민지 조선의 희망과 절망, 인도』(서울: 푸른역사, 2006), 173쪽, 그리고 허동현, 「[그때와 지금] 러일전쟁 이긴 일본 찬양했는데…식민지 조선은 '타고르 짝사랑', 『LA중앙일보』, (2008.6.9)(http://www.koreadaily.com/news/read.asp?art_id=888101, 검색일자: 2010.2.28)을 참조하였음.

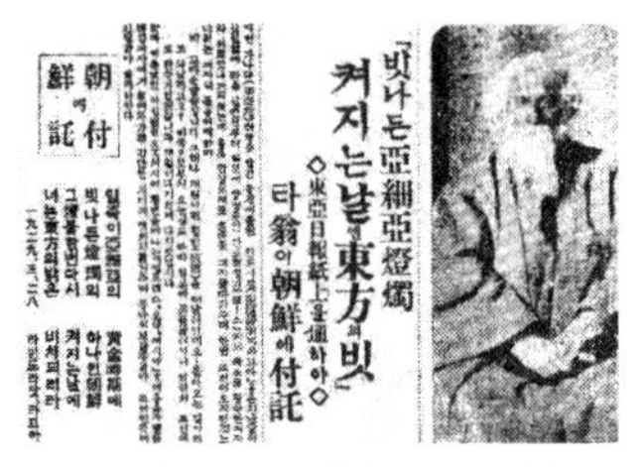 「빗나든亞細亞燈燭 켜지는날에東方의빗」 ◇東亞日報紙上을通하야◇ 타翁이朝鮮에付託 朝鮮에付託	동방의 등불 일찍이 아시아의 황금기에 한국은 이의 등불-지기 중 하나였다. 그리고 그 램프는 다시 빛나기를 기다리고 있다. 동방의 빛을 위해
일즉이亞細亞의 黃金時期에 빗나든燈燭의 하나인朝鮮 그燈불한번다시 켜지는날에 너는東方의밝은 비치되리라 1929.3.28 라빈드라낫 타고아 * 타고르의 〈동방의 등불〉이 실린 『동아일보』1면 내용(1929.4.2)(위)과 신문 속의 글	The Lamp of the East In the golden age of Asia Korea was one of its lamp - bearers And that lamp is waiting to be lighted once again For the illumination in the East. * 이 영어 원문은 소재(출처)가 불분명

7) '동(東)'의 우월성, '東洋思想'의 등장

한국이 '동도서기론(東道西器論)'을 이야기하듯이, 일본은 '동양도덕(東洋道德), 서양예술(西洋藝術)', 즉 동양(=일본)은 도덕이 뛰어나고, 서양은 기예(=기술)가 뛰어나기에 이 두 장점을 절충할 것을 말했다(사쿠마 쇼잔(佐久間象山)). 이 때 동양도덕의 '東-東洋'은 정신문명의 표상으로서 '일본'을 의미한다. 일본의 우수성을 '수토론(水土論)', '풍토론(風土論)'(혹은 시처위(時處位論))으로 설명하려는 흐름 속에서 화이론(華夷論)이 일본적으로 변용된다.(물론 이러한 문맥은 한국에서도 있지만, 여기서는 생략.) 예컨대, 니시카와 죠켕(西川如見. 1648-1724)은 『일본수토고(日本水土考)』에서 서양에서 생산된 「지구도(地球圖)」의 지식과 유교사상에 포함된 '음양오행사상(陰陽

五行思想)'을 연결시켜서 '동이(東夷)'를 일본적 각도에서 새롭게 읽어내고자 한다. 즉 그는 '서(西)'에 위치한 아메리카주(亞墨利加州)를 「水土陰惡偏氣의 나라」로, 일본을 가장 '동(東)'쪽에 위치시키고 「이 나라는 萬國의 東頭에 있어, 아침해(朝陽)가 처음으로 비치는 곳, 陽氣發生의 最初, 震雷奮起의 元土」라고 하였다. 죠켕은 '동(東)'지역의 수토(水土)인 일본은 '생명의 발생' 지역=장소이기 때문에 다른 지역보다 '우월하다'는 인식을 논증하고, '양(陽)=목(木)=춘(春)=동(東)'이라는 관념의 연상-결합을 만들고 있다. 이러한 '동(東)'의 우월성 논의가 결국은 선민(選民)의식을 뒷받침한다. 나아가, 서구와의 만남을 통해서는, 동서 구별을 절대화하는 형태로, 아시아 내부에서는 화이론을 일본 버전으로 탈바꿈하여 아시아 차별 논의(脫亞入歐 등)를 강화하는 형태로, '일본민족단결 - 국체론(國體論) - 제국일본(帝國日本)만들기'로 연결되어가고 있음을 알 수 있다. 결국 '동'의 획득-쟁취를 통한 새로운 동의 탄생은 '중심으로서의 일본'이란 시점을 확립하려는 것이었다.[39)]

이렇게 해서 일본의 근대기에 '동양'이란 개념의 강조뿐만이 아니라 '동양사상(東洋思想)'이란 말도 탄생한다. 일본근대사에서 '동양 +일본적 존재'를, 서양과의 만남을 통해, 새롭게 발견하고 재조직화해 간다.

우리가 지금 흔히 쓰는 '동양사상(東洋思想)'에서 먼저 '사상(思想)'이란 말은 명치유신(明治維新) 뒤 일본에서 흔히 사용된 개념으로서,

---

39) 이에 대한 논의는 澤井啓一,「「水土論」的志向性-近世日本に成立した支配の空間のイメ ジ」,『歷史を問う · 3: 歷史と空間』, 上村忠男ほか編, (東京: 岩波書店, 2002)를 참조,

보다 능동적 · 주체적인 '사(思)'와 상상적인 '상(想)'이 결합한 것이다. 예컨대 나카무라 마사나오(中村正直)가 Samuel Smiles의 Selp-Help(自助論)을 번역한 『서국입지편(西國立志編)』[40]에서 「道上에서, 思想하는 것 있으면, 이것을 기록했다」 등으로 기록된 것 외에 명치(明治) 3年(1870)) 이후 '권리(權利)의 사상(思想)'(明治11年), '공중(公衆)이 사상(思想)'(明治13年-14年), '사상사(思想史)'(明治40年頃) 등의 말들이 등장한다. 아울러 '동양사상(東洋思想)(혹은 東洋思想사史)'란 말에 관심이 높아진 것은, 『동양사상연구총서(東洋思想硏究叢書)』가 대정(大正)15년(1926)부터 출판하기 시작한 데서 미루어 볼 때 대정말(大正末) · 소화초기(昭和初期)이다. 이 시기에 '동양사상(혹은 동양사상사)'란 말에 대한 관심이 높아지고, 그 개념이 확산된 것을 알 수 있다.[41]

8) 근대기 동아시아의 '동양' 논의 – 특히 제2차 세계대전 전후 일본의 '동양' – '아시아'라는 개념 논의 –

일본에서 제2차 세계대전 전후 '동양'-'아시아'라는 개념 논의(예컨대, 大東亞主義든 脫亞入歐 · 入亞脫歐이든)는 그 뿌리를 전전 제국주의 시대의 산물이지만 대략 다음과 같은 맥락을 갖는다.

첫째로 「서양의 시선」과 관련하여 형성되었다. '동양' 또는 '아시아'라는 말은 이중의 시선이 겹쳐 잇다. 다시 말해서 그것은 '유럽의 자기

40) 原名은 自助論: Samuel Smiles의 Selp-Help를 번역)(明治三年(1870)).
41) 이에 대해서는 黒住眞, 「「東洋思想」의 發見」, 『岩波講座 哲學15 · 変貌する哲學』(東京: 岩波書店, 2010年), 140-142쪽 참조.

인식의 음화(陰畫. negative image)'로서 형성되었지만, 또 한편으로 일본 내부에서 「서양의 시선」에 대한 역전(逆轉)의 의미를 지닌 개념이기도 했다.

둘째로는, 내쇼날리즘과 관련되어 형성되었다. '아시아의 내쇼날리즘'이란 말처럼 서양제국주의에 대항이라는 구도에서 보면 '아시아'와 '내쇼날리즘'이란 말이 친화성을 갖는다. 그러나 아시아 내부의 모순이라는 점에 착목한다면 '아시아' '동양'이라는 말은 복잡한 문제를 내포한다. 一國的인 내쇼날리즘의 어감을 가진 이 말들은, '대동아공영권(大東亞共榮圈)' '대(大)아시아주의'에서 알 수 있듯이, 여러 민족주의적인 이해가 대립하는 상황에서는 다양한 '정치적 의미'가 대립, 충돌하는 등 복잡한 함의를 갖는다.

셋째로는 인문 · 사회과학의 여러 학문분야(discipline)와 '동양학(東洋學)'의 관계에서 형성되었다. 다시 말하면 '동양학'의 범위와 위치가 기존의 제 학문분야와 구별짓기 위한 것으로서 '서양학' 등에 대해 독자적 영역 및 근거 설정을 위한 방법론이었다.[42)]

이러한 일련의 지상사적 문맥은 수운과 범부를 대비시켜볼 중요한 자료가 될 것이다.

---

42) 이러한 논의는 中見立夫, 「日本的「東洋學」形成 と構図」, 『岩波講座 · 帝國日本の學知: 第3巻 東洋學の磁場(東京: 岩波書店, 2006年), 4-7쪽 참조.

5장

凡父 金鼎卨의 '東方學' 형성과정에 대하여

-「東方學講座」 이전 시기(1915-1957)를 중심으로 -

凡父 金鼎卨의 '東方學' 형성과정에 대하여
-「東方學講座」 이전 시기(1915-1957)를 중심으로 -

1. 서언

이 글은 金鼎卨(1897-1966. 호는 凡父)(이하 범부)[1)]의 '東方學' 형성과정에 대하여, 특히 건국대학교의 東方學研究所長 취임(1958, 62세)뒤 행하는 「東方學講座」에서 동방학 개념을 자각적으로 천명하기 '以前' 시기(1915-1957)에 한정하여 논의하는 것이다. 이를 통해, ① 범부 사상을 연대기적으로 추적하면서 보다 입체적으로 살펴볼 수 있고, 또한 ②이 시기(1915-1957)에 그가 조선, 동양, 동방이란 개념을 비록 혼용하고는 있지만 이후 확립할 '東方學'의 이론적 기초를 다각도로 다지는 매우 중요한 기간임을 밝혀낼 수 있을 것이다.

범부의 동방 · 동방학이란 관점의 '자각적' 확립은, 그의 「연보」등에

---

1) 논저의 경우도 본명인 김정설로 하지 않고, 혼란을 피하기 위하여 '김범부'로 통일하여 표기하고자 한다.

서 잘 알려진 대로, 1958년(62세) 建國大學校에서 「政治哲學講座」를 담당하고 이와 동시에 같은 대학에 부설된 『東方思想硏究所』소장으로 취임하여 「易學」·「陰陽論」·「五行思想」등의 「東方學講座」를 시작한 때부터였다. 이때에 '卽觀(卽事觀)的'·'陰陽論的' 관점 등 그의 독창적인 '東方學 方法論'을 제창한다.

'방법론'(methodology)이란 『웹스터 사전』(Webster's Dictionary)에 보면 ① 학문에서 이용되는 방법, 규칙, 필수 원칙에 대한 분석, ② 학문에 적용되는 방식의 개발, ③특정 절차 또는 일련의 절차 등으로 정의하고 있다.[2] 즉 '학문을 연구하는 절차를 논리적으로 고찰하여 진리를 얻기 위한 타당한 규칙(원칙)을 탐구하는 것'을 말한다. 범부의 '東方學' 천명도 이러한 방법론의 전환이란 측면에서 볼 필요가 있다. 그렇다면, 우리는 그에게서 분명히 그 이전의 학문방법에 대한 논의, 예컨대 '朝鮮學'(=韓國學=國學)이나 '東洋學'과 구분하여 무언가를 새롭게 논의해 가려는 명확한 의도와 그에 따른 방법이 무엇이었는지 주목해볼 필요가 있는 것이다.

그런데, 범부의 학술에서 동방학을 논할 경우, 난제로 떠오르는 것은 그의 학문의 '엄밀성', '체계성'의 결여라는 문제점이다. 아마도 이것은 첫째, 그가 정식으로 근대적 교육을 받은 것이 아니라는 점, 둘째, 학문적 주장을 주로 강의, 강연, 강좌에서 구술한 것이고 정식 논문 형태로 발표한 것이 아니라는 점에 기인한다. 즉, 범부는 4세에서 13세까지 한학자 金桂史(?-?)[3] 문하에서 漢文·『七書』(=《四書三經》)

---

2) Wikipedia 사전(http://en.wikipedia.org/wiki/Methodology/)(검색일자: 2011.7.7).

3) 생몰연대 등 불명. 漢學者로 범부의 고향 경주의 인물로 추정된다.

등을 공부한 것 외에는 '정식 학력'이 없는[4] 말하자면 「順治에 대한 저항으로서 교실을 벗어나서 독학 · 청강의 길」을 걸은[5] 「순전한 토종 사상가」[6] 「지조 있는 토종 학력」[7]으로 불린다.

범부는 일반적으로 「천재적」[8]재능을 지닌 사람으로 잘 알려져 왔

---

4) 범부는 19세 때(1915년) 安熙濟가 1914년 설립한 민족기업 「白山商會」장학생에 선발되어 도일 한 후 東京大學, 京都大學, 東洋大學(『鷄林學塾』학장 취임시 작성된 이력서에는 '東洋大學 哲學科 卒業'이라는 기재가 있으나 사실이 아님)[이에 대해서는 최재목 · 정다운 · 우기정, 「凡父 金鼎卨의 日本 遊學 · 行蹟에 대한 檢討」, 『동북아문화연구』, (동북아시아문화학회, 2009.5), 정다운, 『범부 김정설의 풍류사상: 멋 · 和 · 妙』, (서울: 도서출판 선인, 2010), 95쪽을 참조] 등에서 청강하고, 일본의 학자들과 交遊하였다는 등의 기록은 종래의 연보 등의 자료에서 볼 수 있다. 아울러, 1954년에 쓴 「歷史와 暴力」이라는 글에서는 '日本關西大學哲學部中退'[金凡父, 「歷史와 暴力」, 『새벽』, (서울: 새벽사, 1954)]에 보면 「筆者는 慶北慶州胎生. 서울市 鐘路區 靑雲洞48에 現住. 58歲. 日本關西大學哲學部中退. 人間哲學硏究의 숨은 權威者. 2代國會議員」]로 되어 있다(金凡父, 『凡父 金鼎卨 단편선』, 최재목 · 정다운 엮음, (서울: 도서출판 선인, 2009), 45쪽). 그러나 지금까지의 연구로는 ' 대학 졸업 · 수료 · 중퇴' 등에 대해서 명확한 증거를 찾을 수 없으므로 현재로서는 사실이 아니라고 추론할 수밖에 없다. 따라서 그는 '정식 학력은 없다'고 보는 것이 타당할 것 같다. 범부의 외손자인 김정근은 범부가 정식 학력을 갖지 못했던 것은 '가정형편'(=가난), '제도권에 맞지 않는 기질'(순치에 대한 저항), 그리고 (일본 유학시기에 대학에 바로 진입하지 않았던 것은)'학제의 차이' 때문으로 보고 있다(김정근, 「범부의 서당 공부와 '청강'에 대한 해석」, 『金凡父의 삶을 찾아서』, (서울: 도서출판 선인, 2010)을 참조).

5) 이에 대해서는 김정근, 앞의 책, 184-195쪽.

6) 김정근, 앞의 책, 4쪽.

7) 김정근, 앞의 책, 201쪽.

8) 범부의 천재적인 재능에 대해서는 믿을 만한 여러 사람들의 기억, 회고, 평가를 통해 충분히 확인할 수 있다: 일찍이 범부의 수제자였던 故李鍾厚교수(전 영남대)는 『凡父遺稿: 政治哲學特講』의 「刊行辭」 가운데서, 「先生은 實로 東西古今의 思想史를 貫通하고 스스로의 獨自的인 融通透徹한 思想的 · 學問的 境界를 開拓한 創造的인 學者 · 思想家 (중략) 사실 先生 生前에 先生의 講席에 한 번이라도 參席할 機會를 가졌었던 누구라도 先生의 講論과 風貌에서 그런 것을 느꼈을 것」(이종후, 「刊行辭」, 『凡父遺稿: 政治哲學特講』, (대구: 이문출판사, 1986))이라거나 「그와의 첫 대면에서 받은 인상은 진실로 압도적인 것이었다. (중략) 그의 풍격은 니체의 초상

다. 뿐만 아니라 그는 '대단한 독서력' 즉 평소 하루에 30여권, 한 달에 1,000여권의 독서를 하는 「천하에 제일가는 독서가」로 잘 알려져 있다.[9] 이렇게 그가 「끊임없이 책장을 넘기던」[10]데서 습득된 광범위한

에서 인상받은 바와 같은 그러한 천재적 · 시인적 사상가의 그것이었다」(이종후, 「나의 求道의 길 · 1」, 『哲學會誌』제1집, (경산: 영남대철학과, 1973.10), 4쪽)(강조는 인용자. 이하 같음)라는 술회를 한 바 있다. 아울러, 범부의 동생 소설가 김동리는 「나는 백씨가 지상에서 있었던 두드러진 천재의 한사람이라고 믿고 있다. 그에게서 만약 그의 천재를 뒷받침할만한 건강과 의지 그리고 기회가 주어졌던들 공자나 기독(인용자: 그리스도, 예수)에 준하는 일이라도 할 수 있지 않았을까 생각한다. 그에게 인생과 우주이 근본이랄까 원리랄까 그런 것에 대해 묻는 사람이 있으면, 그는 언제나 즉석에서, 동서의 모든 경전을 모조리 소화시킨 듯한 차원에서, 직관적인 事例로 대답을 하곤 했던 것이다. 이것은 그의 강좌 따위에 참석했던 모든 사람들의 기억 속에 지금도 생생히 남아 있는 것으로 안다」(김동리, 「백씨 범부 선생 이야기」, 『나를 찾아서』, (서울: 민음사, 1997), 421-422쪽)라고 말하였다. 마찬가지로 범부의 강의에 참석을 한 적이 있는 李完栽교수(전 영남대)는 그의 글 가운데 「1. 稀代의 天才」에서 「凡父 선생이 동서고금의 사상에 얼마나 通曉했던가를 짐작할 수 있거니와 선생이 남긴 글을 읽거나 담화를 회상하면 동서고금의 사상이 종횡무진으로 언급되어 사람을 황홀하게 하는 바가 있다. 凡父 선생의 이러한 천재성을 未堂은 '하늘 밑에서는 제일로 밝던 머리'라고 표현했던 것이다」(이완재, 「凡父先生과 東方思想」, 『범부 김정설 연구논문자료집』, 범부연구회 편, (서울: 도서출판 선인, 2010), 99-100쪽)라고 표현한 바 있다. 또한, 김지하는 「김범부란 사람을 잘 봐야 해요. 이 사람은 때를 잘못 만나서 그렇지, 참 천재였다고.」(이문재, 「인간성에 대한 새로운 인식이 시급하다: '율려문화운동'펼치는 시인 김지하」, 『문학동네』 1998년 · 겨울호, (서울: 문학동네, 1998)) · 「(김범부는) 현대 한국 최고의 천재라고 생각한다」(김지하, 「嶺南學과 영남대학」, 『영남대학교 개교60주년 기념호』, (영남대학교신문방송사, 2007), 16쪽)라고 하였다(강조는 모두 인용자) 마지막으로 범부의 막내사위인 秦教勳교수(전 서울대)는 「사람들은 (중략) 그 분(=범부)의 博覽强記에 탄복해 마지 않았지만 (중략) 萬卷書册을 두루 읽으시면서 서는 모습을 방불케한다고 느끼곤 했다. (중략) 문자 그대로 無不通知라고 말해도 좋을 것 같았다. 사람으로서 알 수 있고 생각할 수 있는 것이면, 무엇이든 다 아시는 분 같았다.」(秦教勳, 「風流精神 간행에 즈음하여」, 위의 책, 7쪽)라고 회고하고 있다.

9) 범부의 독서생활에 관해 재미있는 일화가 전해지고 있다. 즉 범부가 민의원시절[1950년(=54세) 부산 東萊區에서 2대 民議院(=국회의원)으로 출마하여 당선되어, 이후 4년간(1950-1953) 민의원직을 수행]이었을 때 수행비서를 지냈던 金銅柱(당시 민한한의원 원장)의 회상기 「내가 모신 凡父 선생」(金銅柱, 『茶心』창간호(1993

지식, 그것을 소화 · 숙성한 학술 및 이론 체계의 구상이 주로 그의 평소의 '메모'에서 이루어졌다.[11] 그리고 이러한 천부적 재능+독서+메모습관 등을 토대로 그의 생애동안에 수많은 강의 · 강연 · 강좌 · 좌담 · 논고가 생산되어 나왔다.[12] 이러한 그의 특수한 知의 습득과 산출

봄), (서울: 茶心文化硏究會, 1993), 71-72쪽)이 그것이다(김정근, 위의 책, 197쪽 참조). 그 해당 부분은 이렇다(김정근 같은 책, 같은 쪽의 재인용). "의사당에서 국회를 마치고 나오시는 귀가 길에는 청계천 길거리의 서점에 들리시어서 내가 짊어지고 갈 수 있는 무게만큼의 책을 사시곤 하셨다. 선생님은 굉장한 독서가로서 하루에 평균 30여권 정도의 독서를 하시니 정말 놀라운 생각이 들었다. 선생님이 읽고 나신 책 가운데서 내가 읽을 만한 책을 몇 권 골라서 1주일 쯤 밑줄을 쳐가며 보고난 후에 의심나는 대목을 선생님께 질문드리곤 했었다. 선생님께서는 책 한권을 10분도 다 안 되는 짧은 시간에 보셨는데도 뜻은 말할 것도 없고 그 속에 들어있는 낱말 하나까지도 매우 알뜰하게 설명해주시는 것이었다. 그러니 나는 그저 선생님의 능력 앞에서 기가 죽을 수밖에 없었다. 앞에서도 얘기를 했지만, 선생님은 한 달이면 천여권에 가까운 책을 보시는 참으로 굉장한 독서가였던 것이다. 어느 시인이 선생님을 두고 하늘 아래서 가장 명석한 머리(인용자 주: 범부를 스승으로 모시고 따랐던 시인 未堂 徐廷柱가 범부가 세상을 떠났을 때 쓴 弔詩 가운데서 "하늘 밑에서는 제일로 밝던 머리"라고 평한 데서 왔음([金凡父, 『花郎外史』(再版), 범부선생 유고간행회 편, (서울: 삼화인쇄주식회사, 1967), 3쪽])라고 했다지만, 그 명석한 머리에 천하에 제일가는 독서가였다."

10) 김정근, 위의 책, 197쪽.

11) 김정근의 기억과 구술에 따르면, 범부는 평소 글을 읽거나 생각을 하다가 떠오르는 것이 있으면 즉각 '메모'하는 습관이 있었던 것 같다. 메모의 양은 엄청나게 많았으며, 방을 청소할 때도 가족들이 그 메모가 유실되지 않도록 매우 신경을 쓸 정도로 귀중하게 취급을 하였다고 한다. 그 메모 속에 그의 저술과 강의 강연의 구상이 들어있었다고 한다. 범부가 세상을 떠난 뒤(1960년대 말경)에 범부의 수제자였던 고 이종후교수(영남대), 범부의 막내 사위인 진교훈교수(서울대) 등 몇몇이 서울에서 모였을 때 범부가 남긴, 그때까지 보관해온 상당량의 메모(큰 포대 셋 정도의 분량)를 블레즈 파스칼(Blaise Pascal, 1623~1662)의 유고집 -『명상록』이라고 번역되는 -『팡세(Pens es)』식으로 엮는 방안을 강구해야할 것 같다는 의견이 있었지만 그 이후 그 행방이 묘연해졌다고 한다[이에 대해서는 김범부, 『凡父金鼎卨短篇選』, 8쪽과 김정근, 위의 책, 53-54쪽을 참조].

12) 강좌 등에 대해서는 〈[도표 4]1958년(62세) 以前 凡父의 東方學 관련 강의 · 강연 · 주요 논저〉를 참조.

과정, 知의 디자인 기법을 기반으로 '동방학'이 탄생한다.

아울러 지금 잘 알려진 그의 대부분의 저술은 대개 그가 구술한 내용을 제자들이 정리, 기록한 것이며, 그것을 간혹 본인이 수정하거나 또는 제자들이 오랜 동안 윤문을 한 것이었다.[13] 그렇다면 당연히 발신자인 범부의 〈말하기(speaking) · 구술(oral)〉에서 수신자의 〈글쓰기(writing) · 기록(recording)〉으로의 진행 경로(channel)에서 '잡

13) 몇 가지 예를 들면 다음과 같다.

(2) 범부가 52세(1948년) 때 구술한 『花郞外史』는 제자였던 시인 趙璉鉉이 6.25 전쟁으로 파괴된 서울시의 명동 한 구석에서 추위에 손을 불어가면서 구술을 받아 적어서 이뤄졌다고 한다. 이 원고는 바로 출판되지 못한 채 보관되었다가 그의 58세(1954년) 때 당시 해군정훈감으로 있던 해군대령 金鍵의 주선으로 해군본부 정훈감실에서 간행하였다.

(2)범부 61세((1957년)~64세(1960년)의 3년간 건국대부설 〈東方思想硏究所〉의 所長으로 취임하여 易學, 五行思想 등을 강의하였는데 이때 강의된 내용의 원고와, 66세(1962년) 9월부터는 서울의 東洋醫藥大學(경희대 전신)에서 학장인 李鐘奎박사의 초청으로 〈東方思想講座〉를 진행하였는데 그 강의 원고는, 당시 수강생이었던 고 李鍾益 교수가 자신의 필기노트에 근거하여 일부 복원하여, 1975년(범부 사후 9년) (자신의)박사학위기념논문집 『東方思想論叢』(서울: 寶蓮閣)에 실어 간행하였다. 여기에 실린 것은 ①「東方思想講座 十三講」, ②「周易講義」, ③「風流精神과 新羅文化」(이것은 『韓國思想』(講座第三號), (서울: 고구려문화사, 1960.4)에 개제되었던 것을 轉載)의 세 편이다. 그리고 「五行說과 東方醫學의 原理」는 사후10년 『東洋文化』제17집, (大邱: 大邱大學(현 영남대 전신) 東洋文化硏究所, 1976)에 실린다.

(3) 66세(1962년) 때 부산대학교에서 정치철학 강좌를 진행하였는데, 이 때 『建國政治의 理念』이란 원고가 집필되어 출판의 기회를 얻지 못하고 보관되다가 역시 凡父遺稿刊行會에서 『凡父遺稿』(대구: 이문출판사, 1986)(비매품)로, 같은 해 동일한 내용이 『凡父遺稿: 政治哲學特講』(대구: 이문출판사)으로 1986년(사후 20년) 간행되었다. 원고정리는 李楨鎬 · 李完栽 · 申相衡 · 鄭達鉉 등 여러 사람의 손을 거쳐 이루어졌다. 기타의 내용은 나열하지 않겠으나, 다만 한 가지 밝힐 것은, 필자가 몇 년 전 범부의 수제자 고 이종후 교수를 방문했을 때(세상을 떠나기 직전이었음), 그때 까지도 책상머리에 범부의 책들을 두고 교열, 윤문하고 있었다. 이처럼 범부의 많은 주요 원고가 고 이종후 교수 등에 의해 교열, 윤문되었다는 사실을 고려할 필요가 있다.

음'(noise)(=기록자의 의도 · 주관적 해석 · 私見 등)이 개입[14]하는 것을 감수할 수밖에 없다.[15] 다른 측면에서 본다면, 수신자들이 직접 들었던 내용을 토대로 발신자의 의도를(아니 발신자가 의도하지 못했던 점까지) 보다 분명히 객관화시켜 기술함으로써 발신의 지평을 더 넓혀준 측면도 있었다고 하겠다. 그러나 범부의 경우, 불행하게도 수신자들이 그의 강의 내용을 변형하거나 보완하여 자신의 저술로 간행한 경우도 있어 범부의 지적재산권이 충분히 주장되지 못함으로써 범부의 학술 범위를 은폐시키거나 좁혀버리는 안타까운 면도 있다.[16] 이

---

14) 이들의 상관관계를 도표로 나타내면 다음과 같다.(이것은 사사키 겐이치, 『미학사전』, 민주식 옮김, (서울: 동문선, 2002), 331쪽의 것을 이 논문의 논지에 맞춰 약간 보완한 것임.)(최재목, 『퇴계심학과 왕양명』, (서울: 새문사, 2009), 141쪽에서 재인용)

[도표 1] 발신자와 수신자의 관계

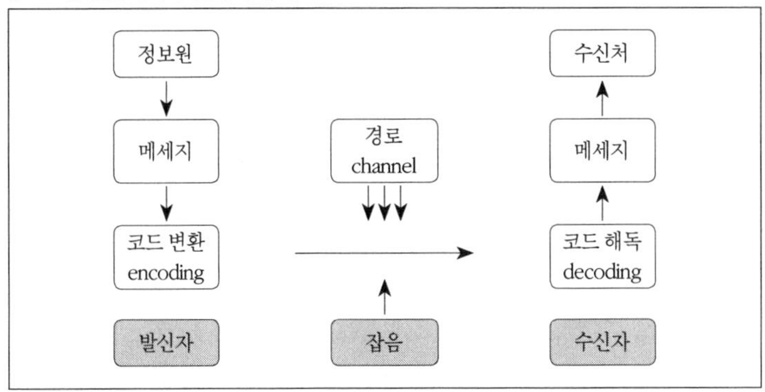

15) 물론 수신자들은 발신자의 본의 · 의도[意]를 훼손하지 않는 범위 내에서 기록 작업을 충실하게 했을 것이라 생각은 되지만, 일찍이 공자가 「글로는 말을 다하지 못하며, 말로는 (마음 속에 품은) 뜻을 다하지 못한다(子曰 書不盡言 言不盡意)」(『周易』繫辭傳 · 上) 말했듯이, 애당초 '말[言]'은 발신자의 본래의도[意]를 온전하게 표현해낼 수 없는 한계를 안고 있다.

16) 즉, 범부는 많은 강의들을 행한 것으로 알려져 있다. 그의 강의에 직간접적으로 영향을 입거나 촉발된 흔적들은 여러 군데서 발견할 수 있다. 즉, 黃山德(1917~1989. 법철학자, 전 법무부장관)의 『三玄學』(서울: 서문당, 1978)의 서문

러한 점들은 사실 범부의 학술을 섬세하게 규명하는데 걸림돌로 작용하고 있다. 그럼에도 불구하고 그의 주요 논고(「崔濟愚論」·「陰陽論」·「五行說과 東方醫學의 原理」등)에는 그의 동방학 개념을 확인할 수

과 그의 『自畵像』(서울: 신아출판사, 1966), 「어디다 국민윤리를 세울 것인가?」(『國民倫理硏究』Vol.2 No.1, (서울: 國民倫理敎育硏究會, 1974))의 글에서, 李鍾益(1912-1991, 불교학자, 전 建國大 교수)의 『東方思想論叢』(서울: 寶蓮閣, 1975)의 「간행사」, 李中(전 숭실대 총장, 전 연변 과기대 부총장)의 『모택동과 중국을 이야기 하다』(서울: 김영사, 2002)의 「序文」등등에서 볼 수 있다.

특히 李中의 『모택동과 중국을 이야기 하다』 서문에는 자신의 백씨가 간직해 온, 범부 강의를 빽빽하게 필기한 노트에 근거한 것으로 되어 있다. 이런 식으로 범부의 강의 내용은 수강자들의 저술로 모습을 바꾸고 있기에 어디까지가 범부의 것이고 어디까지가 필자의 것인지 분간이 어렵게 되어 있다.(최재목, 「凡父 金鼎卨 연구의 현황과 과제」, 『김정설 연구논문자료집』, (서울: 도서출판 선인, 2010), 19쪽, 32-33쪽 참조. 이외에도 범부의 발상, 시각의 계승을 느끼게 하나 밝히지 않는 경우도 있다.

김용구에 따르면 昔泉 吳宗植(1906-1976) - 그는 범부 강의의 주요 수강자이자 범부사상의 수신자이다(김정근, 위의 책, 71-73쪽 참조)은, 다른 수강자들이 보통 범부의 영향 등을 밝히고 있는데 비해 그는 「글이나 저서에서 범부를 말하는 것을 본 것 같지 않다. 석천도 범부의 동방사상강좌의 고정 청강자의 한분 이었다. (중략) 1974-1975년에 석천은 성균관 명륜관에서 〈주역입문 강의〉를 했다. 나도 기별을 받고 이 강의에 나갔다. (중략) 석천 강의에는 고대 그리스철학 얘기가 자주 나왔다. 범부의 동방사상 강좌를 펴보며 나는 석천의 강의 대목이 많이 떠올랐다. 그 강의에서는 범부의 입김 같은 것을 느꼈기 때문이다. 이 점에서 석천은 같은 강의 형태로 범부의 사상적 영향을 다음 세대에 전하는 의미 있는 구실을 한 것이다」(김용구, 「범부(凡父) 김정설과 동방 르네상스」, 『한국사상과 시사』, (서울: 불교춘추사, 2002), 288-289쪽 참조). 실제로 오종식은 범부를 '잊을 수 없는 사람' '뒤에서 감싸준 형'으로 묘사, 회고하고 있다(吳宗植, 「잊을 수 없는 사람 - 뒤에서 감싸준 金凡父형」, 『新東亞』, 동아일보사, 1972.12).

이처럼 범부의 수신자들도 명확하게 밝혀지지 않은 부분도 있다. 아울러, 더욱 안타까운 것은 범부의 강의 원고 자체의 분실이다. 예컨대, 건국대부설 『동방사상연구소』에서 이루어진 역학강좌의 기록자가 범부의 遺緖를 繼述키 위해 동방학의 핵이 되는 『易學總論』10강 要抄를 정리하여 500매의 원고를 인쇄에 부치고자 동문 수강자 몇 분이 회람하던 중 분실되고 말았다고 한다(김용구, 「범부(凡父) 김정설과 동방 르네상스」, 『한국사상과 시사』, 286-87쪽 참조).

있는 충분한 논거들이 남아 있다. 동방이란 개념은 기존 연구에서도 밝혀듯이, 넓게는 '중국, 한반도, 일본을 포괄하는 동아시아', 좁게는 '한반도(의 땅과 사람과 사물)'를 함축적으로 표현한 말이다.[17] 그런데, 범부의 동양학 개념의 정의는 「다소간 혼동을 주기에 충분」[18]할 정도로 개념규정이 명확하거나 고정되지 않고 '흔들림(=의미의 확장과 변화)'이 심하다. 이것은 김정근이 지적한대로, 그가 「논리적 논문이나 체계적 저술을 한 것이 아닌」, 주로 「학자 · 대중을 상대로 강의, 강연, 담화 형식으로 학술을 진행」하였기 때문이다.[19]

아울러 김용구가 지적하듯이, 동방, 동방학이란 개념은 범부가 그것을 주창하는 당시의 사회나 학술계에서는 그다지 익숙한 것은 아니었다. 일반화되어 있던 것은 동양, 동양학이었다.[20]

물론 동방 · 동방문화라는 용어는 범부 이전에 崔南善이 1926년 「檀君論 - 朝鮮을 중심으로 한 東方文化 淵源 硏究」(『東亞日報』(1926.3.3-7.25 : 全77회)란 글에서 논한 바 있다. 다시 말해서 그는 '조선'을 중심으로 하는 '東方'의 확립을 통해 조선학을 수립하고자 하였다. 즉, 한국의 역사를 통하여 東方文化의 연원을 밝히려는 목적으로 「不咸文化論」을 주장하여, 한국 고유문화의 형성에 관련된 모든 학문 지식을 동원하여 '東方文化'를 찾고 그 정통인 한국문화의 특색을 세계문화 속에서 밝히려 하였다. 그래서 중국(支那) · 인도의 문화와 구별되는 '샤머니즘(薩滿敎)'의 분포지역 즉 조선, 만주, 일본, 오키나

---

17) 김용구, 「범부 김정설과 동방 르네상스」, 『한국사상과 시사』, (서울: 불교춘추사, 2002), 272쪽 참조.

18) 이 부분은 정다운, 위의 책, 85쪽 참조.

19) 이에 대해서는 김정근, 위의 책, 71-73쪽 참조.

20) 김용구, 「범부 김정설과 동방 르네상스」, 위의 책, 272쪽 참조.

와를 포괄하는 경계를 설정하고 그 중심에 조선을 앉힌다. 이것이 최남선이 구상한 동방학으로서의 조선학이다.[21] 최남선 이후 범부는 「丹學과 仙道」 등에서, 3, 4천년전 몽고계의 고대문화와 공통성을 가진 사상(즉 동방사상)으로서의 '神道思想'이었던 샤머니즘=무속(→ 萬神=神仙)의 정신이 우리나라 신라에서 다시 융성하여 '나라의 샤먼'인 花郞의 도(=花郞道)=國仙의 道(國仙道, 仙道)=風流道가 독창적으로 성립하였다고 보고 있다.[22] 다만 범부는 최남선과 달리 '일본'을 제외하고 있다. 여기서 동방의 경계가 다름을 알 수 있다. 또한 양자 간에 '샤머니즘'에 주목하여 논의를 전개한 것은 흡사하다 하더라도, 간과할 수 없는 사실은, 전자(최남선)가 주로 '민속 · 문화인류 · 종교 · 지리' 면에 착목하여 '東方(文化論)論 → 朝鮮學'을 전개했다면, 후자(김범부)는 '철학사상' 면에 착목하여 '東方學 → 朝鮮學'을 구축하였다는 차이이다.[23] 더구나 범부는 의식적, 자각적으로, 일제강점기가

---

21) 최남선은 조선 역사상의 壇君과 夫婁의 존재, 단군과 부루의 가르침인 '풍류도'(par 혹은 park), '팔관회'(parkan), 府君神道(parkan), '국선도'가 불함문화에서 유래한 것임을 지적한다.(이러한 논의는 姜海守, 「식민지 조선에서 '동방'이라는 경계와 민족知의 형성 — 최남선의 『不咸文化論』을 중심으로— 」, 『계명대 철학과 제 418 회 목요 철학 세미나 발표자료』, (계명대, 2003년 10월 30일 목요일 오후5시)(이 자료는 목요철학세미나 자료실:http://philosophy.kmu.ac.kr/tech-note/read.cgi?board=seminar_pds&y_number=122)(검색일자: 2011.7.10)를 참조할 것. 아울러 강해수는 여기서 최남선에게는 '조선'을 중심으로 하는 '동양학'의 확립이라는 과제가 있었고, 따라서 「불함문화론」을 분석할 때는 '동양학'의 일환으로서 시라토리 쿠라키치(白鳥庫吉. 1865-1942)와 나이토 코난(內藤湖南. 1866-1934)의 조선연구를 고려하지 않으면 안 된다고 지적한다. 이와 관련하여 강해수, 「朝鮮學の成立」, 『江戶の思想』第7号, 東京: ぺりかん社, 1997.11)을 참조.)

22) 이에 대해서는 최재목, 「凡父 金鼎卨의 〈崔濟愚論〉에 보이는 東學 이해의 특징」, 『동학학보』제21호, (동학학회, 2011.4)를 참조.

23) 최남선과 김범부, 나아가서는 신채호 등에서 논의되는 단군, 샤머니즘, 고대를 보는 관점(신라와 고구려) 등의 동이점에 대해서 여기서는 상론을 피하고 차후의 과

아닌 해방 이후 건국기에, 동방, 동방학을 일반적 '용어'나 '일반명사'가 아닌 '고유명사'로 변모시켜서 '동방학'을 확립하고자 했다는 점에 큰 의미가 있다.

동방학에 집중한 뒤, 범부는 '동방' '동방인' '동방적' '동방학' '동방사상' '동방문화' '동방의학'이라 하지 '동양' '동양○' '동양○'라고 하지 않았다. 오늘날도 우리 주변에서는 '동양'이라 하지 거의 '동방'이라 하지 않는다. '동양'은 서세동점의 산물이고, 현재 중국이나 일본에서는 동양이라는 말보다는 동방이라는 말을 많이 쓰고 있다.[24] 이렇게 '동양·동양학에서 동방·동방학으로'는 단순한 용어나 레토릭의 변화를 넘어서서 범부의 학술상에서 매우 중요한 「표현법의 변모」[25]로서 지적될 수 있다. 이 변모 속에는 지리적·문화적·민속적·정치적인 의미 정체성(아이덴티티) 즉 '경계'의 확립이 엿보인다. '동방'이란 경계는 개개인의 신체처럼 민족, 국가라는 '하나의(=한)' 지리적·문화적·정치적·종교적인 신체적 동질성을 '넋과 얼(靈魂)·핏줄·핏줄기(血脈)' 확인을 통해 얻어낸 이른바 '한 겨레' 조선의 '고유 장소'인 것이다. 범부는 「조선의 겨레는 물동이의 母性과 밥상의 父性, 이 兩親의 子孫임에 틀림없다.」[26]고 '한 핏줄·한 겨레'임을 천명하려 하였다. 따라서 '동방'·'동방학' 논의는 국가라는 정치적 신체(political body)처럼 내적, 외적인 배타적 경계(border)를 갖는다. 마치 박정희 정권 하에 창출되는 「國民敎育憲章」(1968년 12월 5일 공포)에서 '조

제로 돌리기로 한다.

24) 김용구, 「범부 김정설과 동방 르네상스」, 위의 책, 272쪽 참조.

25) 김용구, 「범부 김정설과 동방 르네상스」, 앞의 책, 271쪽.

26) 金凡父, 「朝鮮文化의 性格(제작에對한對話秒)」, 『新天地』, (서울: 서울신문사, 1950.04)(金凡父, 『凡父金鼎卨短篇選』, 28쪽).

상의 빛난 얼을 오늘에 되살려 안으로 자주독립의 자세를 확립하고, 밖으로 인류공영에 이바지할 때다.'라는 문장에서처럼, 안으로는 '건국-민족', 밖으로는 '세계-인류'라는 두 마리 토끼를 잡으려 하듯이 말이다.

닫힌 공간(=朝鮮=韓國)의 건립과 동시에 열린 공간(=東方)의 확보라는 이중의 목표를 갖는 범부의 동방, 동방학 논의는, 민족 공동체의 '단합 · 융화'라는 목표를 위해서 문화인류학적인 경계설정의 기초가 되는 '언어의 동질성'에 근거한다. 그래서 범부가 「文章이란 言語의 표현이고 언어란 意思의 표현이니, 모든 사람의 用語는 곧 그 사람의 思想이다. 언어란 소리로 들을 수 있는 생각이다. 觀念이나 思惟를 떼어놓고 말이 있을 수 없다. 그렇다면 그 國民의 言語를 떼어놓고 말이 있을 수 없다. (중략) 國語와 文章이 독립하지 못하면 그 국민의 사상도 獨立할 수 없는 것이다.」[27]라고 하여, '國語-文章-思想'을 일치시켜 말하고 있다. 그의 말대로 "언어란 소리로 들을 수 있는 생각이다."[28]라고 한다면 종래의 '東洋 · 東洋學에서 東方 · 東方學으로'의 자각적 · 주체적 轉化, 그리고 이것을 통한 그 독자적인 '언어 · 문장 · 사상' 영역의 확보는 범부 개인의 사상변화에서는 물론 한국근현대 지성사에서도 매우 중요한 의미를 갖는다고 하겠다.

이처럼 범부에 의해 새롭게 의식적, 자각적으로 구축되는 '東方學'이란, 그가 우리의 전통을 새롭게 '闡明'함으로써 - 이것은 발명(invention), 즉 '만들어진 전통(The Invention of Tradition)'에 가까

---

27) 金凡父, 「言語와 文章獨立의 課題」, 『東方思想講座』(李鍾益, 『東方思想論叢』, (서울: 寶蓮閣, 1975년 所收), 11-12쪽.
28) 金凡父, 「言語와 文章獨立의 課題」, 앞의 책, 11쪽.

움 - 생겨난 것이다. 에릭 홉스홈(Eric Hobsbawm)과 그의 동료들이 『The Invention of Tradition』(Cambridge University Press, 1992)이라는 책[29]에서 밝혔듯이, 대부분의 전통이 최근(19세기말-20세기초) 유럽정치사의 전개과정에 '國民國家(nation state)'의 등장과 맞물려 그 '集團的인 正體性(identity)'을 마련하는 것과 직결되어 '정치적 목적'을 위해 만들어진 '발명'이듯 범부의 동방학(그리고 그 하부구조를 이루는 개념인 신라정신, 풍류도, 화랑 등)도 해방 이후 한국의 건국의 논리, 이념 구축과 맞물려 있다.[30] 아울러 범부의 '동방학 르네상스'란 역시 해방(1945년), 건국(1948년), 이후 박정희 정권 초기의 정치적 상황과 맞물려 있다.[31]

그러면 범부는 왜 동양 · 동양학에서 동방 · 동방학이란 관점으로 옮겨갔을까? 그랬다면 그 시기는 언제이며, 동방학이란 내용은 무엇일까? 등등 많은 물음들이 생겨날 수 있다. 간단히 언급해두자면 범부는 동방, 동방학을 주창(1958년 · 62세)하기 전까지는 '과정적'으로 주로 서양에 대립되는 동양, 그리고 동양문화, 동양학이란 말을 사용하고 간혹 동방, 동방문화란 말도 사용하였다. 그런데, 종래의 진행되어 온 여러 연구들[32]에서는 이런 점들을 단계적으로 추적하면서 선명하게 논구하지 않았다. 따라서 이 글에서는 범부의 학문 과정에서 보

---

29) 우리말 번역본은, 에릭 홉스봄 외, 『만들어진 전통』, 박지향 · 장문석 옮김, (서울: 휴머니스트, 2004).

30) 이에 대해서는 김석근, 「'신라정신'의 '천명(闡明)'과 그 정치적 함의」, 『범부 김정설 연구논문자료집』, (서울: 선인, 2011), 143-145쪽 참조.

31) 범부의 '동방르네상스론'에 대한 상론은 생략하기로 하고, 이 문제의 윤곽은 김석근, 「'신라정신'의 '천명(闡明)'과 그 정치적 함의」, 앞의 책, 같은 곳을 참조 바람.

32) 종래의 연구 흐름에 대해서는 김정근, 위의 책, 37-46쪽에 제시된 「범부 연보의 재구성」부분을 참고 바람.

이는 동방 · 동방학이란 관점으로의 자각적 轉化에 초점을 맞추고, 그 과정을 추적하면서 그의 문제의식에 입각하여 동방 · 동방학의 내용을 밝히는 계기를 삼고자 한다.

다만, 이 글에서는 범부의 생애 전 시기를 두고 이 문제를 다루기에는 지면 및 시간의 제약이 뒤따르기에, 범부의 일본 유학(1915년, 19세)에서 건국대 『東方思想研究所』에서 「東方學講座」를 담당한 시기(1958년 · 62세) '이전'까지 한정하여 다룰 것이다. 따라서 이 글(〈凡父 金鼎卨의 '東方學' 형성과정에 대하여(1) -「東方學講座」 이전 시기(1915-1957)을 중심으로 -〉)에 이어, 그의 '동방학'이 확립되는 1958년부터 그가 세상을 떠날 때(1966년, 70세)까지의 시기에 대해서는(〈「凡父 金鼎卨의 '東方學' 형성과정에 대하여(2) -「東方學講座」 이후 시기(1958-1966)를 중심으로 - 〉) 다음의 연구 과제로 돌린다.

이 글의 서술은 〈범부 '동방학' 형성 과정(1922년-1957년)에 대한 검토〉를, 〈東方學에 선행한 두 視點 : '朝鮮學'과 '東洋學'〉, 〈범부의 '동방학' 형성의 여러 과정들(1922년-1957년)〉의 두 절로 나누어서 진행할 것이다.

2. 범부 '동방학' 형성 과정(1922년-1957년)에 대한 검토

범부는 생전에 많은 강의, 강연, 강좌, 대담 · 좌담, 언론매체 · 잡지 등에 기고를 통해 그의 생각과 사상을 발신하며 세상과 소통하였다. 이러한 그의 知的인 행보 속에서 그의 '동방학'이 차츰 윤곽을 드러낸다.

아래에서는 1922년(26세)의 「列子를 읽음(一)」에서 1957년(61세)의 「活氣와 苦悶의 山水-風谷畵展平」·「韓國人과 유머」에 이르기까지 범부의 논고 등을 중심 '동방학' 형성 과정을 살펴볼 것이다.

1) 東方學에 선행한 두 視點 : '朝鮮學'과 '東洋學'

범부 동방학의 탄생은, 그 내용과 맥락은 조금씩 다를 지라도 '朝鮮學', '東洋學'처럼 조선 혹은 일본이란 지역에서 이루어진 '우리 것 찾기의 방식 · 방법론'이었다고 하겠다. 다시 말해서 범부의 동방학은 형식적으로나 내용적으로나 종래의 동양학 · 조선학 논의를 현대적으로 재해석, 재조정한 것이라 볼 수 있다.

범부의 동방학은, 서세동점기 일본의 동양학이나 일제강점기 한국의 조선학이 그랬던 것처럼, 좁게는 '한국', '한국인'을 담는 암묵의 경계 구역으로서, 한국 고유의, 한국인만의 영역을 의미하며, 넓게는 서방에 대항하는 지역으로서 '동방 전체'를 포괄하는 知的 · 學的 범주이다. 따라서 범부의 동방학은 동양학이나 조선학에 구별되는 것이긴 하지만, 실제로는 그들의 시점 · 내용 · 문제의식 면에서 중첩되는 점이 많다.

① 東洋學의 관점

역사학적 관점(=東洋史)에서 볼 때, 중국에서 말하는 '東洋'은 '일본'이며, 東洋史는 곧 日本史를 의미한다. 이에 대해 일본에서 말하는 동양은, 좁게는 중국, 조선, 일본을 포함한 아시아 동북지역 이른바

'極東'이라 불리는 지역(여기에 '印度'를 더하는 경우가 많다), 넓게는 '아시아 전역'을 가리킨다.[33] 물론 일본에서도 활발하지는 않지만, 예컨대 東方協會(1891창립)에서 발간하는 『東方會誌』(1927.6 간행)가 있듯이, Orient의 의미로서 '東方'이란 말을 사용하기는 한다. 이 경우에는 西方(Occident)에 대칭이 된다. 동양은 East로서 서양 West에 대칭이 된다. 초창기에는 東方이란 말이 사용되긴 하지만 일본 제국주의가 강화, 확산되는 시기에, 대내적으로는 아시아 내부에 대한 무력적, 정치적 지배를 공고히 하고, 대외적으로는 일본을 중심으로 한 아시아제국의 단합 · 共榮을 위해, 서양제국에 대항을 촉구하는 일종의 상상의 경계로 만들어지는 정치적, 지리적 단위(예컨대 滿鮮, 大東亞 등)의 측면이 있다. 그래서 동방은 근대기의 제국주의 분위기 속에 차츰 동양에 흡수되어버린 채 명확히 부각되지 못했던 것으로 보인다.[34]

'東洋學'이란[35] 간단히 말하면 근대기 서세동점의 시기에 일본이 서양의 제국주의에 대항하여 그들(서양)의 논리를 일본적으로 재해석하여 '일본에 고유한 것, 일본 문화의 특색, 일본의 전통을 천명하여 그 우월함을 학문적으로 체계화하는 것'이었다.[36] 다시 말해서 일본

---

33) 下中邦彦 編, 『アジア歷史事典』, (東京: 平凡社, 1961), 95-95쪽 참조.

34) 이 부분에 대해서는 별도의 고찰이 필요하다. 여기서는 상론을 피한다.

35) 이에 대해서는 최재목, 「東의 誕生 - 수운 최제우의 동학과 범부 김정설의 동방학 -」, 『陽明學』제26호, (한국양명학회, 2010.8)을 참조하여 요약하였다.

36) 물론 일본에서 '東方學'의 관점이 없었던 것이 아니다. 예컨대, 〈財團法人 東方學會〉가 1947(昭和 22)년 6월 일본 외무성 산하에 순수 민간 학술단체로, 「일본 동방학 연구의 발달을 도모하고, 동방 국가의 문화 발전에 기여함과 동시에 세계 학계 과의 연락 제휴를 촉진하고 널리 국제 문화 교류에 기여하는 것」(http://www.tohogakkai.com/)을 목적으로 「東方學會」를 설립된 바 있다. 이처럼 일본에서도 동양 · 동양학과 별도로 동방 · 동방학의 흐름이 있다. 아직 구체적인 검토는 하지 못했지만, 서세동점의 시기에 '서방'에 대항하는 '지역적' 개념으로 '동방'이란 말

근대사에서 그들이 서양과 만남을 통해, 그 충격에 대항하는 논리로써 '동 · 동쪽 · 동양+일본적 존재'를 새롭게 발견, 강조하고, 이를 이론적으로 재조직화한 개념이다.[37] 당시의 보수적 성향의 일본 학자들은 전승되어오는 '수토론(水土論)', '풍토론(風土論)'에다 '양(陽)=목(木)=춘(春)=동(東)'이라는 관념을 연상-결합시킴으로써 '동양으로서 일본'은 '우월하다'는 인식을 논증하였다. 아울러 '동(東)'의 우월성 논의는 결국 선민(選民)의식을 뒷받침하였다. 이것은 나아가서 서구와의 만남을 통해서는, 동서 구별을 절대화하는 형태를 보인다. 그리고 아시아 내부에서는 華夷論을 일본 버전으로 탈바꿈시켜 아시아 차별 논의(脫亞入歐 등)를 강화하는 형태로 진전되어, '일본민족단결 - 국체론(國體論) - 제국일본(帝國日本)만들기'로 연결되어갔다. 결국 '동'의 획득-쟁취를 통한 새로운 동의 탄생은 '중심으로서의 일본'이란 시점을 확립하려는 것이었다.[38] 따라서 동양학은 「서양의 시선」 · 「내쇼날리즘」과 관련되어 형성된 것이며, '동 · 동쪽 · 동양=우리 지역의 학문(=동양학)'과 '기존의 제 학문분야'(=인문 · 사회과학의 여러 학문분야(discipline), 특히 서양학)과 구별짓기를 통해 그 독자적 영역 및 근거 설정을 하기 위한 하나의 방법론적 개념이었다.[39]

이 쓰였고, 이후 아시아주의, 대동아공영권 등의 정치적인 맥락과 경향이 강화되면서 제국주의 '서양'에 대항하는 일본 내 뿐만 아니라 아시아 국가의 단결 · 단합이라는 '정치적' 성향의 지역 개념으로서 '동양'이란 개념이 적극 도입되었다고 볼 수 있다.(이 부분에 대한 것은 다음의 연구과제로 돌린다.)

37) 이 때 東洋思想 · 哲學이란 말도 탄생한다.

38) 이에 대한 논의는 澤井啓一, 「「水土論」的志向性-近世日本に成立した支配の空間のイメ ジ」, 『歴史を問う · 3: 歴史と空間』, 上村忠男ほか編, (東京: 岩波書店, 2002)를 참조.

39) 이러한 논의는 中見立夫, 「日本的「東洋學」形成 と構図」, 『岩波講座 · 帝國日本の

② 朝鮮學의 관점[40)]

우선 '朝鮮學'은「조선에 고유한 것, 조선 문화의 특색, 조선의 전통을 천명하여 학문적으로 체계화하는 것」을 핵심 내용으로 한다. 즉, 일제 강점기였던 1934년부터 이루어지는 安在鴻(1891 1965, 호는 民世)과 鄭寅普(1893-1950, 호는 薝園 혹은 爲堂) 등 일부 민족주의 계열의 인사들의 '朝鮮學運動' 주창에 의해 탄생한 개념이었다. 조선학 운동은 다름 아닌 '國學'(→韓國學)운동이었다. 다시 말하면, 안재홍 정인보 등은 다산 서거 99주년을 기념으로 다산의『與猶堂全書』를 간행하면서 '조선학'을 제창하였고, 이후 이것이 다산 서세(逝世) 100년제 행사와 더불어 사회적으로 크게 주목받아 당시 지식인 사회에서 하나의 '운동'으로서 확산되었다. 이것은 식민지 한국의 문화적 지배와 종속을 추진하기 위한 이른바 일제에 의한 문화제국주의(cultural imperialism)의 한국학인 '靑丘學'(그 중심은「靑丘學會」[41)])

學知: 第3卷 東洋學の磁場』, (東京: 岩波書店, 2006), 4-7쪽 참조.

40) 이 부분은 최재목,「일제강점기 丁茶山 재발견의 의미-신문 잡지의 논의를 통한 試論」,『다산학』제17집, (서울: 재단법인 다산학술문화재단, 2010.12.1) 의 논의를 참조하여 요약하여 보완한 것이다.

41) 靑丘學의 중심인「靑丘學會」는 일제의 식민지 문화정책의 일환으로 설치된 학술연구단체이다. 이 학회는 주로 한국과 만주 등의 극동문화 연구를 주된 목적으로 1930년에 결성되었다. 핵심 멤버들은 경성제국대학 법문학부교수들과 조선총독부가 식민사관을 토대로 설치한 기구인「朝鮮史編修會」간부들이다. 주요사업으로 계간지『靑丘論叢』을 발간하였다. 연구성과는 대부분 일본어로 발표되었다.「靑丘學會」는 학술지 발간 외에 학술연구자료의 간행, 강연회 및 강습회 개최 등의 활동을 하였다. 한국인 회원 가운데 崔南善 · 李能和 등은 평의원으로, 李丙燾 · 申奭鎬 등은 위원으로 있었다.「靑丘學會」는 식민주의의 관점에서 한국사를 왜곡시키는 경향을 갖는데, 이러한 상황에서 민족의 자주적 전통과 역사 가치의 보존을 통해 민족적 자긍심을 찾자는 민족주의적 대항논리가 발생하기 마련이다.

과 정면으로 맞서는 것이었다. 조선학과 이에 대립되는 靑丘學은 '한국사회 · 한국문화 특수성론'으로 공통된다. 그것은 전자가 후자에 대항하기 위하여 같은 내용을 民族主義的인 主體的 관점에서 뒤집어 말하는 것이기 때문으로 보인다. 이와 더불어 '실학'이란 말이 이 운동을 통하여 역사 용어로 자리잡게 되었다. 아울러 정인보는 『양명학연론(陽明學演論)』(1933년 동아일보에 총 66회 연재된 내용을 묶은 것)의 글을 통해서 강화학파 등 陽明學을 조선학의 맥락에서 연구하기 시작하였다.

이렇게 보면 청구학은 한국이라는 식민지 공간에서 실험되는 동양학의 탈바꿈이고, 조선학은 그 청구학을 다시 민족주의적으로 뒤집어 해석하려는 노력이었다.

2) 범부의 '동방학' 형성의 여러 과정들(1922년-1957년)

① 1922년(26세), 「列子를 읽음(一)」에 보이는 '東洋哲學'

범부는 1915년(19세) 때 일본에 遊學하여 1921년(25세) 때 귀국한다. 같은 해 「佛敎中央學林」(동국대학교 전신)[42]에서 강의(▶①)[43]

즉 1934년 조직된 「震檀學會」가 그것이다. 「震檀學會」는 李丙燾 · 孫晉泰 등이 주동하여 일본 학자에 의해 연구되던 한국의 역사 언어 문학 등을 한국 학자의 힘으로 연구하고 한글로 발표하려는 의도를 가지고 만들어졌다. 「震檀學會」의 연구성과는 기관지 『震檀學報』에 한글로 실렸다. 「청구학회」의 문화제국주의적 논리에 대항하여 한국문화의 개척과 발전과 향상에 노력한다는 취지에서였다. 1934년부터 이루어지는 安在鴻, 鄭寅普 등에 의한 朝鮮學運動 주창 또한 청구학에 대항하는 진단학회처럼 민족주의적 흐름과 맥락을 같이한다.

42) 1906년 한국 불교종단이 민족의 전통문화의 계승 발전에 기여하는 고등교육기관으로 명진학교(明進學校)를 발족하였다. 1910년 불교사범학교로 개칭하였고

한다.[44)]

다음 해 1922년(26세), 범부의 논고 중에서 가장 빠른 「列子를 읽음(一)」[45)]이 나온다. 여기서 그는 동양의 哲人 중에서 '哲學者로서의 勳業'보다도 '哲學者로서의 人格' 면에서 列子를 사랑한다고 하고, 『列子』의 '疑獨'이란 개념에 주목하여, 그것을 「甚嚴한 知性의 光」으로 평가한다. 나아가서 범부는 '疑獨'을 데카르트(Rene Descartes, 1596-1650)의 '회의적 방법론'과 칸트(Immanuel Kant, 1724-1804)의 '비판적 방법론'을 모두 포괄하는 방법론이라 간주하여 높이 평가하고 있다. 전자('회의적 방법론')는 '疑(=회의)의 極을 追하야 存在의 根據를 發見'하였고, 후자('비판적 방법론')는 '知性의 限界(=한계)를 밝혀셔 形而上學의 不可能을 叫唱(규창)'하였다고 본다. 요컨대 '疑獨'이란 〈회의적 방법론(← 疑)+비판적 방법론(← 獨)〉을 말하는데, 동양사상사에는 이런 정신이 희박하며 유독 『列子』에서만 발견되는 특징으로서 주목한 것이다.[46)] 이것 또한 범부의 동방학적 방법론으로 연결

1915년 당시 북관묘(北關廟 ; 현 명륜동 1번지) 자리에 터를 옮겨 학교명을 중앙학림(中央學林)으로 개칭하였다. 1922년 일제가 강제 폐교했다가, 1924년 재단법인 조선불교중앙교무원(朝鮮佛敎中央敎務院)을 개편 설립, 1930년 중앙불교전문학교로 승격하였다. 1940년 혜화전문학교(惠化專門學校)로 개칭하였다. 1946년 동국대학(東國大學)으로 승격하면서 재단도 동국학원이라 하였다. (http://dic.paran.com/dic_ency_view.php?kid=12697900&q=%B5%BF%B1%B9%B4%EB%C7%D0%B1%B3)(검색일자: 2011.7.16)

43) 이하 강의 · 강연 · 좌담에 대해서는 〈▶①, ▶②〉 식으로 일련 번호를 붙여 구별 표시해둔다.

44) 강의 내용에 대해서는 잘 알 수가 없다.

45) 金凡父, 「列子를 읽음(一)」, 『新民公論』(新年號), (서울: 新民公論社, 1922).

46) 중요하기에 해당 부분을 인용해둔다.

哲人中에 나의사랑하는한사람이다 그것은彼가哲學者로써의勳業보담도 彼가哲學者로써의人格이다 彼가原來斷片的感興이나沒批判的詩想에浮動함으로만滿足

될 주요한 병법론의 '案出'이자 '闡明'이라 하겠다.

아울러, 범부는 같은 글에서 「支那나印度東洋哲學은아즉認識批判的鍛鍊을未經한現狀에잇고」(강조는 인용자) 운운하며, 당시에 통용되던 '東洋哲學'이란 말을 사용한다. 주지하는 대로 '哲學'이란 개념은 西周(니시 아마네. 1829-1897)의 번역이다. 西周는 津田眞道(츠다 마미치. 1829-1903)와 함께 1862(文久 2년) 네덜란드 라이덴(Leiden) 대학에 유학하여 시몬 피셀링(Simon Vissering. 1818-1888)교수 밑에게 性法, 國法, 萬國公法, 經濟, 統計의 五科와 서양철학, 정치학 등

하게생각하는우천한吟詠家流가아닌것은勿論이지만 同時에空疎한槪念의案排로만能事畢矣로생각한理論家만도아니다 或人이기그것은列子뿐아니라東洋哲學或東洋哲人의共通한特徵이라하고말할줄도내가모르난바아니다 그러나나는決코或人의云"하는意味로만列子를論議하는것이아니다 彼는實노朦朧한感情으로明快한理性을慴伏하지도안헛고 明快한理性으로朦朧한感情을逼迫하지도안헛다 彼가眞理에對한態度는참으로索隱行怪의譏刺를招致할만콤嚴肅하얏지만 理想境에對한憧憬은또한경天도海의讚辭를바들만쿰烈熱하얏다 그레셔彼의人格은一面니深玄한哲學이엿고一面은순수한時文이엿다 彼의哲學은神秘한理想과銳利한論法은彼의知性을 彼의文章은奇拔한意匠과雄麗한藻思는彼의情感을想像할수잇다前者는天瑞力命의哲學的偉作을後者는湯問周穆王的決着을 産出한것이다 그런데 나의 가장 사랑하는 것은 무엇보담도 彼의疑獨이란것 이다 湯問周穆王等의 雄麗한 文章이 彼의 理想境에 對한 憧憬의情熱니橫溢한 것이라면 彼의 疑獨은 甚嚴한 知性의 光이다.

疑獨은무엇?

西洋에도떼칼트 칸트以前의形而上學은大概다獨斷的이엿다 或은想像的觀念 或宗教的信條嚴密한認識論的批判니決한詩的信念을基礎로하고成立된것이다 그中에論理的證明의企圖가全然업엇든것은아니나 亦是企圖는企圖에不過하고 그本質的根據는恒常沒批判的무엇이엿다 그런데떼칼트의懷疑的方法論과칸트의批判的方法論을顯出케한것이다 前者는疑의極을追하야存在의根據를發見하고 後者는知性의限界를밝혀셔形而上學의不可能을叫唱하앗다 그런데西洋哲學이야 오직眞理을道破한것이라고誕言하는것은아니다 그發達段階를考察하면東洋哲學의現狀은今日도오히려떼칼르 칸트가現出하지안헛다(하략)(밑줄은 인용자).

을 배운다. 이후 그는 귀국하여[47] 1874년 'philosophy'(그리스어 *φιλοσοφια*=philosophia: philo[愛] + sophia[智], 智(智慧)를 희구하는 것)를 日本漢語 '哲學'[48]이란 말로 번역하여 1874年(明治7年)『百一新論』이란 책에 처음 소개한다. 그로 인해 당시의 일반인이 그(철학) 개념에 접할 수 있게 되었다. 그런데『百一新論』이란 책은 출판되기 7년 전인 1867년(慶應3年)경 起草한 것이며, 또한 그 4년 전인 1870년(明治3年)경에 그의 私塾「育英舍」에서 강의한 것을 기록한 강의록『百學連

---

47) 이에 대해서는 日蘭學會編,『洋學史辭典』, (東京: 雄松堂出版, 1984), 416쪽 참조. 西周는 2년 반(네덜란드어 수업 2개월 + 修學 2년 3개월)의 기간을 라이덴 대학에서 보낸다.

48) '철학(哲學)'은 희랍어 필로소피아[φιλοσοφία/philosophia. philos(愛)+sophia(智=眞知) 꽃 philosophy]의 번역어이다. 원래 북송의 다섯 선생[北宋五子]의 한 사람인 周濂溪(이름은 惇頤, 자는 茂叔, 렴계는 호. 1017-1073)의 유명한 저서인『通書』속에 나오는「聖希天, 賢希聖, 士希賢(성인은 하늘과 같이 되기를 희구하고, 현인은 성인과 같이 되기를 희구하고, 사대부(독서인 계층=지식인)는 현자와 같이 되기를 희구한다)」(『近思錄』,「爲學大要篇」)의 '希賢' 정신에 착목하여 니시 아마네(西周)가 처음 '希賢學'으로 번역하였다가 다시 여기서 '賢' 자를 '사물의 이치, 도리에 밝다'는 뜻의 '哲' 자로 바꿔 넣어 '希哲學'으로 하였고 또한 희철학에서 '희'를 떼어내어서 결국 '哲學'으로 하였던 것이다. 이처럼 니시 아마네가 필로소피(philosophy)를 한자어로 번역할 초기에 많은 사람들은 希哲學과 希賢學이란 말을 두고 후자 쪽에 훨씬 더 친숙감을 느꼈을 것이다. 그러나 니시 아마네는 오히려 희철학 쪽을 채택하고 더욱이 이것을 철학으로 약칭한 것이다. 당시 사람들도 이 명칭을 채택했던 것이다. 그 이유는 아마도 性理學이나 窮理學, 혹은 그 약칭인 理學이 채택되지 않았던 것과 같은 이유에서이다. 이들 명칭은 宋儒의 말에 친숙해 있던 당시의 사람들로서는 분명히 알기 쉬운 이름이었음에 틀림없겠지만 그만큼 또 이미 진부해서 서양의 새로운 말의 의미를 전하기에는 도리어 부적당하게 느껴졌을 것이다. 이렇게 희현학도 또한 주렴계의『통서』에서 취했기에 儒學的 사고가 너무 많이 배어들어 있어서 오히려 피해야 할 것으로 생각했을 것이다. '賢'이라고 하면 '聖'을 생각하고, '智'라고 하면 '仁'을 생각하는 것과 같이, 漢學의 연상에 속박되는 것은 오히려 바람직하지 않기에, 관련이 적은 '哲' 자를 취하여 '희철학'이라 이름지었다고 생각된다.(田中美知太郎, 哲學初步, (東京: 岩波書店, 1994), 5-6쪽 참조.)

環』[49]에서도 '哲學'이란 개념이 사용된 바 있다.[50] 이후 '哲學'이란 개념은 일본 내에서는 물론 중국, 한국에도 수입되어 지금까지 유행하게 된다.[51]

② 1915년(19세)-1921년(25세) 일본 **遊學: 聽講**과 **東洋 · 東洋學 · 東洋哲學** 개념 습득 가능 시기

아마도 동서양의 철학의 흐름, 비교론적 시각 등은 어느 정도 일본 東洋大學 · 京都大學 등에서 聽講한 것과 독서에 힘입은 것이라 추정된다.[52] 특히 일본 동경의 東洋大學은, 예컨대 그의 한 이력서에

---

49) '百學連環'이란 西周가 Encyclopedia를 번역한 용어이다. 西周는 Encyclopedia에 대해 明治 3年 그의 私塾「育英舍」에서 강의를 하였다. 이를 기록한 강의록『百學連環』「總論」의 冒頭에서 그는『百學連環』강의 제목의 의미를,「英國의 Encyclopedia라는 말의 語源은 希臘의 *Ενκυκλιοζπαιδεια*라는 말에서 왔다. 즉 그 말의 의미는「어린아이(童子)를 원환(輪) 속에 넣어서 교육한다는 뜻」이다.」(西周,「百學連環」,『西周全集』第四卷(復刻版), (東京: 宗高書房, 1981) 11쪽)운운하여, 오늘날『百科事典』·『百科全書』라는 말로 번역되는 'encyclopedia'를 그리스의 어원에 근거하여 '圓環kuklos'과 '아동 · 교육paidos'이라는 두 용어에서 성립했다는데 주목하여「百學連環」이란 번역어를 만든다. 즉,「아동을 원환(輪) 속에 넣어서 교육한다」는 의미를 살리고자 한 것이었다.(渡部望,「「百學連環」の歷史的位置と意義」,『北東アジア硏究』第14 · 15合併號合, (島根縣立大學 北東アジア地域硏究センター, 2008.3) 참조). 당시 이 강의록은 출판되지 않았으며, 현재『西周全集』第四卷에 수록되어 있다.

50) 菅原 光,『西周の政治思想—規律 功利 信』, (東京: ぺりかん社, 2009), 191쪽, 201쪽 참조.

51) 西周는 이외에도 主觀 · 客觀 · 概念 · 觀念 · 意識 · 歸納 · 演繹 · 命題 · 肯定 · 否定 · 原理 · 理性 · 悟性 · 現象 · 藝術(liberal arts의 번역어) · 技術 등 많은 번역어를 만들었다.

52) 東洋思想이란 말에 관심이 높아진 것은『東洋思想硏究叢書』가 大正15년(1926)부터 출판하기 시작한 데서 미루어 볼 때 大正末 · 昭和初期이다. 이 시기에 '동양

「四二五三年 二月 在日本東洋大學哲學科卒業」[53]라고 있는 등 凡父의 이력 중 가장 많은 곳에서 언급되고 있는 대학 명이다.[54]

東洋大學(Toyo University)은 홈페이지의 「대학소개」란(http://

사상(혹은 동양사상사)'란 말에 대한 관심이 높아지고, 그 개념이 확산된 것을 알 수 있다(黒住眞, 「「東洋思想」의 發見」, 『岩波講座　哲學15 · 変貌する哲學』(東京: 岩波書店, 2010年), 140-142쪽 참조). 범부가 서양철학, 동양철학, 동서비교철학에 견문을 넓혔던 것은 아마도 그가 19세(1915년) 때 安熙濟가 설립한 민족기업인 白山商會(1914년 설립)의 장학생으로 渡日. 그곳에서 東洋大學을 비롯하여 京都大學, 東京大學 등에서 청강하고 일본의 학자들과 폭넓게 교유한 데서 비롯한 것이라 추정된다. 즉 특히 그가 聽講生의 신분으로 머물렀을 가능성이 높은 東洋大學(최재목 · 정다운 · 우기정, 「凡父 金鼎卨의 日本 遊學 · 行蹟에 대한 檢討」, 『일본문화연구』31(동아시아일본학회, 2009. 7), 459쪽 참조.)에서였을 것이다. 그런데, 일찍이 오종식이 「(김범부가) 日本으로 留學보다는 遊學으로 나섰다. 東京 京都에 留하면서 대학의 철학강의를 들어보았으나 자기를 啓導할만한 것이 없었다고 했다.」(吳宗植, 「잊을 수 없는 사람 - 뒷전에서 감싸는 金凡父형」, 『新東亞』 12, (東亞日報社, 1972), 216쪽)(강조는 인용자. 이하 같음)라고 회상하였다. 아울러 李恒寧은 「先生의 이와 같은 깊은學識은 어느 스승에게 배운것이 아니라 그의 天才的素質로써 自得한것이다. 그는 이미 12歲때에 義兵의檄文을 草할程度로 早熟하였으며 日帝때에親日하는 俗人들과 사귀기가 싫어서 水石을따라 勝地를涉獵하고 深山名刹에 隱遁하여 學問과 修養에 專念하였다. 그는 工夫해서 알았다기보다는 그의 先天的叡智의 힘으로 眞理를 깨달았다. 그의學問이 어느정도 進展하자 좀더 많이 배우고자 日本의京都大學 哲學科에 聽講하러갔다가 배울것이 없다고 하여 다시 歸國하여 山間에서 홀로 硏學에精進하였다. 내가 凡父先生의 名聲을듣기는 解放前에河東郡廳에 있을때였다.」(李恒寧, 「現代를산國仙 - 金凡父의 人間과 思想」, 『京鄕新聞』(1966.12.17), 5면.)라고 하여 凡父가 장학생으로 유학을 갔지만 별반 배울 것이 없어서 진학을 포기하고 돌아왔다고 적고 있다. 그러나 그렇다 하더라도, 기본적인 학술의 흐름, 안목, 개념에 대한 지식 습득이 가능했던 것은 충분히 추정해볼 수 있다.

53) 金凡父, 「履歷書」, 『認可(해산)關係綴』, 檀紀四二八六年以降, 汶坡敎育財團, 학교법인 영남학원 보관. 물론 이 이력은 사실이 아니고 당시 행정사무원(최인환씨)이 임의로 기록한 것으로 판명됨.(金凡父의 「履歷書」에 대해서는 최재목 · 정다운, 「'鷄林學塾'과 凡父 金鼎卨(1)」, 『동북아 문화연구』제16집, (동북아 문화연구, 2008.9)를 참고).

54) 이 부분 및 아래 내용은, 최재목 · 정다운 · 우기정, 「凡父 金鼎卨의 日本 遊學 · 行蹟에 대한 檢討」을 참조.

www.toyo.ac.jp)에 적혀있는 대로 創立者가 井上円了(이노우에 엔료, 1858~1919)이며, 그는 '知의 基礎인 哲學을 배우는 것이 日本의 近代化에 있어 重要한 것'이라는 관점에서 「諸學의 기초는 哲學에 있다(諸學の基礎は哲學にあり)」는 교육이념 하에 1887년 哲學의 專修學校인 私立 「哲學館」을 설립하였다. 그리고 이 대학은 이후 「東洋大學」으로 인가(1928년) 받는데, 印度哲學 · 倫理學科와 支那哲學 · 東洋文學科가 설치된 것은 1921년이다.[55] 井上円了는 1885年(明治18年) 동경대학(문학부 철학과)을 졸업하고 저술활동을 개시하며, 아울러 동경 시내 中野에 스스로 건설한 「哲學堂」(현재 中野區立 哲學堂公園)을 거점으로 전국 순회강연을 하였다. 이후 유세를 하던 滿洲 大連에서 62세(1919년)로 급사할 때까지 그는 철학이나 종교에 대한 지식을 전함과 동시에 미신의 타파를 위해 활동하였다.[56]

범부는 1915년(19세) 때 도일 한 뒤 1921년(25세) 때 귀국하므로, 그 당시 東洋大學의 근대적 학제, 井上円了가 지향했던 東洋大學의 동서양 철학의 비교 연구 분위기, 井上円了의 동서양철학에 대한 강

55) 보충하면, 1887년 「哲學館」설립 이후, 「哲學館大學」(1903년)으로 개칭하고, 專門學校令에 의한 私立 「哲學館大學」으로 인가되었다(1904年). 다시 私立 「東洋大學」으로 개칭되었다(1906년)가 大學令에 따라 「東洋大學」(舊制大學)으로 인가받고(1928년), 1949年에 新制大學으로 이행했다. 1887年 설립 당시 哲學에 관한 학교는 기독교, 불교가 각 종파에 따라 설립한 것이 많았고, 제국대학을 제외한 일본에서 유일하게 비종교계 학교로서 학생을 모집하였다. 제2차 세계 대전 이후에는 '哲學思想'을 모체로 한 대학으로서 확장을 계속해왔다. 1904년에 漢文學과 佛教學이 설치되고, 1921년에 印度哲學 · 倫理學科와 支那哲學 · 東洋文學科가 설치되었다[Wikipedia 사전(http://ja.wikipedia.org/wiki/%E6%9D%B1%E6%B4%8B%E5%A4%A7%E5%AD%A6)참조(검색일자: 2011.7.10)].

56) 이에 대해서는 Wikipedia 사전(http://ja.wikipedia.org/wiki/%E4%BA%95%E4%B8%8A%E5%86%86%E4%BA%86)참조(검색일자: 2011.7.10)

연 등에 대한 상황이나 정보는 대략 파악할 수 있었다고 보아야 할 것이다. 물론 그는 東洋大學만 머문 것이 아니라 東京大學, 京都大學 등에서 철학 등의 과목에 대한 청강 및 당시 학자들과의 교류의 기회를 갖는다.

그런데, 이런 일본 遊學에 대해 여러 가지 증언이 있다. 즉, 「東京 京都에 留하면서 대학의 철학 강의를 들어보았으나 자기를 啓導할만한 것이 없었다」[57]거나 「그의學問이 어느 정도 進展하자 좀 더 많이 배우고자 日本의 京都大學 哲學科에 聽講하러 갔다가 배울 것이 없다고 하여 다시 歸國하여 山間에서 홀로 硏學에 精進하였다.」[58]거나 「동양대학, 동경외국어대학, 경도대학, 동경대학 등에서 청강했다고 한 것을 보면 정규학생으로 수업 받은 것이 아니라 일본학자들과의 교유를 겸한 일본학계의 시찰을 위한 것」으로 보거나[59] 또는 「범부의 평소 말씀에서 일본의 영향 같은 것을 읽기도 힘들었다. 내가 아는 한에서 범부는 평소에 일본에 대해 호감을 가지고 긍정적으로 언급하는 일이 없었다. (중략) 오히려 나는 자라면서 범부를 아는 사람들로부터 범부의 사상이 일본 쪽으로 흘러들어간 측면이 있었다는 말을 들었다. 가령, 일본 체류 시기에 일본인 교수를 대신하여 강의를 이끌었다는 이야기가 있었(다)」[60]는 등등이 그것이다. 물론 이런 증언을 십분 고려한다 하더라도, 그의 총명함으로 볼 때, '見聞-視聽-서적독해-학자 · 지식인 및 유학생들과의 대화' 등을 통한 상당한 정보를 습득하고 있

57) 吳宗植, 「잊을 수 없는 사람 - 뒤에서 감싸준 金凡父형」, 위의 책, 216쪽.
58) 李恒寧, 「現代를 산 國仙 - 金凡父의 人間과 思想」, 『京鄕新聞』(1966.12.17), 5면.
59) 이완재, 「凡夫先生과 東方思想」, 위의 책, 99쪽.
60) 김정근, 위의 책, 68쪽.

었음은 충분히 추론해볼 수 있다. 이것은 귀국 후 3년 뒤(28세, 1924년) 발표하는 「칸트의 直觀形式에 對하여」[61]란 논문, 그리고 서울 YMCA 강당에서 행하는 『임마누엘 칸트 탄신 200주년 기념』가운데의 칸트 철학 강연이 이를 반증한다. 즉 전통 漢學에 기반을 둔 범부가 '우연히' '갑자기' 칸트에 대해서 어떤 계시 · 깨달음을 얻었던 것이 아니라 '5년 이상의 일본 체재 기간'에 얻은 칸트에 대한 충분한 지식과 사색에 힘입은 것이라 보는 것이 자연스러울 것이다.

더욱이 井上円了는 自身이 哲學을 專修함으로써 모든 哲學者의 저작을 연구하고 그 중에서 古今東西의 聖賢으로 代表 4人(=四聖. 즉 '孔子', '釋迦', '소크라테스', '칸트')을 선정하였다. 또한 철학을 「東洋哲學」과 「西洋哲學」으로 大別하고, 그 속에서도 東洋哲學은 中國哲學과 印度哲學으로, 西洋哲學은 古代哲學과 近代哲學으로 분류하였다. 그 각각의 대표자가 바로 '孔子', '釋迦', '소크라테스', '칸트'이다. 공교롭게도 凡父는 평소 존경하는 인물로서, 동양철학자 중에서는 孔子를, 서양철학자 중에서는 칸트, 토마스 아퀴나스, 아리스토텔레스를 들었다. 이것은 東洋大學의 학풍과 연관이 있는 것으로 추측되는 부분이며[62] 아울러 동양철학 · 서양철학의 어법이나 비교철학적 방법도 많

61) 金凡父, 「칸트의 直觀形式에 對하여」, 『延禧』3호, (延禧專門學校, 1924.5. 20). 참고로 『延禧』는 延禧專門學校(현 延世大學校의 전신)에서 1922년 5월 창간된 校誌이다. 아울러 '直觀'이란 개념, 그리고 그가 이 '직관 형식'에 관심을 보인 것은 이후 전개되는 범부의 '直觀的 · 卽觀的思考'라는 개념의 맹아처럼 보인다.

62) 이 부분은 범부의 수제자 고 李鍾厚교수의 회상을 참고하면 좋겠다(최재목 · 정다운 · 우기정, 「凡父 金鼎卨의 日本 遊學 · 行蹟에 대한 檢討」 참조).
그(=범부)는 學校를 中斷하고 돌아오게 된 動機에 대한 나의 이야기를 듣고 고개를 끄덕이면서도 學校를 계속하여 正式으로 大學課程을 修了할 것을 종용하였다. 말하자면 그가 걸어온 獨學의 길은 學者로서 危險한 길이란 것을 깨우쳐 주

은 부분 통한다고 생각된다. 문제는 이 단계 까지는 아직 범부가, 일본이 산출했던 개념인 '東洋' '東洋哲學'이라는 개념의 범주 속에 사고가 머물러 있었다는 점이다.

려 하였던 것이다.(그러나 나는 그 당시에는 그의 충고를 따르려고 생각하지 않았다) 이리하여 그와 나는 初對面에 당장 서로 스승과 제자로서 마음을 허락하게 되었다.
나는 절에 며칠을 체류하는 동안 매일 그를 만났다. 그리하여 그의 講話를 들으면서 그의 모든 것, 그의 思想과 熱情, 그의 말투와 제스츄어, 그의 表情과 音聲, 그의 人格全體를 나의 온 몸으로 받아들이고 吸收하였다. 마치 옛적에 顔淵이 孔子곁에서 孔子의 말씀을 들으면서 그렇게 한것 처럼. 또는 플라톤이 소크라테스를 둘러싸고 있는 사람들 속에 끼어서 소크라테스의 對話를 들을때 그렇게 한 것처럼. 그는 過去나 現代의 學者, 思想家, 聖人들에 대하여 이야기 할때 孔子를 除外한 모든 사람에 대하여는 對等한 位置에서 論評을 하였지만, 孔子에 대해서만은 반드시 「님」字를 붙여 呼稱하고, 「論語」와 「周易」이야말로 天下第一의 書라고도 하였다. 그러고 보면 그는 分明히 孔子의 精神과 思想과 敎訓을 몸받아 現代에 되살리는 것을 自己의 使命으로 自覺하고 있는 現代의 孔子徒임에 틀림없었다. 그러나 그는 老莊과 佛敎에 대해서는 물론이오, 基督敎와 西歐의 近代 및 現代의 思想에 대해서도 깊은 理解와 쎈스를 가지고 있는듯이 보였다. (李鍾厚, 「나의 求道의 길(一)」, 『哲學會誌』, (경산: 영남대학교철학과, 1973.10), 4-5쪽) 아울러, 범부의 막내 사위 진교훈 교수(전 서울대)는 이렇게 회고한다.
내가 언젠가 한번 "아버님(=범부)은 서양 철학자로는 누구를 좋아하십니까?" 하고 물은 적이 있다. 그때 아버님은 칸트, 토마스 아퀴나스, 아리스토텔레스를 꼽으시더니, 개인적으로는 아리스토텔레스에게 마음이 끌리신다고 하면서, 그 이유로 아리스토텔레스의 종합적인 학문 태도를 높이 평가하셨다. 그래서 내친 김에 "한국사람으로는 어떤 분을 사숙하셨습니까?" 하고 물었더니, 딱히 누구라고 말할 수 없으나, 百結 先生과 金時習이 좋았다고 하시면서, 저 보고 한번 茶山의 『與猶堂全書』를 읽어 보라고 권하신 적이 있다. (秦敎勳, 「風流精神 간행에 즈음하여」, 위의 책) 이처럼 범부는 동서양의 철학자들 가운데서 孔子, 칸트, 토마스 아퀴나스, 아리스토텔레스를 꼽고 있으며, 이것은, 소크라테스를 제외하고는(그 대신 토마스 아퀴나스가 들어갔지만), 일본 東洋大學의 四聖(칸트, 孔子, 釋迦, 소크라테스)의 선정 인물과 거의 일치하고 있다.

③ 1924년(28세), 「老子의 思想과 그 潮流의 概觀」의 '東洋學'·'東洋哲學'·'東洋思想'·'東方'

범부는 「列子를 읽음(一)」(1922년, 26세) 이후, 범부는 다음의 세 가지 글을 선보인다.

- 金凡父 구술, 小春(金起田), 「大神師 생각」, 『天道教會月報』제162호, (서울: 天道教會月報社, 1924.3).
- 金凡父, 「老子의 思想과 그 潮流의 概觀」, 『開闢』제45호, (서울: 開闢社, 1924).
- 金鼎卨, 「칸트의 直觀形式에 對하여」, 『延禧』3호, (延禧專門學校, 1924.5.20).

범부는 이해(1924)에 서울 YMCA 강당에서 행한 『임마누엘 칸트 탄신 200주년 기념』에서 범부는 李灌鎔(1891~1933)[63]과 함께 칸트 철

63) 이관용은 1921년 스위스 취리히 대학에서 박사학위를 받아 국내 철학계 와 언론계에서 왕성한 활동을 펼치다 불의의 사고로 42세의 짧은 삶을 살다간 일제강점기 철학자이다. 그의 이름은 주로 한국에서 서양철학의 수용과정'과 관련해서 해외에서 유학한 '최초의 철학박사', '서양철학 수용의 선구자' 정도로만 알려져 있다. 그는 1921년 스위스 취리히대학에서 〈의식의 근본사실로서의 의욕론〉)이라는 논문으로 박사학위를 받고 귀국하여 연희전문학교에서 논리학, 심리학, 철학을 가르치다가 언론계에 투신하여 『동아일보』와 『조선일보』기자, 해외특파원과 편집고문 등을 역임하였다. 특히 이관용은 philosophy를 西周처럼 '哲學'으로 번역해선 안 되고 '과학적 성격을 지닌' '原學'으로 번역해야 함을 피력(이관용, 「原學인 哲學」, 『신생명』창간호(기독교청년회, 1923.07), p. 39.)하였다. 이 점은 한국에서 철학의 새로운 번역의 길을 열었다는 중요성을 지니고 있어 주목할만하다.(이에 대해서는 이태우, 「일제강점기 신문조사를 통한 한국철학자들의 재발견 -김중세, 이관용, 배상하를 중심으로-」, 『인문과학연구』8권, (대구가톨릭대학교 인문과학연구소, 2007)를 참조). 철학을 '과학적 성격을 지닌 원학'이라고 주장하는 이관용의 견해는 그의 박사학위 논문에서 이미 잘 드러나 있다. 즉 그는 근대심리학의 주류이던 知情意의 능력설을 타파하고 Aristoteles의 심신병행설에 입각하여 의식

학에 대해 강연(▶(2))을 하는 데, 그때 발표한 원고가 바로 위의 「칸트의 直觀形式에 對하여」이다. 이 원고는 동양적 '直觀'을 강조하는 그의 철학의 근거를 알 수 있고[64] 아울러 사료적으로도 매우 중요하기에

의 근본사실을 의욕에서 찾으려하였으며, 이를 논증하기 위해 실험적 연구방법을 사용하였다(이에 대해서는 김두헌, 「故이관용 박사 의욕론」, 『哲學』2(철학연구회, 1934), 130-144쪽을 참조).

64) 범부는 「칸트의 直觀形式에 對하여」 앞머리에서,

칸트는 時間과 空間으로서 直觀形式이라 하얏다. 直觀形式인 意味를 밝혀서그 先驗性(A. priori)을 立證하얏나니 - 物을 直觀하는 대는 반드시 三個의 要件으로서 成立된다 一은 直觀의 能力이니 氏는 이것을 感性 (Sinnligkeit)이라하고 二는 直觀의 內容이니라는 이것을 感覺(Empindung)이라 하고 三은 直觀의 形式이니 氏는 이것을 時間과空間으로서 하얏다. 그 中에 感覺은外來의 것이니 卽 經驗的(A. posteriori)이며 時間空間은 自具의 것이니 卽 先驗的이다. 時間空間의 先驗性을 闡明한 것은 實로 그 意思가 容易한 点에 잇지 안헛다. 第一은 算學及數學의 先驗性에 對한 立證 第二는 直觀內容 卽 感覺의 受納에 對한 先驗的 規定 第三은 直觀과 思考(Denke)의 媒介形式(時間만)으로서의 先驗性에 對한 立證 - 이 세 가지 原理의 先驗的 確立을 爲하야 時間空間의 直觀的 先驗性을 闡明하지 안흘수 업섯다.

라고 지적하고 있다. 그리고 범부는 『東方思想講座』의 「第7講 科學의 類型」(1962.10.20, 李鍾益 기록) 속에서 우리가 과학을 신빙하는 이유는 첫째로 논증이요, 둘째로 실증이다. 수학을 신빙하는 것은 그것의 논증이 확실하기 때문이다. 또 실험학적으로 동물 · 식물 · 생리 · 세균학은 논증보다 실증으로써 신빙성을 가진다. 그러면 東醫도 논증성을 가졌느냐? 논증성은 부족하다. 그리고 실험성을 가졌다고 하기도 어색하다. 그런데 과학은 논증 · 실증뿐만 아니라 논증 · 실증을 종합적으로 실증하는 '合證'이 있을 수 있다. 역사라 하면 인간사를 뜻하며 자연사가 아니다. 곧 인간이 가진 생활시간의 결과를 말한 것이다. 그러나 우주발달사이니 천체사니 생물진화사니 자연진화사니 하는 말을 쓰게 된다. 역사의 현상을 설명하는 데에 논증 · 실증을 다 합증하지 않으면 아니 된다. 그러면 陰陽이란 논증이냐? 실증이냐? 陰陽論은 상징으로 포착된 것이다. 논증보다 실증보다 더 직접적 원칙에서 출발하였기 때문에 신빙할 수 있다. 그러나 intuition과 같이 생각 말라. 서양에서 말하는 직관이란 직감적인 것, 영감적인 것, 또는 무엇을 터득하였다는 등의 뜻으로 사용되는데, 매우 애매한 것이다. 비사고적 실험인 것을 직관이라고 한다. 이것은 오히려 동방계의 學을 연구하여야 될 것이다. 동방에서는 그에 대한 많은 문제와 자료를 발견할 것이다. 논리라는 것은 추리를 떠나서 성립되지 않으니 매우 간접적이다. 추리 이상의 사고는 논증이 들어가지 않는다. 그런데 추리로써 가능한 것만이 진리가 아니다. 얼마든지 다른 방법이 있다. 실증이나 합증도

아래에 실어둔다.

그러하다. 그런데 陰陽論은 추리이냐? 명암, 상하, 주야 등의 현상이 무슨 추리이냐? 그것은 직접 현상에서 그 성격을 포착하는데 무슨 추리이며 실증이냐? 그런걸 직관이라고 한다. 그러므로 서양에서 말하는 intuition과 다르다. 추리와 실증은 의심할 수 있지만, 직관만은 의심할 수 없다. 가장 직접적인 현상을 포착하는 것을 의심한다면 모든 것을 다 의심하여야 할 것이다. 그런데 의학으로 볼 때에 陰陽에서 출발하였지만 물론 의학상 과제만은 아니다. 우리는 한 마리의 토끼를 해부하여 실험할 수 있다. 그러나 그 죽은 토끼에서 생리적 생명의 비밀은 알 수 없는 것이다. 그 토끼의 구성분은 알았다고 할지라도 토끼 자체는 모르는 것이다. 이 토끼 한 마리의 경우와 같이 우주현상이 다 그러하다. 모든 학자들은 각기 그 독립분야에서 한정된 과제를 알고자 하나 우주 자체를 알았다는 것은 아니다. 이 직관이란 문제는 매우 장황하다. 요는 산 쥐를 그대로 실험할 수 없다는 것을 알아야 한다. 죽은 쥐의 분해는 산 쥐의 생태와는 별개물이다. 대지 · 대기를 떠난 쥐라는 개념뿐이다. 쥐 한 마리를 바로 파악하려면 대지 · 대기 중에 두고 그대로 관찰하여야 한다. 쥐뿐만 아니라 우주만상이 다 그러하다. 분업적 · 분석적 연구를 무시함은 아니나, 그것이 어떤 물질을 연구한 것은 되지만 우주자연은 어디 갔느냐 하는 문제이다. 그러면 어떻게 하면 우주는 우주대로, 자연은 자연대로 포착하느냐? 관념이면 어쨌고 물질이면 어쨌다는 것이냐? 그것이 우주이며 자연이 되는 것이냐? 자연과 우주를 그대로 파악하는 길이 있느냐? 꼭 하나 있어야 되겠다. 그 방법은 직관적 방법으로써 포착할 수밖에 없다는 것이다. 그 방법 중에 현상적 특징으로써 성립되는 것이 陰陽論이다. 陰陽論이 상징적으로 어떻게 발휘되느냐? 그런데 직관이라는 어의에 있어 '卽觀'이라고 쓰는 것이 더 적합하다고 본다. 卽觀은 直觀과 다르다. 직관은 주객이 갈라진 것이다. 현대 일반논리학에서의 귀납법은 베이컨이, 연역법은 아리스토텔레스가 창시하였는데, 그것이 인도로부터 갔다는 것이다. 因明學에 比量, 現量이 있으니 比量은 곧 추리요, 現量은 곧 직관으로 배려할 수 있다. 그러나 직관은 주 · 객관이 분립된 뒤의 일이지만 卽觀은 주객이 갈라지기 전의 인식 그것인 것이다. '상징'이라는 것이 무엇일까? 易의 繫辭에 '在天成象在地成形'은 오히려 근본이 애매하나 天尊地卑라고 하였으니 그것이 바로 卽觀적인 象이다. 실험적으로는 天尊地卑가 아니다. 천지에 尊卑 · 上下가 있을 수 없는 것으로, 공간에는 원래 상하가 없다. 그러나 象으로는 머리 위는 높고, 발 밑은 낮은 것이니 그것은 제자리에 두고 보는 것이다. 그것이 바로 卽觀의 현상이다. 一呼一吸이 곧 陰陽이다. 그것이 곧 상징이다.(밑줄은 인용자)

위의 논의처럼, 범부는 서양의 직관(예컨대 칸트: 直觀의 能力=感性 (Sinnligkeit), 直觀의 內容=感覺(Empindung), 直觀의 形式=時間과 空間에 근거)과 동양의 직관(=卽觀=제자리에 두고 보는 것)은 다르다고 본다.

칸트의 直觀形式에 對하여

[延禧 - 1924. 05. 20]

金鼎卨

一. 直觀形式 問題의 範圍

칸트는 時間과 空間으로서 直觀形式이라 하얏다. 直觀形式인 意味를 밝혀서그 先驗性(A. priori)을 立證하얏나니 - 物을 直觀하는 대는 반드시 三個의 要件으로서 成立된다 一은 直觀의 能力이니 氏는 이것을 感性 (Sinnligkeit)이라하고 二는 直觀의 內容이니라는 이것을 感覺(Empindung)이라 하고 三은 直觀의 形式이니 氏는 이것을 時間과空間으로서 하얏다. 그 中에 感覺은外來의 것이니 即 經驗的(A. posteriori)이며 時間空間은 自具의 것이니 即 先驗的이다. 時間空間의 先驗性을 闡明한 것은 實로 그 意思가 容易한 点에 잇지 안헛다. 第一은 算學及數學의 先驗性에 對한 立證 第二는 直觀內容 即 感覺의 受納에 對한 先驗的 規定 第三은 直觀과 思考(Denke)의 媒介形式(時間만)으로서의 先驗性에 對한 立證 - 이 세 가지 原理의 先驗的 確立을 爲하야 時間空間의 直觀的 先驗性을 闡明하지 안흘수 업섯다. 時間空間의 三開原理에 對한 要用의 委細한 理論은 氏의 著 純粹理性批判(Kritik der reinen Vernunft)及프로레쏘메나(Prolegomena)에 參照하려니와 나는 다만 칸트의 直觀形式에 對한 世間의 誤解(重大한것만)에 對하야 족금만 말하겟다. 上述한 바와 갓치 氏는 時間과 空間으로서 오직 直觀形式인 意味의 範圍以內에서 問題삼엇슬 쑨이다 - 오직 智識學的으로만 研究한 点에 彼의 本意와 特色이잇다. 그런데 或이 이것을 心理學的으로 混同하야 誤解한 말이 「時間空間은 決코 生得的(Angeboren) (아、프리오리와 混同하야) 이 아니라 數三個感官 - 視覺, 觸覺, 筋覺

等 - 의 活動과 思考의 熟練으로붓터 漸次 發達된 感覺 或 概念이라 하야 칸트의 先驗談을 批難하는 니가 잇다. 그러나 時空의感覺 或 概念이 生得的이 아닌 것은 칸트도 그것을 否定할리는 업다. 다만 直觀의 形式으로서의 時間空間은 時空의 感覺本概念과는 意味와 性質이 不同한 것이다.

칸트의 本意로서는 時空의 感覺 或 概念은 直觀의 形式이 아니라 直觀의 內容認識의 形式의 一種으로서의 時間이 아니라 그 材料로서의 一種 - 이다. 直觀의 形式으로서의 時空은 絶對로 그 內容으로서의 時空이 아니다. 時間空間은 實로 感覺 或 概念으로서 直觀의 內容이기도 한 同時에 先驗的 制約으로서 直觀의 形式이기도 한 것이다. 前者를 心理的 時間空間이라 할지니 이것은 맛당히 心理學的 發生의 問題에 屬할 것이오 後者를 論理的 時間공간이라 할지니 이것은 맛당히 知識學的 先驗性이 問題에 屬할 것이다. 그런데 칸트가 直觀形式으로서 取扱한 時空은 後者의 問題에 屬할 것인즉 時空의 感覺 或 概念 그것이 經驗的 發生的의 것이기 짜문에 칸트의 直觀的 先驗說에 何等의 影響이 잇슬 것 아니다. 直觀形式으로서의 時空은 心理上 生得的의것인 点에 先驗性이 잇는 것이 아니라 非內容的 意味의 時空으로서 必然히 感覺受納의 制約이 되는 点에 그 先驗性이 잇다 - 時空은 感覺 或 概念으로서 一種의 心理上 事實이기도 하지만 純粹形式으로서 論理的 條件이 아니되는 것도 아니다. 그럼으로 直觀形式의 先驗性은 오직 論理的 先驗性을 有한 것이오 心理的 先天性을 有한 것은 아니다. 論理的 先驗性이 잇슴으로서 비로소 知識成立의 普遍必然的 法則이 되는 것이다. 그리고 或은 物理學的 或 形而上學的 意味와 異說로 看做하고 時間空間은 純粹形式 即 無內容의 것이 아니라 一種의 實在라고 主張하는 니도 잇고 或은 直觀의 形式 即 一種의 認識關係에서만 主觀的 性質을 가진 것으로 보지안코 人間理性 自體의 檻房으로 看做하야 世界 唯現象觀을 칸트의 本意 以外로 解釋한 니도 잇고(이것은 全然히 誤解라고까지 할 것은 업는 것이 칸트 自身이 그만한 誤解가 업도록까지 的確한 說明이 업섯스닛가) 或은 칸트의 直觀形式說은 科學的(?)硏究가 아니라 純思辨的 그것이기 때문에 科學的 硏究의 見地에서 보면 역시 一種의 迂論에 不過하다 하며 近日에 아인스타인一派의 時空相對性說이 科學的 硏究의 結果임으로 말메암아 칸트의 哲學的 時空의 絶對性에 對한 假定(?)은 無意味하게 된 것이라 한다. 그런데 第一說과 갓치 칸트의 時空論은 實로 直觀形式인 範圍 以內에서만 議論하얏다. 그리고 時空으로서 一種의 實在로 認定하지 안흔 것도 事實이다. 그러나 그것이 虛無孟浪할 것까지는 업다. 왜? 칸트가 時空에 對하야 取扱한 部分은 時空自體의 硏究로 볼 必要가 처음붓터 업다. 或說과 갓치 時空은 一種의 實在物이라 假定하더래도 (그리면 칸트가 그 實在性을 肯定하지 안흔 것은 틀닌 것이라고) 칸트의 直觀形式說을 依然히 孟浪한 것이 아니다. 그것은 칸트가 時間空間 自體가 왼통 形式의 것이라는 主張을 積極的으로 한 것 보담도 오직 知識成立에 對한關係問題로서 取扱한 點에 오히려 그 本意는 잇지 안혀든가. 時空自體의 性質을 專門的으로 硏究한 것이 아니라 時間空間이 直觀의 形式인 意味의 先驗性만 闡明하얏스면 그만이 아닌가. 時空自體의 硏究는 實로 物理學 或 形而上學의 問題일 것이다. 知識學上으로는 다만 知識成立의 關係로서의 그것을 問題삼을 쌘이니 - 時空自體의 性質은 如何한 것이든지 오즉 直觀의 純粹形式으로서의 時空의 確實性만 업지 안타하면 칸트의 主目的은 達한 것이다 그런데 第一說의 批難은 칸트의 時空論을 그 非本意의 見地에서 錯解하얏슬 쌘이오 知識學的 意味即現象(Erscheinung)과 不可認識界 即 理體(Nonmena oder Ding an sich)를 峻別하얏다. 그러나 그것은 決코 世界自體가 時空의 樊籠 속에 잠긴 것이란 意味도 아니오 自我 全體가 時空의 枷鎖 속에 갓힌 것이란 意味도 아니다(이것 만은 칸트自身도 多少 曖昧하얏스나) 다만 自我가 世界를 直觀하는 데는 반드시 時間과空間을 通해서만 可能이다 時間空間은 꼭 自我自體나 或 世界自體의 形式 或 限界란 意味가 아니라 오즉 自我와 世界의 間에 直觀의 關係가 生할 때만 時空은 그 必須條件으로서 그에 相隨하는 것이다. 그럼으로 或 다른 見地에서 自我及世界自體의 局時空性을 主張한다면 모르겟스나 直觀形式인 意味의 時空論으로붓터 그것을 主張하는 것은 칸트에 對한 큰 誤解까지는 아닐수도 잇지만 그 本意의 所在處는 自我及世界의 唯現象性을 主張한 點 보담도 다만 認識成立의 條件으로서그 先驗性을 闡明할 點에 잇섯다고 생각할 것이다. 그리고 第三說과 갓치 칸트의 直觀形式說은 或 所謂科學的 硏究의 結果가 아닐지도 모른다. 그러나 그러키 때문에 知識學的으로까지 無意味한 것은 아니오 또 時空相對說이 科學的硏究의 結果이기 때문에 知識學上으로 假定한 絶對性說이 全然히 虛妄하게 되는 것도 아니다. 或 所謂 科學的 硏究란 것은 아마 物理學的 硏究를 指稱한 것일지라 그러나 物理學上으로 要用되는 時空問題가 그대로 다 智識學上으로 適用될지는지가 果然 疑問이다 아니 그 中에 適用될 性質의 것이 絶對로 업서야 할리도 업다 만은 그럿타고 物理學上으로 要用되는 時空問題만이 時空問題의 全體로 생각하는 것은 偏見이다. 나는 아인스타인氏의 相對說에 對하야 詳細한 理解는 업다 그러나 氏의 主張이 眞理인 것은 만흔 實驗의 結果가 그것을 立證한 바에야 다시 疑心할 餘地가 업슬줄 생각하는 바-오. 또 그것이 智識學上으로 關係가 업지 안흘줄도 짐작한다. 그러나 氏의 取扱한 範圍는 依然히 物理現象을 闡明하는 데 잇다 - 物理學的 公理로서 議論하는 点에 氏의 本意와 特色이 잇다. 空間的 認識에 時間이 必隨하고

時間的 認識에 空間이 相關되는 것과 事實上 絶對의 時間과 空間의 存在를 否定하는 것이 氏의 時空觀의 歸結인데 假使 칸트가 再生하야 이 말을들엇다 할지라도 그 時空說의 見地에서 이 말을 否定할리는 업스리라한다. 왜 그러냐면 칸트의 見地에서 볼지라도 個々의 現狀에 相隨하는 時空은 個個의 現狀에 屬한 類性을 抽象한 概念이 아니라 絶對의 時空形式(個々의 現狀 屬한 物의 性質이 아닌 意味로) 이 오려히 個々現想의 直觀을 可能케한다는 것이다 - 時空은 物의 現狀에 屬한 性質이 아니라 物의 現狀을 直觀하는 絶對形式이란 意味로의 絶對다. 事實上 時間空間이 相對的이라 할지라도 物의 現狀을 直觀하는 形式的 意味로의 絶對性은 오히려더 確實할 수 잇다. 事實上 時間空間이 모든 物理現狀에 必然的 相隨의 關係를 有할진데 時空自體의 性質은 相對的의 것이라 할지라도 物을 直觀하는 形式으로서 絶對的 條件이란 意味의 絶對性은 더로혀 確證이 될 섇이다. 그리고 본 즉 時間空間은 事實上 그것으로서 物理現狀에 相隨하는 物理的 時間空間(相對的)이기도 한 同時에 칸트氏의 論理的 時空說도 眞理다. 다만 混淆와 越境의 過誤로붓터 錯亂과 論爭이 交起할 섇이다. 그런데 時間空間의 問題는 實로 從來의 모든 사람들이 생각하는 그 程道 以上의 重大한 問題인 줄 나는 생각한다. 그러기에 時間空間의 全體問題는 到底히 簡單히 處理할 그것이 아니다. 上述한 數言은 다만 칸트 自身의 時空에 對한 그 問題의 範圍를 족금만 말한 것이다. 모든 誤解(例擧한 以外 것까지)는 모지다 그 本意와 範圍를 違越하야 解釋하는데서 생긴 것이다. 時間空間은 여러 가지 見地에서 觀察할 수 잇는 問題다 - 算數學上으로 算數學的 時空을 要할지며 心理學上으론 心理的 時空이 잇슬지며 物理學 或形而上學上으로 物理的 或 形而上學的 時空이 成立될지며 智識學上으론 論理的 時空을 要할지니 (詳細한 理論은 後日에) 칸트의 取扱한 部

分은 오직 最後의 그것이다. 그리고 重要한 問題 直觀形式에 對한 形式(Form)의 意義에 對하야 次段에 略述.

二. 形式의 意義-先驗性及主觀性의

本稿는 日前 講演의 草案을 删訂한 것인데 述者 寒祟로 因하야 筆役의 勞를難堪하겟기로 卑語로서 字數의 簡畧을取함이오 더구나 下段은 整理할 氣力이업서 次號에 續하겟습니다. 乞恕 病凡

위 범부의 논고 가운데 「老子의 思想과 그 潮流의 槪觀」에서 '東洋學', '東洋哲學', '東洋思想', '東方의 大哲人'이란 개념이 나온다. 老子를 '東方의 大哲人'으로 보고, 西方에 상대가 되는 개념으로서 동방이란 개념을 사용을 하고 있다. 그러나 기본이 '東洋+學/哲學/思想'이지 '東方+學/哲學/思想'은 아니며 아직 이런 개념은 보이지 않는다.

④ 1928년(32세), 「持敬工夫와 印度哲學」의 '東洋哲學' 개념

범부는 1927년(31세), 양산청년회가 개최한 『朝鮮史講座』에서 4일간(8.26~8.29, 경상남도 양산 社稷堂) 청강생들과 합숙하며 「조선사」에 대한 연속 강의(▶(3))를 하였다.[65]

또한 1928년(32세)에 그는 「持敬工夫와 印度哲學」[66]를 쓴다. 거기에 「近來에東洋哲學의一部인 印度哲學을吟味코저」운운하여 '東洋哲學'이란 개념이 보인다. 역시 동방이나 동방사상 · 철학이 아니다.

---

65) 『동아일보』(1927.9.07)에 강의 관련 기사가 보인다(정다운, 위의 책, 95쪽 참조).
66) 金凡父, 「持敬工夫와 印度哲學」, 『佛教』, 50 · 51권, (서울: 佛教社, 1928.1).

그리고 범부는 1934년(38세)에 승려 崔凡述의 주선으로 泗川 多率寺에 寓居하고, 일본 天台宗 比叡山門 이하 大僧職者들과 大學敎授團 40여명에게 일주일 간 「淸談派의 玄理思想」강의(▶(4))를 한다.[67]

1945년(49세)에는 부산에서 郭尙勳, 金法麟, 朴熙昌, 吳宗植, 李時穆, 李基周 등과 함께 「一五俱樂部」를 조직하여 「建國方策」에 대한 연속 강좌(▶(5))를 연다. 「一五俱樂部」는 해방 직후 부산에서 만들어진 정치적 성격의 단체로 보인다. 제1대 국회의원선거에 「一五俱樂部」의 후보인 姜達秀(1904년-?)가 참가하여 당선된 사실을 볼 때 정당적 성격을 갖고 있었던 것으로 보인다.[68]

1948년(52세) 서울에서 「經世學會」[69]를 조직하여 「建國理念」에 대한 연구 및 강의(▶(6))를 하였다. 經世學會의 '經世'란 經世致用 · 經世濟民 · 皇極經世 등의 개념에도 사용되는데, 원래는 '나라를 경영하고 세상을 구제한다'는 '經國濟世'에서 나온 말이다.

---

67) 이에 대해서는 고 이종후교수가 「1941년경 일본의 선종계 스님들과 불교대학교수들이 내방하여 이들을 상대로 〈중국위진시대의 玄談派와 格義佛敎〉라는 제목의 학술 강연을 행하였다.」고 한 기록이 있다(李鍾厚, 「범부선생과의 만남」, 『茶心』창간호(1993 봄), (서울: 茶心文化硏究會, 1993))(정다운, 위의 책, 95-96쪽). 그러나 그 내용에 대해서는 알 수가 없다.

68) 우기정, 「韓國에서의 國民倫理論 成立에 대한 硏究 - 凡父 金鼎卨의 〈國民倫理論〉을 중심으로 - 」, 영남대학교대학원 한국학과 박사학위논문, (嶺南大學校 大學院, 2010.6), 23쪽 참조. 참고로 우기정의 이 논문은 책으로 간행되었다(우기정, 『범부 김정설의 국민윤리론』(서울: 예문서원, 2010)).

69) 이 학회의 목적, 성격 등에 대해서는 아직 잘 밝혀지지 않고 있다.

⑤ '1945년(49세)-1948년(52세) 사이'의 「國民倫理特講」: 화랑, 풍류, 효 개념 제시 및 東洋·東方의 혼용

범부는 '1945년(49세)-1948년(52세) 사이'에 「國民倫理特講」을 행하며, 거기서 「國民倫理」란 말을 한국에서 최초로 제시하고 있다.[70] 그만큼 범부의 「國民倫理特講」은 한국의 학술사와 정치사에서 중요한 의미를 갖는다.[71]

범부의 「國民倫理特講」은 이종후에 따르면, 「凡夫先生 生前인 1950년대 초반에 某團體 회원들에게 행한 연속강의(▶⑦)의 速記錄을 정리한 것으로 花郞外史의 사상적 배경을 이해하는데 도움을 줄 것」[72] 이라고 말하고 있다. 이 원고는 강의 후 미간행인 채로 있다가 1977년 대구 소재 「現代宗教問題研究所」가 간행하는 『現代와 宗教』[73]의 창간호에 실렸다. 그 이후, 1978년 國民倫理教育研究會의 『國民倫理研究』[74]에 실렸고, 또 다시 1981년 대구 이문출판사 간행 『花郞外史』(삼

70) 황경식에 따르면, 우리나라에서 「국민윤리」라는 개념이 공식적으로 쓰여지기 시작한 것은 1960년대 중반이며, 「국민윤리」라는 단어가 쓰이기 시작한 것은 1950년대 초반 凡父 선생의 「國民倫理特講」이라는 강연 제목에서 발견된다고 한 바 있다(황경식, 「서양윤리학의 수용과 그 영향」, 『철학연구 50년』, 이화여대 한국문화연구원 편, (서울: 혜안, 2003), 497쪽 참조).

71) 참고로 凡父의 '國民倫理論'은 이후 〈國民教育憲章〉에 영향을 미치게 되었고, 그의 '國民運動'은 '再建國民運動' 및 '새마을운동'에 사상적 영향을 미치게 된다는 연구도 있다(우기정, 위의 논문, 41-47쪽 참조).

72) 李鍾厚, 「서문」, 『花郞外史』(삼판), (大邱: 以文出版社. 1981), 7쪽.

73) 金凡父, 「國民倫理特講」, 『現代와 宗教』창간호, (大邱: 現代宗教問題研究所, 1977), 56-99쪽.

74) 金凡父, 「國民倫理特講」, 『韓國國民倫理研究』7권, (서울: 國民倫理教育研究會, 1978), 195-249쪽.

판) 「附錄」의 형태로 실리는 좀 복잡한 과정을 겪게 된다.[75] (표4 참조)

[표 3] 「國民倫理特講」 간행 순서

1	1945-1948 사이(1950년대 초반?)	모 단체 회원들에게 행한 연속강의의 속기록
2	1977년	「現代宗教問題研究所」간행『現代와 宗教』창간호에 게재
3	1978년	國民倫理教育研究會 간행『國民倫理研究』7권에 게재
4	1981년	대구 以文出版社 간행『花郎外史』(삼판) 부록으로 게재

이종후의 기록을 신뢰한다면, 범부는 1950년(54세) 부산 東萊郡에서 제 2대 民議員(국회의원)으로 출마하여 당선된 후 4년간(1950-54) 민의원직을 수행하는데[76], 이 시기에 범부의 「國民倫理特講」이 행해진 것이 된다.

그런데, 「國民倫理特講」이 행해진 시기에는 약간의 혼선이 있다. 이종후는 '1950년대 초반에 열린 일련의 강의'라고 하지만, 진교훈은 '범부가 부산 피난시절(1948)에 처음 '國民倫理'라는 말을 사용했다'고 하여 「國民倫理特講」이 1948년에 행해졌음을 시사한다.[77] 진교훈의 기록을 신뢰한다면, 범부가 1945년(49세) 곽상훈 등과 부산에서 조직한 「일오구락부」에서 행한 '建國方策' 연속강좌, 그리고 1948년 서울에서 그가 조직한 「경세학회」에서 '建國理念'을 연구하면서 열

75) 金凡父, 「國民倫理特講」, 『花郎外史』(삼판), (대구: 이문출판사, 1981).

76) 김정근, 위의 책, 39쪽.

77) 秦教勳, 「凡父 金鼎卨의 생애와 사상」, 『凡父 金鼎卨 研究』, 凡父研究會 編, (경산: 대구프린팅, 2009), 34쪽.

었던 일련의 강좌[78]를 안목에 두고 시기를 재고해볼 필요가 있다. 다시 말해서 국민윤리특강은 그가 제2대 민의원으로 있던 4년간(1950-54)이 아닌, 일오구락부의 '建國方策' 연속강좌(부산) · 「경세학회」의 '建國理念'(서울) 관련 일련의 강좌가 행해진 '1945-48 사이'였을 가능성이 높다. 왜냐하면 「일오구락부」에서 「경세학회」로 이어지는 범부의 주된 문제의식은, '建國方策' '建國理念'이란 말에서 알 수 있듯이, 해방 이후 '新生國'으로서의 한국이 새로운 국가건설(=建國)을 하는데 필요한 '이념 · 이론 만들기'였기 때문이다.[79] 그렇다면 이종후는 1981년도에 서문을 쓰면서 30년 전의 기억에 대한 착오로 '50년대 초반'이라 했을 가능성이 높다. 더욱이 이종후가 범부의 「國民倫理特講」이 「『花郎外史』의 '사상적 배경'을 이해하는데 도움을 줄 것」이라고 말한 것을 보면, 논리적, 이론적으로도 『花郎外史』의 '사상적 배경'이 되는 것, 따라서 『花郎外史』(1948년 구술, 기록) 이전에 만들어진 것으로 보는 것이 타당하다고 생각한다. 일단 이 글에서는 「國民倫理特講」을 잠정적으로 '1945-48 사이'로 해두기 한다.

凡父의 「國民倫理論」이 담긴 「國民倫理特講」은 다음처럼 총 5개의 장으로 나눠져 있다: Ⅰ. 解題, Ⅱ. 國民倫理의 現狀, Ⅲ. 國民倫理의 歷史性, Ⅳ. 國民倫理의 普遍性과 特殊性, Ⅴ. 韓國的 國民倫理의 傳統(其一, 其二). 이것은 크게 보면 '해제(Ⅰ)-문제제기(Ⅱ)-답변(Ⅲ, Ⅳ, Ⅴ)'의 구조를 취하고 있다.[80] 범부는 政治哲學特講(1958년경, 建國大

78) 김정근, 위의 책, 39쪽 참조.

79) 이 부분은 범부가 재야이긴 하지만 '이데올로그'의 성격을 보여주는 점이기도 하다.

80) 우기정, 위의 논문,

學)[81]에서 「文化가 있는 곳에는 반드시 유치하나마 倫理라는 것이 있다. 그러므로 國民倫理는 어떤 사람이 만들어 준 것이 아니라 發生的 性質을 가진다. 이것이 自覺의 體系로 들어갈 때 國民倫理라는 것이 생긴다」[82]고 한 바 있다. 그의 國民倫理論은 이처럼 자연발생한 「韓國的 國民倫理」를 천명하는 것이었다. 아울러 그는 신생국을 위한 건국이념과 건국정신의 기반으로 '孝'를 천명하고 주목하고자 한다. 이 '효'는 인간의 자연스러운 '至情'에서 흘러나오는 것으로 국가가 곤란 · 곤경에 처했을 때에는 바로 '忠'으로 바뀌기 때문이다. 범부는 신라의 청소년 화랑들의 행위가 그랬고, 민간인으로서 일본과 외교를 한 조선시대의 어부 安龍福(?-?)의 행위가 그랬다고 보았다.[83] 그는 한국적 국민윤리의 전통으로 花郞 · 花郞精神을 강조하고, 「우리의 고유한 風流精神, 그 調和의 精神을 反省해야 할 것」[84]이라고 하여 화랑정신의 근간인 '풍류정신'='대조화의 정신'을 추출하여 국민대화합의 원리를 삼고자 한 것이다. 결국 이것은 『花郞外史』에서 논의되던 '風流精神 · 調和의 精神'의 기반 위에 논의하는 것이다. 즉 범부의 국민윤리론은 한국 국민의 공동의 기억(新羅 · 花郞 · 風流精神)을 표준으로 해서, 이 한국적 윤리전통을 바탕으로, 국가가 추구하는 공동적 가치 · 목표를 향한 대화합 · 단합을 성취하려는 취지를 갖는다.

그런데, 이 「國民倫理特講」에서는 '동양'이란 말이 2번('일본'과 같

---

81) 이에 대해서는 추후 별도의 논문에서 논의하기로 하고 여기서는 상론을 피한다.

82) 金凡父, 『凡父遺稿: 政治哲學特講』, (大邱: 以文出版社, 1986), 204쪽.(인용자가 문장을 논리에 맞춰 줄였음.)

83) 金凡父, 「邦人의 國家觀과 花郞精神」, 『最高會議報』2, (국가재건최고회의, 1961) 참조.

84) 金凡父, 「國民倫理特講」, 『花郞外史』(삼판), 233쪽.

이 아시아의 구체적 나라 지칭할 때), '동방'이란 말이 3번(서양과 지역적으로 대비할 때) 보이는데 동양의 명확한 구별은 보이지 않고 혼재한 형태라 할 수 있다.[85)]

⑥ 1948년(52세) 『花郞外史』口述 : 軍人 · 尙武精神+風流道 · 風流精神의 '闡明', 新羅 · 風流이해의 심화

1948년(52세) 『花郞外史』口述(▶⑧)하여 「軍人 · 尙武精神+風流道 · 風流精神」을 '闡明'하는데 주력하고, 제자였던 시인 趙璉鈺이 받아 적어 원고를 만든다.

그런데 원고는 바로 출판되지 못하고 보관되다가 6년 뒤(1954년, 58세) 당시 海軍政訓監으로 있던 해군대령 金鍵(1900-1997)[86)]의 주

85) 그 예는 다음과 같다.

① "英國帝國主義만 退場이 아니요, 獨逸帝國主義도 退場하고 東洋의 日本帝國主義도 退場하고 다 退場했습니다. 假令 英國사람의 實踐倫理는 紳士道로서 表示될 것입니다. 美國사람의 그것은 美國的 人道主義로서 表示될 것입니다. 또 東洋사람의 그것은 君子道든지 或은 佛菩薩道라든지 그러한 形態로서 表示되고 말것입니다."

② "帝國主義의 意慾, 資本主義의 意慾이 膨脹해가지고 이 世界를 開拓했습니다. 그러므로 우리 東方사람들이 現在에 있어서 發言權이 없습니다. 그것은 世界史의 開拓을 歐美사람들이 하였기 때문입니다. 왜냐하면 우리 東方에서는 帝國主義가 일어나지 않았기 때문입니다."

③ "獨逸사람들은「쿨투르멘슈」가 되는 것이 人間의 倫理的 使命이라고 생각합니다. 그 다음 東方으로 건너와서는 第一 偉大한 國民倫理의 體系를 가진 것이 漢族입니다. 漢族의 國民倫理라는 것이 國民倫理로서 世界의 둘째 갈 리가 萬無하게 偉大합니다."

86) 金鍵(1900-1997)은 숭대(1919졸)를 거쳐 일본 關西學院 文學部(1925)와 평양신학교를 졸업하였다. 숭실전문, 서울 경신, 정신여학교 교사로 재직하였으나 일제의 강압을 피해 만주로 이주했다가 광복 후 귀국하였다. 대한민국 해군 장교로 임

선으로 「海軍本部政訓監室」에서 간행된다(초판. 金鍵의 「서문」이 있음). 한국전쟁 직후였던 당시 이 책은 국군장병의 사상 무장을 위한 교재였다. 이후 출판사를 달리하며 재판(서울: 凡父先生 遺稿刊行會, 1967), 삼판(大邱: 以文出版社, 1981)을 거듭한다.[87]

범부는 서문에서 '화랑정신 · 화랑생활의 活光景을 描出'하기 위해 '소설의 양식을 선택'하였고, 또한 어느 정도의 '潤色과 演義가 필요'하며 이를 통해서 外史가 오히려 '正史 이상으로 活光景을 寫傳'할 수 있을 것으로 본다.[88] '潤色과 演義'는 범부의 동방학 방법론을 구성하는 중요한 요소의 하나로서, 「國民倫理特講」에서 말하는 '案出'과 '闡明'이라는 방법론과 아울러 주목할 만하다.[89]

관, 정훈감으로 활동하였으며 대령으로 예편하였다. 55년부터 건국대학교 교수로서 축산대학장 · 문리대학장 등을 역임하였고 퇴임 후 명예교수로 추대되었다. 그는 숭실학교 4학년 재학 시절 평양의 3 · 1운동의 주동적인 역할을 감당하여 각 학교에 독립선언서를 배포할 계획을 세웠으며. 동료들과 함께 손수 만든 대형 태극기를 3월 1일 정문 앞 국기 게양대에 게양하는 등 민족독립운동에 앞장섰다. 충무무공훈장을 2회 수훈한 것을 비롯하여 많은 수상 경력이 있다(『숭실100년사』「제9편: 신사동 시기 Ⅱ」(1980-1997)(www.soongsil.net/files/100년사/제9편.hwp)(검색일자: 2011.7.16)).

이 金鍵의 이력으로 미루어 보건대, 범부가 1954년에 쓴 「歷史와 暴力」이라는 글에 '日本關西大學哲學部中退'[金凡父, 「歷史와 暴力」, 위의 책](각주(4) 참조)라고 있는데, 口述된 『花郞外史』가 공교롭게도 1954년(58세) 당시 海軍政訓監으로 있던 해군대령 金鍵의 주선으로 간행되는 것을 보면, '關西大學哲學部中退'라는 표현의 등장(실제이든 임의이든)은 金鍵과 어떤 관련이 있음을 시사한다.

87) 즉, 〈金凡父, 『花郞外史』(初版), (부산: 海軍本部政訓監室, 1954)〉 → 〈金凡父, 『花郞外史』(再版), (서울: 凡父先生 遺稿刊行會, 1967)〉 → 〈金凡父, 『花郞外史』(三版), (大邱: 以文出版社, 1981)〉.(이에 대한 상세한 사항은 정다운, 위의 책, 105-111쪽 참조.)

88) 金凡父, 「序文」, 『花郞外史』(初版), (부산: 海軍本部政訓監室, 1954).

89) 범부는 이렇게 말한다: 「何如間 우리가 가진 禮俗이라는 것이 第一優越하다고 敢히 생각하지 않습니다마는 이러한 血族倫理에 있어서는 確實히 우리 韓國人은 누

'闡明'이란 '드러내어 밝힘'이란 뜻인데, 범부는 이것을 '案出'과 구분하여 사용하고 있다. 즉, '案出'이란 '생각(고안)해 냄'이며, 천명은 단순히 '머리속에서 고안-생각-구상-상상하는 것'만이 아니라 그러한 내용을 '구체적, 실천적으로 드러내어 밝히는(제시하는) 것'을 말한다. 범부가 천명하고자 한 것은 〈① 民族의 固有한 本來에 있는 傳統, ② 外來文化 外來思想이 여기에 들어와서 뿌리를 내려와서 傳統으로 化한 것〉 가운데서 전자(①) 즉 '외래사상'(=外: 남의 것)이 아니라 바로 '민족의 고유한 傳統'(=內: 우리 것)이다.[90] 화랑의 정신 · 생활의 活光景을 描出 · 寫傳하는 방법인 '潤色 · 演義'는 '案出 · 闡明'과 더불어 '민족의 고유한 傳統'='우리 것'을 밝히는 작업의 일환이었다.[91] 이러한 여러 관점의 제시는 이후 확립되는 범부 '동방학' 방법론

구에게도 遜色이 있을리 없는 優越한 倫理를 가졌다고 自負해서 좋으리라고 생각합니다. 그러니 우리가 國民倫理를 천명하는 데는 어떠한 사람이 個人으로 생각하거나 그렇지 않으면 어떠한 思潮가운데에서 求할바가 아니라 우리가 지금까지 살아오는 傳統가운데에서 果然 繼承해야 될 倫理가 있느냐 없느냐 그것을 우리가 闡明해야 합니다. 그래서 勿論 우리가 繼承할 必要가 없는 傳統이 있을 것입니다. 하지만 要는 우리가 이제부터 繼承해야 할 것이 무엇이냐 그것을 우리가 闡明해야 할 것입니다. 그러므로 國民倫理는 案出하는 것이 아니라 歷史的 事實 가운데에서 우리 生活의 事實 가운데에서 이 生活의 性格 가운데에 闡明해야 하는 것입니다.」(金凡父, 「國民倫理特講」, 『花郎外史』(삼판), (대구: 이문출판사, 1981), 209쪽)(강조는 인용자)

90) 범부는 이렇게 말한다: 「우리의 國民倫理의 闡明에 있어서 첫째 重要한 問題는 우리의 傳統을 闡明하여야 하는데 이 傳統 가운데 두가지 種類가 있습니다. 첫째는 民族의 固有한 本來에 있는 傳統이고 둘째로는 外來文化 外來思想이 여기에 들어와서 뿌리를 내려와서 傳統으로 化한 것의 두가지 種類가 있습니다. 그러면 이 闡明의 順序에 있어서 무엇을 먼저 闡明해야 하느냐 하면 固有한 傳統부터 闡明할 것입니다.」(金凡父, 「國民倫理特講」, 『花郎外史』(삼판), 214쪽.)

91) 이러한 논의는 최재목, 「범부 김정설의 〈최제우론(崔濟愚論)〉에 보이는 동학 이해의 특징」을 참조.

의 기초를 만든다.

『花郞外史』 초판의 서문을 쓴 金鍵은 「(우리나라의) 悠久한 歷史는 빛나는 傳統을 얽어 놓았으니 尙武의 精神 (중략) 그 중에도 新羅의 花郞道는 가장 으뜸일 것이다. 이제 金凡父先生의 造詣 깊은 붓끝을 빌어 花郞外史라는 册子를 發刊하여 여러 將兵 앞에 내어 놓게 된 것은 建國精神涵養에 基礎를 닦고 있는 이즈음에 意義 깊은 일」이라고 밝혔다.[92] 이종후는 범부가 『花郞外史』를 간행하고자 한 것은 「日帝植民統治에서 解放되어 獨立된 새 나라를 건설하려는 이 나라 新生國民에게 그 精神的 내지 思想的 教養을 爲해 하나의 適合한 國民讀本을 선사해 주려고, 오랜 세월동안 探究하고 構想하여 온 新羅의 花郞과 花郞精神에 관한 說話」 즉 「一般國民의 教養을 爲한 國民讀本」인 「說話文學 내지 傳記文學 作品」으로 보고 있다.[93] 아울러 金庠基(1901-1977, 호는 東濱)는 재판의 서문에서 「先生은 저 昏迷의 구렁에서 헤매이며 갈피를 잡지 못하는 國民大衆에게 歷史的 教訓을 通하여 醇化된 道義精神과 國民意識을 涵養시키려 (중략) 우리 血管 속에서 脉脉히 흐르고 있는 花郞精神을 불러 일으키려던 것이다」[94]라고 하였다. 이야기의 골자는 '建國精神涵養'의 기초로서 尙武傳統인 花郞道를 군인의 '상무정신 고취'와 '일반국민을 위한 교양독본'으로 삼기 위해 설화 문학형식으로 천명했다는 평가다. 그런데, 범부는 화랑도를 군인의 尙武的(=군사적) 면만을 부가기키지 않았다. 그는 花郞(道)의 요소를, ①종교적 요소, ②예술적 요소, ③군사적 요소의 세 가지로 나누고

92) 金鍵, 「序」, 『花郞外史』(初版), (부산: 海軍本部政訓監室, 1954).
93) 李鍾厚, 「序」, 『花郞外史』(三版), (大邱: 以文出版社, 1981).
94) 金庠基, 「序」, 『花郞外史』(再版), (서울: 삼화인쇄주식회사, 1967).

있는데[95] 그 이유는 일제강점기나 1950년대 당시까지 그것(花郎 · 화랑도)이 단지 군인의 尙武精神의 측면에서만 논의, 왜곡되는 것에 대한 비판적 성격을 갖는 발언이기 때문이다.[96]

이미 범부 이전에 많은 화랑 관련 논저들이 한국과 일본의 학자들에 의해 탄생한다.[97] 즉, 한국 근현대사의 화랑(도) 논의의 흐름은 〈일

---

95) 金凡父는 이렇게 말한다 : 「이 花郎을 眞正하게 認識을 할려면 花郎精神 가운데 세 가지 要素를 먼저 規定을 하고 그 規定 밑에서 이 花郎精神을 살펴야 花郎의 全貌를 觀察할 수 있습니다. 그 세 가지는 무엇이냐 하면 첫째는 宗教的 要素입니다. 둘째는 藝術的 要素입니다. 셋째는 軍事的 要素입니다. 그런데 一般的으로 花郎에 對한 常識은 대개 어떠한 觀念으로 規定되어 있느냐 할 것 같으면 軍事面으로 主로 置重되어 있을 것입니다. 一般의 常識化해 있는 花郎에 對한 觀念이 宗教面과 藝術面이라는 것이 缺如해 있을 것으로 생각합니다」(金凡父, 「國民倫理特講」, 『花郎外史』(삼판), 218쪽).

96) 범부는 일본이 花郎精神을 왜곡한 데 대해 이렇게 비판적으로 지적한다 : 「(전략) 그後 日本人속에 鮎貝(=鮎具房之進)라는 者의 朝鮮歷史에 관한 著述가운데 花郎考란 것이 있는데 그 花郎考는 큰 可考는 없습니다. (중략) 도대체 朝鮮사람이라는 것은 歷代로 보아서 新羅의 花郎과 같은 精神이 다른 데에는 잘 없는데 日本武士道와 類似하다. 그러나 아마 日本武士道가 新羅에 들어와서 된 것이 아니냐 이러한 말을 했는데, (중략) 그 다음에 姓名은 잘 기억되지 않지만 花郎硏究라는 책이 있어서 花郎을 상당히 硏究한 사람이 있는데 그 사람은 또 틀린 것이 무엇이냐 하면 馬來(말레이의 음역: 인용자 주)의 原始時代의 男丁訓練하는 것이 있어 가지고 그 것이 日本을 통과해서 朝鮮에 들어온 것이 아니냐, 이런 말을 했습니다.」(金凡父, 「國民倫理特講」, 『花郎外史』(삼판), 216-217쪽).

97) 이에 대한 자료 및 내용에 대해서는, 崔在穆, 「韓國における「武の精神」·「武士道」の誕生」, 『陽明學』제22호, (한국양명학회, 2009.4) 참조. 아울러 해방 이후 '화랑' 관련 주요 서적의 내용을 정리하면 아래와 같다.(아래 도표는 정다운, 「범부 김정설의 『화랑외사』에서 본 「화랑관」」, 『동북아 문화연구』제23집, (2010,6), [도표 2]를 수정 · 보완하여 재인용.)

[도표 2] 해방 후 '화랑' 관련 도서

출판일	책명	저자/출판사	비고
1946	花郎傳記	金性奉 /晋州師範學校	광복 후 최초의 화랑관련 서적. 화랑에 관한 전반적인 내용을 사료고증을 통해 간략히 소개함. 부록으로 丹齋 申采浩의 遺稿를 실음.

제강점기 일본측 · 친일측의 內鮮一體 · 청소년태평양전쟁동원논리, 민족주의자들의 항일투쟁논리 확립: 花郎道=武士道 · 尙武精神 강조 → 解放 後 建國에 필요한 武勇 · 意識武裝 · 국가정체성 확립→ 6.25 전쟁 · 남북분단 · 북한과의 대결구도로, 남한정부의 武勇 · 意識武裝 · 국가정체성 확립〉이라는 식으로 요약된다. 범부도 『화랑외사』(初版)의 '序'에서 밝히듯이 '軍人精神'과 '風流道 · 風流精神'을 결합하는 형태로 '闡明'하고 있으며[98] 종래의 화랑 해석의 큰 흐름에서 벗어나

1949	花郎道	鷄林社 編輯部 /서울:鷄林社	국방부장관 申性模 추천, 그 외 國務總理:李範奭, 國防部次官:崔用德, 參謀總長:蔡秉德의 題字가 책 앞에 수록. 「硏究篇」과 「武勇篇」으로 나뉨.「武勇篇」은『三國史記』중 화랑의 이야기를 주로 번역하여 原文과 함께 실음.
1949	花郎道硏究	李瑄根 /서울: 東國文化社	『大同新聞』(大同靑年團(1947년 창설) 기관지)에 연재한 것을 보완한 것임. 초판(1949), 재판(1950), 삼판(1954) 연속 발행. 당시 육해공군사령관 육군소장 丁一權의 재판 서문이 있음. 저자는 '이 나라 靑年運動의 總集結體인 大韓靑年團이 結成되고 뒷이어 檀紀 4282年 4月 22日에 李承晩大統領閣下를 總裁로 받드러 中央學徒護國團이 發足한 다음 이 겨레의 靑年과 學徒를 위하여 (중략) 執筆한 바이다.'라며 집필의도를 밝힘. 1953년『花郎道硏究』로 서울대학교에서 박사학위 받음.
1971	화랑도	李瑄根 /대구: 螢雪出版社	영남대학 교양문고 · 1로 발간 『花郎道硏究』(1949)를

98) 즉,「花郎은 우리 民族生活의 歷史上에 가장 重要한 地位를 차지하게 된 一大事件이다. (중략) 그러고 보니 軍人의 精神訓練은 더 말할나위 없고 靑年一般의 敎養, 나아가서는 國民一般의 敎養을 위해서 花郎精神의 認識, 體得은 실로 짝없는 眞訣이며 時急한 對策이라 할 것이다. (중략) 그리고 讀者에게 또 한 말씀 드릴 것은 花郎을 正解하려면 먼저 花郎이 崇奉한 風流道의 精神을 理解해야하고 風流道의 정신을 理解하려면 모름지기 風流的人物의 風度와 生活을 翫味 하는 것이 그 要

고 있지 않다. 다만 특색이라고 한다면 화랑(도)는, 마치 스위스 아미 나이프(Swiss Army Knife)(일명 맥가이버 칼)처럼 하나에 여럿이 결합(종교적 요소+예술적 요소+군사적 요소)되어 개념혼성(conceptual blending) 혹은 인지적 유동성(cognitive fluidity)을 보이고 있다는 점이다. 그런데 바로 이 부분, 다시 말해서 범부가 화랑의 일화를 설화체의 外史로 '潤色 · 演義'하고 '군인정신 · 상무정신'과 '풍류 · 심미적 · 예술정신'을 무매개적으로 결합시킨 것에 대해서는 여러 차원에서 비판의 소지를 제공한다.

즉, 최현식, 『서정주 시의 근대와 반근대』 등에서 보이듯이[99] 범부가 한국의 국민적 '기억'을 고대 특히 '신라'의 '화랑'으로 소급시켜, 그것을 적극 활용하여, 민족 · 국가적 차원의 '운동'(예컨대, 국가재건, 국민정신강화, 새마을 운동 등)의 이데올로기로 '案出 · 闡明'(선택, 주창, 논증, 설명)하려 한 '만들어진=창조된 각본'이라는 비판이다. 더욱이 화랑은 강력한 육체적 힘과 탁월한 예능인으로서, 다시 말해서 칼과 꽃을 겸비한 '신체적으로 강하면서도 내면적으로 심성이 아름다운' 이상적인 '國民(的 身體)像'을 상상하기에 충분하다. 그래서 1960년대 이후 박정희 군사정권의 '조국 근대화' 논리를 뒷받침하는 강력

諦일지라(하략)」(金凡父, 「序」, 『화랑외사』(初版)).

99) 이에 대해서는 최현식, 『서정주 시의 근대와 반근대』, (서울: 소명출판, 2003), 190쪽. 아울러 金凡父의 『화랑외사』, 『풍류정신』에 담신 영웅주의, 신비주의, 군사주의, 정신주의의 혼합체로서 만들어진 강력한 국가주의적 성격에 대한 비판은 김철, 「김동리의 파시즘」, 『국문학을 넘어서』, (서울: 국학자료원, 2000), 49-52쪽; 신복룡, 『화랑의 정치사적 의미』, 『한국정치사』, (서울: 박영사, 1991), 61-64쪽; 김석근, 「'신라정신' 천명과 그 정치적 함의」, 『범부김정설 연구논문자료집』, (서울: 도서출판 선인, 2010), 161-164쪽 참조. 황종현 엮음, 『신라의 발견』, (서울: 동국대출판부, 2008)을 참고바람.

한 이데올로기로 작동하게 됨은 「나의조국」(박정희작사 작곡, 1976년 10월)의 '삼국통일 이룩한 화랑의 옛 정신을 오늘에 이어받아 새마을 정신으로 영광된 새 조국의 새 역사 창조하여'[100] 라는 대목이 오버랩 되곤 한다. 실제로 범부가 지은 『花郞外史』의 「花郞歌」((1948년, 52세 구술)에는 「(전략)화랑이 피어 나라가 피어/화랑의 나라 영원한 꽃을//말은 가자고 굽을 쳐 울고/칼은 번뜩여 번개를 치네//(중략)장부의 숨결이 시원하고나」라고 하여 '꽃'과 '칼'이 결합하고 그것을 지탱하는 '장부(=사나이 대장부)'라는 건장한 신체의 소유자를 화랑으로 보고 있다.

여기서 범부의 '花郞' 논의의 정치적 성격, 나아가서 그의 동방학의 문맥을 보다 입체적으로 이해하기 위해서 한두 가지 사실 확인을 해둘 필요가 있다. 즉 종래 제기되어 온 범부와 박정희 정권과의 연계성(특히 박정희 정권의 통치이념, 국가 이데올로기 창출에 관여), 그리고 이와 더불어 그가 과연 박정희 정권 창출의 이데올로그였나 하는 점이다. 잠시 아래에서 이 점을 명확히 해두기로 하자.

---

100) 가사 전문은 다음과 같다.

나의 조국 / 박정희 작사 · 작곡

백두산의 푸른정기 이땅을 수호하고/한라산의 높은기상 이겨레 지켜왔네/무궁화꽃 피고져도 유구한 우리역사/굳세게도 살아왔네 슬기로운 우리겨레//영롱한 아침해가 동해에 떠오르면/우람할 손 금수강산 여기는 나의 조국/조상들의 피땀어린 빛나는 문화유산/우리모두 정성다해 길이길이 보전하세//삼국통일 이룩한 화랑의 옛정신을/오늘에 이어받아 새마을 정신으로/영광된 새조국에 새역사 창조하여/영원토록 후손에게 유산으로 물려주세

이 노래는 1976년 10월에 작사 · 작곡되었다(1976.12.11 매일경제 7면 참조). 박정희는 이 노래에서 '백두산' '정기', '한라산' '기상', '무궁화꽃', '유구한 역사', '금수강산', '삼국통일', '화랑', '새마을 정신', '새 역사', '새 조국' 등 '조국 근대화'에 필요한 민족적 정신과 비전을 제시하고 있다.

범부와 박정희 정권과 겹치는 시기는 그의 범부 말년의 약 6년간이다. 박정희가 1961년 5월 16일 군사정변(흔히 쿠데타라 함) 이후 5월 18일 군사혁명위원회 설치(초대 위원장 장도영, 부위원장 박정희)하고 5월 20일 「국가재건최고회의」로 이름을 변경(의장 장도영, 부의장 박정희)하였는데, 그때 범부(65세)는 「韓國政經協會 土曜講座」(4월 15일 오후 2시, 中央公報館)에서 「花郞과 風流道」(「救國方略」)[101]을 강의(▶⑪[102])하며[103] 「再建國民運動 中央委員會」50인에 위촉되어 國民教育分科委員으로 참여한다.[104] 이즈음 범부는 박정희와 면담 및 의견교환을 하는 것을 알 수 있다. 그것은 『朝鮮日報』의 1963년 5월 3일자 기사에, 「朴正熙最高會議議長은 2日낮 靑瓦臺에서 二代國會議員이던 金凡夫씨를 만나 약1時間동안 民情動向에 관해 意見을 나누었다. / 李厚洛 代辯人은 朴議長이 金씨와 점심을 같이 하면서 世上물정에 대해 이야기를 나누었다고 말했다.」[105]라고 있는 데서 알 수 있다. 아울러 범부는 1963년(67세) 6월 13일 5.16군사정변 세력의 외곽단체인 「五月同志會」의 민간인 부회장직(회장은 박정희)을 맡는다.[106]

---

101) 『京鄕新聞』(1961년 4월 9일)에는 「救國方略」으로 공고가 나갔지만 4월 14일에는 「花郞과 風流道」으로 공고가 났다. 「救國方略」에서 「花郞과 風流道」로 강연주제가 바뀐 것으로 보인다.

102) 이 강의는 이 논문에서 제외하고 다음 논문에서 다루기로 한다.

103) 우기정, 「韓國에서의 國民倫理論 成立에 대한 硏究 - 凡父 金鼎卨의 〈國民倫理論〉을 중심으로 - 」, 23쪽 참조.

104) 기자미상, 「재건운동 중앙위원 50명을 위촉」, 『동아일보』(1961.11.12).

105) 기자 미상, 「朴議長과面談 - 金凡夫 金八峯氏」, 『朝鮮日報』(1963년 5월 3일), 1면.

106) 「五月同志會」는 회장: 朴正熙(國家再建最高會議 最高會議議長), 부회장: 李周一(國家再建最高會議 부의장) · 金凡父(민간인).
蘇宣奎 범국민당 발기선언 관련 방송[동아방송 '주간방송' 중 '소선규 범국민당 발기선언'(동아방송DBS. 1963년 6월 13일)에 관한 내용[원문은 http://dbs.

드디어 6월 13일 서울 시민회관에서 「五月同志會」의 창립총회가 개최된다.[107] 이 즈음 「五月同志會」는 「月曜教養講座」를 개최하였는데 범부는 거기서 「韓國國民革命의 課題와 展望」이라는 제목으로 강연을 한다.[108] 아울러 범부는 「國家再建最高會議」에서 발행하는 『最高會

---

donga.com/comm/view.php?r_id=04336&r_serial=01(검색일: 2009.4.23))]에 보면 다음과 같은 내용이 있다: 「지난 13일에는 정치와는 관계가 없다는 〈오월동지회가 창립대회를 열고 회장에 박정희 최고회의장〉을 추대했습니다. 그리고 부회장에는 이주일 부의장과 민간인 金凡父씨를 선출했습니다. 박의장은 이날 회장으로 추대를 받고 5월동지회 회원들은 정치에는 관여 말라고 당부를 했습니다. "본 동지회는 발기 취지 선언문에도 명백히 명시되어 있는 바와 같이 이것은 어디까지든지 비정치단체로서 회원동지 상호간의 친목을 돈독히 하고 소양을 넓히고 우리 서로가 상부 상조하며 힘을 뭉쳐서 사회 봉사를 하고 나아가서는 국가재건에 이바지 할 수 있는 그러한 노력을 하겠다는 것이 본 동지회의 취지라고 본인은 알고 있습니다." 그러나 건전한 정치 풍토를 조성하도록 보다 높은 차원에서 노력하겠다고 밝힌 그들의 진로와는 달리 벌써부터 再建國民運動과 그 성격이 모호해 지고 있다는 평을 받고 있습니다. (우기정, 「韓國에서의 國民倫理論 成立에 대한 研究 - 凡父 金鼎卨의 〈國民倫理論〉을 중심으로 - 」, 46-47쪽에서 재인용).

107) 이에 대한 보도 내용은 이렇다(아래 사진은 필자가 뉴스 내용에서 캡쳐하여 편집한 것임).
- 5.16 주체세력과 그 혁명이념에 찬성하는 각계인사가 중심이 된 5월 동지회.
- 회장에 박정희 의장을 선출, 부회장에 이주일, 김범부씨 선출.
- 비정치단체임을 밝히고 새나라 건설에 이바지 할 것을 다짐.

- 최덕신, 김형욱씨 모습.

[출처: 대한뉴스 제 421호(1963-06-14)(제작연도 : 1963-06-14 상영시간 : 00분 39초 출처 : 대한뉴스 제 421호](http://photo.allim.go.kr/movie/korea_news.jsp)(검색일자: 2011.7.22)

108) 『동아일보』, 1963년 6월 13일, 1면 참조.

議報』에 「邦人의 國家觀과 花郎精神」[109]을 발표한다. 이어서 1962년(66세)에는 『建國政治의 理念』을 저술한다. 범부는 박정희가 국가재건최고회의 의장 시절(1961-1962) 뿐만 아니라 대통령 권한대행 시절(1962-1963) 및 대통령당선(1963) 때까지 「정치자문을 위해 자주 청와대를 출입」하였던 것으로 보인다.[110] 무엇보다도 凡父가 박정희에게 가장 많은 영향을 끼쳤던 기간은 「오월동지회」[111]가 조직된 1963년 전후로 보이는데, 이 조직을 통하여 범부는 공식적 비공식적 통로로 박정희와 대화를 나누었던 것으로 보인다.

신동호의 증언에 따르면, 「민족적 민주주의. 반공주의 지식인 김범부(작고)가 인도네시아 수카르노의 '교조적 민주주의'를 본따 군부에 '진상'한 것으로 알려진 이 구호는 5 · 16주체가 가장 자랑하는 슬로건이었다」[112]라는 것처럼, 군부에게 「민족적 민주주의」를 만들어주었다고 한다. 아울러, 李龍澤의 증언에 따르면, 그는 범부를 부산대에서 강의 중이던 때 만났는데, 범부는 「혁명 공약 6항에 '양심적인 정치인에게 정권을 이양하고 군은 본연의 임무로 복귀한다'는 것을 반대」했고 「군대가 집권해야 국민 개조」할 수 있다고 보고, '혁명 세력이 장기간 혁명정신을 국민들에게 뿌리내리게 해야 한다는 등 군인정치를 옹

109) 金凡父, 「邦人의 國家觀과 花郎精神」, 위의 책.

110) 이것은 김정근의 증언에 따른 것임(김정근, 위의 책, 40쪽).

111) "政黨의 看板아래 도사린 部署中心의 各黨 鳥瞰圖-派閥系譜"기자미상, 『동아일보』, 1963. 7. 22, 3면 참조: 당시 정치상황의 조감도에 나타난 박정희-金凡父의 조직도를 보면 박정희가 凡父를 자문위원 삼았으며 종종 정치에 관해 깊은 대화를 나눴다는 이야기는 신빙성 있어 보인다.

112) 신동호, 「(4) 민족적 민주주의 장례식: 6.3 비사」(http://blog.naver.com/hudys/80013515964)(검색일자: 2011.7.22).

호한 것으로 보인다.[113] 다만 이러한 단편적인 증언들은「누가 이렇게

---

113) 이 증언은, 李龍澤,「동백림 사건을 수사한 李龍澤 前 중앙정보부 수사국장 증언: 동백림 사건의 진실(4)」,『月刊朝鮮』2004년4월호,(월간조선사, 2004.4.)에 따른 것이다.
(https://monthly.chosun.com/mcmember/login4.asp?url=/premium/contents/view.asp?C_IDX=272)(검색일자: 2011.7.10)
* 참고로 이용택은 對共 수사로 유명하며 中央情報部의 수사국장을 지냈고, 1960~1970년대 대공전선에서 뛰었던 대표적 인물이며, 金大中 납치 사건, 동베를린(동백림) 사건을 수사한 바 있다. 중앙정보부 퇴직 후 대한지적공사 사장을 거쳐, 1981년에는 고향인 경북 達城에서 무소속으로 출마, 11대와 12대 국회의원으로 두 차례 당선되기도 했다. 아래에 이용택의 증언 가운데 김범부와 관련되는 부분을 인용해둔다.
金凡父, "군대가 집권해야 국민 개조"
이 국장과 박 대통령의 인연은 군에서 시작됐다. 5 16 혁명이 나자 박정희 소장의 지시에 따라 바로 혁명위원회에서 근무를 시작한다.
—5 16 직후 혁명 검찰부에 근무하게 된 계기가 있었습니까.
"1960년 12월 말에 군 수사관으로 오래 근무하다 대위로 제대해 대구에 있을 때였습니다. 혁명 다음 날인 1961년 5월 17일 새벽에 대구의 CIC(방첩부대)로 온 전보를 받고 즉시 상경했습니다. 후에 혁명 검찰부장을 역임했던 朴蒼岩(박창암) 대령으로부터 온 연락이었습니다. 육군본부 상황실에서 박 대령을 만나니 바로 대위로 복직 발령을 내려고 해 민간인으로 근무하겠다고 사양했습니다. 박 대령의 지시는 '전국을 돌아다니며 혁명에 대해 국민들이 어떻게 생각하고 있는지, 무엇을 해 주기를 바라는지, 또 어떻게 해야 혁명이 성공할 수 있겠는지를 알아보고 그대로 보고하라'는 것이었습니다.
신분증과 信任狀(신임장)을 받아 전국을 돌기 시작했습니다. 전국 곳곳의 학자, 언론인, 정치인 등을 만나 일주일에 한 번씩 書面(서면) 보고를 했습니다. 사람들을 만나니 비판도 많았고 실패한다는 말도 들었습니다. 과거 반공운동에 참여했거나 공산주의를 싫어하는 사람들은 혁명을 지지했습니다. 그때만 해도 춘궁기로 수많은 사람들이 굶을 때여서 대부분 '제대로 먹고 살게 해 달라', '경제를 살려라'는 요구가 많았습니다."
—그 당시 만난 사람 중에 기억나는 사람들은 있습니까.
"金凡父(김범부) 씨로, 천재적인 동양 철학자이자 소설가 金東里(김동리)의 형이신데, 부산 온천장 여관에서 만났습니다. 부산대에서 강의 중이던 그는 혁명 공약 6항에 '양심적인 정치인에게 정권을 이양하고 군은 본연의 임무로 복귀한다'는 것을 반대했습니다. 국회의원을 했던 김 교수는 '식민통치를 받았던 민족으로, 주체성이 없이 의타심이 강한 우리 민족이 주인의식을 갖게 하기 위해서

저렇게 말하더라」는 정도에 머물 수 있는 이른바 필요조건의 자료이지 아직 충분조건의 자료는 되지 못한다. 따라서 범부의 행적과 언설이 더 많은 실증자료를 토대로 복원된 다음 신뢰할만한 텍스트로 편입될 수 있을 것으로 본다.[114] 이와 같이 범부가 1961년 5월 16일 군사정변 이후 1966년 12월 10일 70세의 나이로 세상을 떠날 때까지 박정희와 약 6년간 재야 정치자문인으로서 이른바 '밀월 관계'를 유지하면서 5.16혁명 주체에 국가운영의 기초에 해당하는 조언을 했던 것이다. 그리고 凡父가 1950년대 초반 「國民倫理特講」을 통해 피력하는 「國民倫理論」(구체적인 것은 후술 참조)에서 새마을운동 발언이 있었다는 증언이 있기는 하다.[115] 하지만 이것은 1970의 새마을운동 이전이며 더욱이 1972년 10월에 수립되는 박정희의 유신체제에 그의 이론이 어느 정도 연속되고, 기여될 수 있었는가 하는 점은 추후 검토해 보아야 할 과제이다.[116]

어쨌든 凡父와 박정희 정권에서 공통적으로 '한국적', '민족적'인 면

는 한 세대 30년이 걸린다. 정권을 넘기는 것에 반대한다'고 말했습니다.
그는 또 '혁명 세력이 장기간 혁명정신을 국민들에게 뿌리내리게 해야 한다. 일본의 明治維新(명치유신)도 메이지 천황의 재임 시 제도를 바꾸고 세대교체 등을 통해 터를 닦은 것에 불과하다. 400년 된 일본 幕府(막부) 통치 역사의 뿌리를 뽑는 데 30년이 걸렸다'고 했습니다. 이를 박 장군에게 보고하니 민정이양 약속은 번복할 수 없다고 말하기도 했습니다."

114) 범부와 박정희 · 박정희 정권의 관련성에 대한 종합적인 검토는 다음 과제로 미루기로 한다.

115) 凡父의 國民倫理論 강의를 6개월 정도 들었던 경주 오덕선원 선원장 정허 스님에 따르면 박정희 정권의 주된 정책에 해당하는 「새마을운동」은 凡父가 처음으로 박정희에게 제안한 이론이라고 한다. 이는 凡父가 國民運動을 촉구했던 사실과 연관이 있을 것으로 추측된다(우기정, 「韓國에서의 國民倫理論 成立에 대한 硏究 - 凡父 金鼎卨의 〈國民倫理論〉을 중심으로 - 」, 79쪽).

116) 이에 대해서는 우기정, 위의 논문 참조.

이 강조되면서 '花郞'이라는 개념이 빈출하는 것을 발견할 수 있다. 그러나 우리가 짚어두어야 할 점은, 박정희 정권에서 花郞은 '삼국통일을 이룩한 정신'으로서 '군사적 측면'만을 강조하여 정치적 도구로 활용되었지만, 범부는 분명히 「花郞을 인식할려면 이 宗敎面, 藝術面을 제외하고는 花郞을 알 길이 없다」[117]고 하여 花郞을 '종교-예술-군사'의 조화체로 파악한다는 것이다.[118] 이처럼 김범부와 박정희 사이에는 연속과 불연속이 분명히 존재한다. 이러한 점들을 밝혀 나가는 것이 종래의 연구에서 예컨대 「김범부의 화랑 논의가 박정희 군사정권의 '조국 근대화' 논리를 뒷받침하는 '강력한 이데올로기로 작동'하였다」(각주 97참조)는 식의 성급한 결론들을 좀 더 구체적 논의로 이끄는 방안이 될 것이다. 시인 김지하가 1990년대 이래 꾸준히 凡父를 언급하면서, 우리나라 근대기에 이러한 調和의 원리, 즉 '네오휴머니즘'[119]('신인간주의'라고도 함) · '제3휴머니즘'[120]('제3의 길'이라고도 함)[121], 그리고 '공산주의와 자본주의를 가로지르는 새로운 이념' '생명의 원리에 입각해 민족의 집단적 정신분열을 치료할 수 있는 통합의 메시지' 등을 사상계와 정신계에 제시한 인물로 재평가하고 있듯

117) 金凡父, 「國民倫理特講」, 218쪽.

118) 우기정, 위의 논문, 110쪽 참조.

119) 네오휴머니즘이란 새로운 것을 뜻하는 '네오(Neo)'와 인간중심주의를 뜻하는 '휴머니즘(Humanism)'이 결합된 것으로 휴머니즘에 깔려있는 인간중심적 감정을 모든 생명체와 무생명체까지 확장, 너와 내가 별개가 아님을 인식하고, 調和를 통한 상생의 관계를 추구한다. 이러한 네오휴머니즘의 정신은 凡父가 이야기하는 '지구적 차원의 調和', 그리고 '우주적 생명의 멋 · 風流'와 통한다.(최재목 정다운, 「凡父 金鼎卨의 『風流精神』에 대한 검토」, 『동북아문화연구』, (동북아시아문화학회, 2009), 118쪽 참조.

120) 『京鄕新聞』(2006년 11월 12일) 참조.

121) 김지하, 『사이버 시대와 시의 운명』, (서울: 북하우스, 2003), 131쪽 참조.

이[122] 박정희정 권과의 연관 속에서만 범부를 조망하는 (박정희 콤플렉스에서 비롯한) 획일적이고 편협한 연구 방식도 추후 재고해갈 필요가 있다.[123] 범부는 박정희 정권이 출범(1963)하기까지 말하자면 '혁명정권'에 자신의 이상으로 추구했던 '新生國家' · '建國'의 성공에 기대를 걸었던 것이 사실이다. 하지만 그는 세상을 떠나기 전 해인 1965년(69세)에 「우리는 經世家를 待望한다」는 글에서 이렇게 한국의 難局을 '한탄'한다. 「今日의 韓國은 果然 말 그대로 空前의 難局에 處在한 形便이다. (중략) 이렇게도 非常한 難局인 新生國家로서 建國期인 此際에 一人의 經世家가 보이지 않는 것을 恨歎하는 言緖가 이렇게 頭緖 없이 言及하게 된 것이다.」[124] 이 글에서 추론해본다면, 실제 박정희 정권이 출범하면서부터 생겨나는 難局을 응시하면서, 범부는 박정희가 자신이 바라던 그런 지도자도 아니고 또한 「어떻게 하면 이 민족도 남과 같이 잘살게 될 것인가를 平生의 과제로 삼았던」[125] 범부가 바라던 그런 이상적인 방향으로 정권이 향해가고 있지도 않음을 직감했던 것 같다. 불행하게도 범부는 박정희 정권의 타락의 과정을 더 지켜보지 못하고 經世家를 '待望'하면서 1966년 70세로 세상을 떠난다.

범부는, 그보다 6-7세 연하이면서, 「국민교육헌장」을 기초 · 구축한 安浩相(1902-1999) · 朴鍾鴻(1903-1976), 그리고 李瑄根(1905-

---

122) 김지하, 『디지털 생태학: 소곤소곤 김지하의 세상이야기 인생이야기』4, (서울: 이룸, 2009), 154쪽.

123) 이러한 논의는 우기정, 위의 논문, 114, 132쪽 참조.

124) 金凡父, 「우리는 經世家를待望한다」, 『政經硏究』, (서울: 政經硏究所, 1965)(金凡父, 『凡父金鼎卨短篇選』, 93쪽, 99쪽)

125) 黃山德, 「金凡父先生의靈前에-방대했던東方學의體系」, 『東亞日報』(1966.12.15), 5면.

1983)처럼 튼튼한 제도권 내의 학적 기반 · 지식 인맥을 가지며 적극 박정희 정권에 관여하던 이데올로그들과는 기반이 좀 다르다. 범부는 박정희 정권 이전이나 이후나 엄연히 재야 이데올로그였고, 사회 원로 자문역이었다. 정치에 적극적인 성격의 소유자도 아니었고, 신체적으로는 병약했다. 그는 이런 등등의 취약점을 갖는다.[126] 아울러 정식 학력이 없는 그는 체계적이고 논리적인, 예컨대 '논문' 같은 제도권 내 엄밀한 정식적인 학문훈련을 받은 지식인도 아니었기에, 박정희 정권을 지탱할 이념체계를 이론적, 논리적으로 순발력 있게 창출해내기엔 충분하지 못했다. 어디까지나 범부는 박정희 정권으로부터 민심을 수습하는 차원에서 부름을 받는 재야 정치자문역에 머물러 있었다. 제도권 밖의 재야이데올로그, 정식 제자나 후계자가 없는 재야지식인이라는 제한점은 범부를 박정희 정권과 어느 정도 거리를 갖게 한 장점도 있으면서 그의 사망 이후 그의 창의적 논의들이 차츰 제도권 내에서 단절되어 거의 대부분 망각되어버렸다는 단점도 있었다.

다만 범부는 '한국(→東方)'이란 명확한 경계영역을 찾아내고 그 내부에 연속해온 사상사(風流 · 花郎 등)를 확정하고 그것을 기반으로 「國民」像과 「國民倫理」의 골격을 구상하여 독자적 · 창의적으로 안출 · 천명하였다는 점에서 돋보였다. 마치 일본에서 昭和 前期[昭和 10(1935)년대][127]의 「日本思想史學」이 「一國思想史學」으로서 「日本

126) 이 점은 범부의 외손자 김정근이나 범부의 친동생 김동리가 '범부는 건강+현실적 준비 등이 부족했다'고 지적하는 바이다. 이에 대해서는 김정근, 위의 책, 62-63쪽 참조.

127) 1938년(소화13년), 東京帝國大學에 「國體學講座」, 「日本思想史講座」가 설치된다(中村春作, 「近代 の 「知」としての哲學史-井上哲次郎を中心に-」, 『日本の哲學』, (京都: 昭和堂, 2007), 31쪽 참조.)

이라고 하는 명확히 구별된 경계영역 내에서, 태고로부터 繼起的으로 연속하는, 국민(민족)을 담지자로 하는 일본사상의 일관된 記述이 가능하다는 것을 전제로 성립하는 학문」[128]이었던 것처럼[129] 말이다. 이 점은 박정희 정권에서 사회적, 정치적 도구로 활용되는 형태로 사회나 학계에 노출되곤 하였다. 再建國民運動에서 새마을운동으로 넘어가면서 새마을운동의 일환으로 각 마을에 문고를 보급하는 목적으로 세워진 「再建國民文庫普及會」에서 凡父의 글을 모아 『花郎의 얼』[130]을 편찬한 것, 그리고 1950년 초반에 행해졌던 「國民倫理特講」이 1977년 대구 소재 「現代宗教問題研究所」가 간행하는 『現代와 宗教』[131]의 창간호에 실린 이후, 그것이 1978년 다시 國民倫理教育研究會의 『國民倫理研究』[132]에 실렸던 것도 주목해볼 필요가 있다. 이처럼 연속된 과정들은 범부의 의도와 아무 상관없이 그 이후 박정희 정권기의 사회적 맥락 속에서 필요한 목적에 의해 '이용'됨으로써 '오해'될 여지를 남기고 있음을 보여주는 것이다.[133] 이제 범부 연구는 이러한 종합적인 맥락을 가지고 재검토할 필요가 있다.

1966년, 범부가 세상을 떠나는 해는 박정희의 제1차 경제개발 5개

---

128) 桂島宣弘, 「一國思想史學の成立」, 西川長夫・渡辺公三 編, 『世紀轉換期の國際秩序と國民文化の形成』, (東京: 柏書房, 1999)을 참조.

129) 이러한 일본 근대의 사정에 대해서는 中村春作, 「近代 の「知」としての哲學史-井上哲次郎を中心に-」, 위의 책을 참조.

130) 金凡父, 『花郎의 얼』, (서울: 재건국민문고 보급회 중앙회, 1970).

131) 金凡父, 「國民倫理特講」, 『現代와 宗教』창간호, (大邱: 現代宗教問題研究所, 1977), 56-99쪽.

132) 金凡父, 「國民倫理特講」, 『韓國國民倫理研究』7권, (서울: 國民倫理教育研究會, 1978), 195-249쪽.

133) 이에 대해서는 우기정, 위의 논문, 113-116쪽을 참조.

년 계획(1962-1966)의 마지막 해이자, 제2차 경제개발 5개년(1967-1971) 계획이 발표(1966. 7. 29)되는 해[134]이기도 하다. 그리고 범부의 사후 약 4년 뒤에 새마을가꾸기운동이 제창(1970. 4. 22)되고, 사후 6년 뒤에 유신체제(1972년 10월에 수립)[135]가, 사후 10년 뒤에 「나의조국」(박정희작사 작곡, 1976년 10월)이란 노래가 만들어진다. 더욱이 범부의 『화랑외사』는 박정희 정권이 들어서기 10년전(1950년, 54세) 구술되고, 그의 동방학의 확립도 박정희 정권수립 약 5년전(1958년, 62세)에 이미 이루어진다. 따라서 범부의 『화랑외사』나 동방학 구상도 박정희와 관계없이 김범부의 독자적 신생국 · 건국의 방안 창출의 작업으로서 이루어진 것이라 할 수 있다.

한편, 박정희 정권 하에서 화랑의 천명 작업이 전적으로 범부에게서만 진행되었던 것도 아니다. 예컨대, 李瑄根(1905-1983)은 1953년 『花郎道研究』로 서울대학교에서 박사학위 받았고, 1954년 青年學徒의 護國을 위하여 『花郎道研究』를 간행한다.[136] 安浩相(1902-1999)은 화랑도에 관심을 갖고 박정희의 새마을 운동에 발맞춰 「화랑정신과 새마을運動」이란 글(시기 불명)[137]을 쓴다. 이처럼 박정희 정권을 위해 '칼과 꽃을 결합'시켜 제공한 학자들에 대한 종합적인 조사와 그 맥락을 다시 점검할 필요가 있다. 그 곳에서 범부가 차지하는 위치가

134) 참고로 제3차 경제개발 5개년 계획안 발표(1969. 4. 2), 4차 경제개발 5개년 계획 확정 발표(1976. 6. 18) 등이 연이어 발표된다.

135) 1972년 十月維新으로 수립되어 1981년 3월까지 지속된 대한한국의 네 번째 공화국을 '유신체제'라고 부른다.

136) 각주 (95) 참조.

137) 安浩相, 「화랑정신과 새마을運動」, 『새마을運動 세미나(자료집) · 1』, (새마을운동 연구소, 발행년불명), 7-20쪽.(이 자료는 숙명여대소장본으로 총 51쪽 분량이다.)

무엇인지를 물어볼 일이다. 범부의 화랑 등등의 이론 구상이 박정희 독재정권에 필요조건이었지 충분조건은 되지 못했다. 그래서 범부가 國民倫理론을 제창하고 그가 안출 · 천명했던 '花郞'과 '孝' 등의 개념이 박정희 정권(특히 유신정권)에서 내걸었던 반민주적 · 독재적 슬로건을 '연상'시킨다는 점을 극대화하여, 범부 사상 전체를 '국수주의나 파시즘적 성향을 띤 것'[138]으로 단순 치부해 버리는 극단화의 오류를 벗어날 필요가 있다.[139]

어쨌든 이 글에서는 범부를 박정희 정권의 이데올로그, 보수우익 분자로 몰고 가는 연구의 논점에 아직 논증해야할 대목들이 많음을 지적해두는데 그치기로 한다.

이제 다시 이 글의 본래 주제인 '동방' '동방학'으로 다시 초점을 돌리기로 하자. 범부의 『화랑외사』에서는 花郞을 매개로 '新羅' '軍人 · 尙武精神' '風流道 · 風流精神'의 천명에 초점이 놓여 있고, 아직 '동양' · '동방', 또는 '동방학'에 대한 뚜렷한 입장을 보이지 않고 개념도 도출되지 않는다.

하지만 『화랑외사』의 정신은 이후 전개되는 그의 「國民倫理特講」의 기초가 되고, 나아가서 「東方思想講座」에 저류하여 다각도로 표출된다는 점을 유의할 필요가 있다. 다시 말해서 범부의 「東方思想講座」에 참석했던 李恒寧(1915-2008)은 「現代를 산 國仙 - 金凡父의 人間과 思想」이란 글에서 凡父를 「花郞道의 調和의 極致를 發見하고 몸소 그것을 實踐한 분」 등이라 하며 화랑도 정신의 극치를 「東洋思想研究

---

138) 김철, 『국문학을 넘어서』, (서울: 국학자료원, 2000), 49-52쪽 참조.
139) 이에 대해서는 우기정, 위의 논문, 79쪽, 114쪽 참조.

會」(1958년, 東洋醫藥大學의 「東方思想講座」를 가리킴)의 강의에 그대로 표출하고 있었음을 시사한 바 있다.[140)]

따라서 『화랑외사』는 이후 탄생하는 동방학의 내면을 개척하는 이른바 '동방학 확립의 준비과정'으로 볼 수 있다.

⑦ 1950년(54세), 「朝鮮文化의 性格-제작에 對한 對談抄」: 조선문화의 규명과 東洋 · 東方의 혼용, - '제작'論과 '五證論'의 제시

1950(54세) 6.25전쟁 직전 즉 1950년5월30일 총선에서 부산 동래

---

140) 그 글을 대략 소개하면 이렇다(李恒寧, 「現代를산國仙 - 金凡父의 人間과 思想」, 『京鄕新聞』(1966.12.17), 5면. (전략) 그뿐아니라 先生은 小說家와 詩人으로서도 特出하였으며 平生 風流를즐겼고 그러는가운데에 있어서도 항상民族과 人類의 장래를 걱정한經綸家이기도 하였다. 그의全人的 風貌는 獨逸의 「괴테」나 印度의 「타골」에 比할수 있겠는데 그것보다도우리는 先生이 新羅의 花郎道를 몸소 行한분이라고 하는것이 좋을것 같다. (중략) 그때 泗川군昆陽면에있는多率寺라는 절에 金凡父라는 碩學이있다는 말을듣고한번 찾아보고싶었으나 그때 나는 日帝의앞잡이노릇하는 하나의 俗吏요 또凡父先生은 要視察人이라 監視가甚하다고하여 結局 뜻을이루지 못하고 있다가 解放이된후 내가 梁山中學에서敎鞭을잡고 있을때에 學父兄이던 魯岩 池榮璡先生宅에서 先生을 처음接하게되었다. 그때 나는 先生에게서仙風道骨의 印象을 받았다. (중략) 先生이 京鄕新聞에 「贅世翁 金時習」이라는 連載小說을 쓰실 때 原稿를新聞社에서 쓰셨는데 執筆이끝나면 당시의 主筆 昔泉吳宗植先生과 더불어 一杯酒를 기울이면서 小說의 主人公인 梅月堂의 恨많은心機에 沒入할때에는 凡父先生이 바로 梅月堂같은 기분이 들었다. 그 뒤에 東洋思想研究會에서 先生의 周易講義를 들었는데 그야말로 全人未踏의 境地를 開拓하였다. 先生의 學問은 儒佛仙을 綜合하여 그어느것에도 拘碍가 없었으며 西洋의 最新式 科學文明과의 連結을잊지않았으며 窮極에가서는宇宙와 人生의調和속에서無窮을 찾고자 하였다. 그는 新羅의 文化 特히 그花郎道精神속에서 이調和의極致를 發見하고 몸소 그것을 實踐하였다. 이제 先生이가시고보니 그超脫한 모습과 深奧한 學問과 그리고 對하면對할수록뼈와살에 스며드는그의偉大한人間性이다시그리워진다.(밑줄은 인용자)

구 무소속으로 출마 제2대 민의원(국회의원)으로 당선된다.

이 해(1950년, 54세) 그는「朝鮮文化의 性格 - 제작에 對한 對談抄」[141]에서 朝鮮文化의 性格, 朝鮮民族性의 특색, 朝鮮의 自然觀, '제작'의 의미와 조선의 자연관 · 문화와의 관련성 등을 '對談'(▶⑨)에서 문답 형식으로 설명한다.

'제작'이란 범부에 따르면「꼭 들어맞는 것, 사우맞는 것(=調和 · 和 · 天人妙合 · 和合)」이다. 다시 말하면 '제작'의 '제'는 '저절로'라는 뜻으로 漢字의 '自'와 같으며[142] 『작』은 '이루어졌다는 것'을 意味한다고 한다.[143] 이 '제작'은 2년전(1948, 52세)에 구술된「화랑」에서는 '제

---

141) 金凡父,「朝鮮文化의 性格 - 제작에 對한 對談抄」,『新天地』통권45호, (서울: 서울신문사, 1950.4).

142) 한자어에서 '스스로' · '나'의 뜻인'자(自)'라는 글자는 원래 숨을 쉬는'코 비(鼻)자'의 형상에서 왔다. 숨 쉼이 없이는'나'라는 존재가 없다. 중국인들이 자신을 가리킬 때 흔히'워(我)(=나)'라고 말하면서 자신의 코를 손가락으로 가리키는 것도 이런 전통에서 나온 것이다. 숨을 들이 쉬는 코가 없이는 내가 없을 터이니 코를 향해 나라고 가리키는 것이 이상할 리 없다. 옛날 중국의 화가들은 초상화를 그릴 때도 코부터 시작하였다. 사람의 시작이 코라는 믿음 때문이다. 코가 없다면 사람이 될 수 없기 때문이다. 아울러 가장 시초가 된 조상을 보통 '비조(鼻祖)'라고 하고 처음 낳는 아들(長子 · 長男)을 '비자(鼻子)'라고 하였는데, 이것은 옛날 중국인들의 생물학적 상식으로 임신을 하면 뱃속의 아이가 신체 기관 중에서 코를 가장 먼저 형성한다고 믿었기 때문이다. 바로 코는 인간의 '시작 · 시초'를 의미하고, '맨 처음'이라는 의미로도 바뀐다.

[표 5] 鼻, 호흡, 自, 나, 맨처음의 상관 관계

코(= 鼻): 숨(호흡) →	自	나 · 자신 · 스스로의 성립	개체, 我(자아)의 근거
		시작 · 시초 · 맨 처음	鼻祖, 鼻子

(표와 설명은 최재목,「동양철학에서 '생명(生命)' 개념」,『인간 환경 미래』6호, (인제대 인간환경미래연구원, 2011.4.30)에서 재인용).

143) 범부는 '제작'에 대해서 이렇게 설명한다. 해당 문장을 인용해 둔다.
우리는 이런말을 한다.『그것 참 천생으로 되었다』或은『천작으로 되였다』또는『천생 제작으로 되었다』이를테면『아무 사나이에겐 아무 게집이 제작이다』할

빛깔(自己本色)' · '제 길수[自然의 妙理]' · '제 멋[自己趣向]' 등[144]으로 제시된다. 여기서 범부의 風流論이 제시된다.[145] 아울러 「朝鮮文化의 性格」에서 그의 독특한 학문 방법론인 '史蹟'을 연구하는 '五證論'을 제시한다. 즉 ① '文證'(←文獻), ②'物證'(←古蹟), ③'口證'(←口碑傳說), ④'事證'(←遺習 · 遺風 · 遺俗 · 風俗 · 習俗), ⑤'血證'(←心情 · 血脈)이 그것인데, 이것은 경주-신라의 '時代 精神'인 '그 時代의 中心文化'를 들춰내려는 방법론(넓은 의미에서 「동방학적 방법론」)이었다.[146]

때 그 제작이란 꼭 들어맞는 것 사우맞는 것을 뜻하는 것이다. 이 제작의 『제』는 『저절로』라는 뜻으로 漢字의 『自』와 같으며 『작』은 『이루어졌다는것』을 意味한다. 가령 길을 지내가다가 어떤 天然物이 사람의 마음에 꼭 맞도록 되었을래 感嘆하는 말이 『천생으로 되었다』 『제작으로 되었다』하는것이다. 이를테면 어떠한 돌이나 그렇잖으면 다른것이라도 그것이 사람의 손을 대이지않고 사람의 마음에 꼭 맞을수있는 어떤 物象을 이루었을때, 다시말하면 어떤 天然石이 사람의 손을 대이지 않고 그대로 塔처럼 되었거나 또는 호랭이나 개 모양으로 되어진 것을 볼때 發하는 말이다. 그런데 『人工을 加하지 않고 저절로 사람의 義匠에 꼭 맞는 것을 제작이라고 하는데 그치지 않고 그와反對로 人工을 가한 것 손을 대어서 만든 것이 꼭 天然物과 彷彿할때로 제작으로 되었다고한다.』 가령 사람이 만든 그릇이 다시 빈틈없이 잘 되었을때 제작으로 되었다고 하는것이다. 그러고 보니 『이 제작이란 말은 自然이 人爲에 合한 것에나, 人爲가 自然에 合한 것에나 通用하는 말이다.』 妙味는 여기 있는것이다. 自然히 人爲대로 이뤄져있고, 人爲가 自然대로 이뤄져있는 것이 아니라, 그냥 自然만이라든가 그냥 人爲만이라든가 하는 것은 제작이 아니다. 人爲와 關聯없는 自然이라든가, 自然과 關聯없는 人爲라든가 그것은 다 제작이 아니다. 人爲의 調和가 成就된 自然, 自然의 調和가 成就된 人爲 이것은 그 實相에 있어서 둘 아닌 하나이며 그 이름이 곧 제작이다. 要컨대 自然의 承認을 完全히 얻은 人爲, 人爲의 承認을 完全히 얻은 自然, 여기는 분명히 天人妙合의 契機를 가지고 있다. (金凡父, 『凡父金鼎卨短篇選』, 25-26쪽).

144) 金凡父, 「花郎」, 『風流精神』, (서울: 정음사, 1986), 65쪽.

145) 범부의 風流論 전반에 대해서는 정다운, 위의 책을 참조.

146) 이에 대해서 상론은 피하기로 하고, 최재목, 「東의 誕生 – 水雲 崔濟愚의 '東學'과 凡父 金鼎卨의 '東方學' –」, 『陽明學』제26집, (한국양명학회 2010.8)과 최재

최근 진교훈 교수(서울대 명예교수)는 범부의 '血證'을 포함한 오증론은 현대의 첨단 傳記 연구 이론과 방법들(예컨대, Norman K. Denzin, Interpretive Biography, (London: Sage, 1989), Mark Epstein, Thoughts Without A Thinker: Psychotherapy From A Buddhist Perspective, (New york: Basic Books, 1983)과 흡사한 것이며, 그만큼 범부의 돋보이는 이론임을 언급한 바 있다.[147] 범부의 오증론은 근대 동아시아사상사에서 볼 때도 독창적인 이론이며, 이후 한국에 기반을 둔 그의 동방학에서 연결된다는 점에서 주목할만하다.

아울러 범부는 이 대담에서 조선문화, 조선사람의 독특한 사고를 규명하면서 「東洋사람 西洋 사람」, 「東洋의 特色」, 「西洋사람들이 最高로 생각하는 神(동방사람들이 생각하는 그것과 다른) 或은 이데아(Idea) 혹은 로고스(Logos) 或은 觀念 또는 物質」, 「東洋의 自在란 것」에서 와 같이 조선문화의 규명과 맞물려서 東洋 · 東方의 개념이 혼용되고 있다. 그러나 어느 쪽인가 하면, '동양'이라는 개념과 사고가 지배적이며, 겨우 '동방'이란 개념의 전조가 보이기 시작하는 단계이다. 특히 조선 · 조선문화 등이 東洋 · 東方의 개념과 무매개적으로 사용되고 있는 점은 이후 그의 논의에서 보이는 동방 개념의 포괄성과도 연관된다.

같은 해(1954년, 58세), 범부는 「歷史와 暴力」[148]을 발표한다. 여기에는 「西洋에 있어서의 佛蘭西革命과 東洋에 있어서의 秦始皇의 革

목, 최재목, 「범부 김정설의 〈최제우론(崔濟愚論)〉에 보이는 동학 이해의 특징」을 참조.

147) 이것은 2009년 10월 24일-25일 양일간 영남대학교 국제관에서 열린 『제2회 범부연구회 학술세미나』에서 진교훈교수가 필자에게 개인적으로 언급한 것임.

148) 金凡父, 「歷史와 暴力」, 위의 책.

命인데((a))」· 「또 다른實例로서 東方에 있어서 秦始皇의 革命인데((b))」· 「東西洋의 두 큰 革命」운운하여, '서양에 대비한 동양'을 말하고, 아울러 (a)와 (b)에서 보듯이, '동양과 동방이 같은 맥락에서 동일한 의미로 쓰이고 있음'을 알 수 있다. 다시 말하면 동양에서 동방으로 관심이 轉移되고 있음을 알 수 있다.

1955년(59세)에 범부는 경주 『鷄林學塾』(문파교육재단. 일명 『鷄林大學』)의 學長으로 취임한다. 그때 범부는 「歷史哲學」, 「文化史」, 「倫理學史」, 「政治學」, 「韓國政治史」의 교과목을 맡아 강의(▶⑩)한다. 『鷄林學塾』은 1957년 재정난으로 대구대학교(현 영남대학교)와 통합되었다.[149]

덧붙여서 범부는 1957년(61세)에는 「活氣와 苦惘의 山水-風谷畵展平」[150], 「韓國人과 유머」[151]와 같은 글이 선보이며, 「東西의 文化交流」[152]과 같은 말이 보인다.

3. 결어

지금까지 범부 『東方思想研究所』시기의 「東方學講座」담당(1958년 · 62세) '이전'까지 이루어진 이론적 작업과 그의 생애를 추적하면서 그의 '東方學' 형성과정에 대하여 논의하고, 동방학 성립 이전의 이루어지

149) 이러한 사정은 최재목 · 정다운, 「'鷄林學塾'과 凡父 金鼎卨(1)」, 위의 책을 참고.
150) 金凡父, 「活氣와 苦惘의 山水-風谷畵展平」, 『東亞日報』(1957.12.12).
151) 金凡父, 「韓國人과 유머」, 오종식 이희승 外, 『女苑』, (서울: 女苑社, 1957.7).
152) 金凡父, 「活氣와 苦惘의 山水-風谷畵展平」, 『東亞日報』(1957.12.12).

는 과정적 양상으로서 동양 · 동양학, 동방 · 동방학 '混用'을 확인할 수 있었다. 아울러 이 시기에는 동방학에 대한 의식이 명확하지 않지만 조선 · 조선문화의 근원을 신라 · 신라문화에서 찾는 경향을 보이고 있다.

물론 이러한 범부의 일련의 지적, 이론적 작업은 그의 많은 강의 · 강연 등을 통해 이루어졌음을 알 수 있었다([도표 4]참조).

[도표 4] 1958년(62세) 以前 凡父의 東方學 관련 강의 · 강연 · 주요 논저

순번	강의 · 강좌 명 및 주요 논저 등(►: 강의 · 강좌 등이 저술로 간행된 것. 원 번호: 논고)	시기 · 장소	나이	東方學 관련
0	日本 遊學	1915년-1921년/ 東洋大 等	19세 - 25세	東洋 · 東洋學 · 東洋哲學 개념 습득 가능 시기
1	강의 내용 불명	1921년 /「佛教中央學林」(동국대학교 전신)	25세	
	① 金凡父, 「列子를 읽음(一)」, 『新民公論』(新年號), (서울: 新民公論社, 1922)		26세	東洋哲學 개념
2	『임마누엘 칸트 탄신 200주년 기념』 칸트 철학 강연(강연 내용 불명)	1924, 서울 YMCA 강당	28세	
	② 金凡父 구술, 小春(金起田), 「大神師 생각」, 「天道教會月報」제162호, (서울: 天道教會月報社, 1924.3). ③ 金凡父, 「老子의 思想과 그 潮流의 概觀」, 『開闢』 제45호, (서울: 開闢社, 1924) ④ 金凡父, 「칸트의 直觀形式에 對하여」, 『延禧』3호, (延禧專門學校, 1924.5. 20)		28세	③에 東學 · 東洋哲學 · 東洋思想 · 東方 개념
3	양산청년회 개최 『朝鮮史講座』「朝鮮史」 연속 강의	1927.8.26-8.29, 경상남도 양산 社稷堂	31세	

	⑤ 金凡父, 「持敬工夫와 印度哲學」, 『佛教』, 50 · 51권, (서울: 佛教社, 1928.1)		32세	東洋哲學 개념
4	일본 天台宗 比叡山門 이하 大僧職者들과 大學教授團 40여명에게 「淸談派의 玄理思想」 강의(강의 내용 불명)	1934년 ?월 ?일 (일주일간), 泗川 多率寺, (승려 崔凡述 주선)	38세	
5	「一五俱樂部」 조직(郭尙勳, 金法麟, 朴熙昌, 吳宗植, 李時穆, 李基周 등), 「建國方策」 연속 강좌	1945년, 부산	49세	
6	「經世學會」 조직, 「建國理念」 연구 및 강의	1948년, 서울	52세	
7	某團體 회원들 대상 國民倫理特講 연속 강의([‘建國方策’연속강좌(부산) · 「經世學會」의 ‘建國理念’(서울)관련 강좌]에서) * 이후 公刊(8 참조)	1945/부산-1948/서울 사이로 추정 * 50년도 초반 說도 있음	49세-52세	
►	⑥ 金凡父, 「國民倫理特講」, 『現代와 宗教』 창간호, (大邱: 現代宗教問題研究所, 1977) ⑦ 金凡父, 「國民倫理特講」, 『韓國國民倫理研究』7권,(서울: 國民倫理教育研究會, 1978) ⑧ 金凡父, 「國民倫理特講」, 『花郎外史』(삼판), (대구: 이문출판사, 1981)		사후	화랑, 풍류, 효 개념. 東洋 · 東方 혼용
8	『花郎外史』 口述	1948년, 서울 명동, 시인 趙璡欽이 기록	52세	軍人 · 尙武精神+風流道 · 風流精神 闡明, 新羅 · 風流 이해 심화

<table>
<tr><td>►</td><td colspan="2">⑨ 김범부, 「歷史와 暴力」, 『새벽』, (새벽사, 1954)
⑩ 金凡父, 『花郎外史』(初版), (부산: 海軍本部政訓監室, 1954)
⑪ 金凡父, 『花郎外史』(再版), (서울: 凡父先生遺稿刊行會, 1967)
⑫ 金凡父, 『花郎外史』(三版), (大邱: 以文出版社, 1981)</td><td>58세
사후
사후</td><td></td></tr>
<tr><td>9</td><td>朝鮮文化의 性格에 대한 對談</td><td>1950년, 서울신문사(?)</td><td>54세</td><td rowspan="2">조선문화의 규명.東洋·東方의 혼용. '제작'論, 五證論 제시</td></tr>
<tr><td>►</td><td colspan="2">⑬ 金凡父 「朝鮮文化의 性格 - 제작에 對한 對談抄」, 『新天地』 통권45호, (서울: 서울신문사, 1950.4).</td><td></td></tr>
<tr><td>10</td><td>경주 『鷄林學塾』(문파교육재단. 일명 『鷄林大學』) 學長 취임, 강의(「歷史哲學」, 「文化史」, 「倫理學史」, 「政治學」, 「韓國政治史」)</td><td>1955년-57년, 경주 『鷄林學塾』</td><td>59세
-
61세</td><td></td></tr>
<tr><td></td><td colspan="2">⑭ 金凡父, 「活氣와 苦悶의 山水-風谷畵展平」, 『東亞日報』(1957.12.12)
⑮ 金凡父, 「韓國人과 유머」, 오종식 · 이희승 外, 『女苑』, (서울: 女苑社, 1957.7)
⑯ 金凡父, 「活氣와 苦悶의 山水-風谷畵展平」, 『東亞日報』(1957.12.12)</td><td>61세</td><td></td></tr>
</table>

범부는 이러한 과정에서 자신의 동방학을 천명하기 위한 나름대로의 독자적인 방법론, 즉 동방학적 연구방법론에 속하는 ①案出과 闡明, ②潤色과 演義, ③五證論을 선보이고 있다. ①은 새로운 제시와 부각의 방법이고, ②는 기술과 수식의 방법론이며, ③은 이론적 논거 마련 즉 논리적 증명(논증)의 방법론이다. ①, ②, ③은 상호 연관된 것으로서, 그의 동방학 구축기 '이전'의 단계에서 이미 그의 학문의 독자성과 활력을 부여하는 주요 방법론으로 자리매김해 있다. 종래의 연구

에서도 이들에 대해 단편적으로 언급, 논의하고는 있지만, 집중적으로 조명하지는 못했다. 범부의 동방학을 고려할 경우 이 방법론들은, 「易學」·「陰陽論」·「五行思想」등을 내용으로 하는, 그의 동방학 구축기(1958년 · 62세)의 '卽觀(卽事觀)的' · '陰陽論的' 관점 제시와 내적으로 연속하여 개화한다 점에서 중요하다.

범부는 본격적으로 동방학을 구축하기 이전 '이전'까지 한국적 사상과 윤리 전통에 집중되어 있었다. 애당초 그의 관심이 신생국 한국의 건국에 필요한 통치이념과 윤리 창출에 놓여 있었고, 더욱이 한국 고대에서부터 현재에까지 저류하는 '한국적'인 것은 안출하고 천명하고자 노력하였다. 그것이 바로 『花郞外史』에서 논의된 '花郞 · 花郞精神' '風流精神 · 調和의 精神'이었다.

[도표 5] 東方學의 底流로서 『花郞外史』의 花郞+風流論

「東方思想講座」⇒ 東方學의 確立 ⇡ 底流
「國民倫理特講」 ⇧ 基礎
花郞을 매개로 한 '新羅' '軍人 · 尙武精神' '風流道 · 風流精神' 闡明 『花郞外史』

이것을 국민의 '기억'의 축으로 삼아 현대에서 고대에 이르는 경계선의 설정을 모색하였다. 그것은 언어 · 문화 · 습관을 공유하는 '한국적'인 독자의 영역으로서, 동양이 아니라 동방이란 개념으로-다만 지금의 단계(1958년 · 62세 이전)에서는 '동양 · 동방의 혼합적 상태'를 보이며 조선 · 한국학의 영역에 머물러 있지만-확정하고, '한 겨레 ·

한 민족'이란 공동체의 이상실현, 국민대화합의 근거로 삼고자 하였다. 이후 동양 · 동방의 구별에 대한 자각은 차츰 강해져서 결국 동방학을 확립하게 된다. 그 기저에는 그가 고구려가 아니라 '신라'에 집착하는 한 북한-공산주의에 대항하는 남한-자유주의의 이념과 국가를 수호하려는 강한 정치적 지향과 민족주의적인 성향이 짙게 깔려 있음을 엿볼 수 있다. 이것은 해방 이후-박정희 정군 초기에까지 그가 껴안고 있었던 建國理念-國民倫理 확립이라는 기본 문제의식에서 발로한 것이었다.

범부는 '한국'이란 명확한 경계영역을 찾아내고 그 내부에 연속해온 사상사(風流 · 花郞 등)를 확정하고, 그것을 기반으로 하여 「國民」像과 「國民倫理」의 골격을 구상하여 독자적 · 창의적으로 안출 · 천명하였다는 점에서 돋보인다. 이 점에서 범부의 작업은 '있는 그대로를 기술'하는 것이 아니라 집단적인 정체성을 확립하기 위한 정치적 의도 아래 만들어간 일종의 '발명'에 가까운 것이었다. 그것은 해방 이후 박정희 정권기에 이르는 격동기에 범부가 보였던 재야 이데올로그로서의 활동과도 연관된다.

여기서 다루지 못한 과제, 즉 건국대학교 『東方思想硏究所』소장 취임 · 「東方學講座」담당(1958년 · 62세) '이후'에 펼쳐지는 그의 동방학, 동방학 르네상스론, 동학에 대한 재평가 등에 대해서는 다음 기회로 미루기로 한다.

6장

水雲 崔濟愚의 '東學'과 凡父 金鼎卨의 '東方學'의 소통

水雲 崔濟愚의 '東學'과 凡父 金鼎卨의 '東方學'의 소통

1. 최근 신라-경주에 대한 새로운 연구들

최근 신라-경주에 대한 새로운 연구들이 나오고 있다. 이런 연구들은 신라-경주를 한국이라는 일국주의(一國主義)의 폐쇄구역으로부터 해체하는 역할을 해준다.

이미 언급했듯이, 신라는 중국에 '신라방(新羅坊)'이, 일본에는 '신라군(新羅郡)'이라는 공간이 만들어질 정도로 국제적인 활동을 했었다. 아울러 아랍세계와도 밀접한 연관을 갖고 있음이 최근 알려지고 있다.

이희근은 『우리 안의 그들 역사의 이방인들』이란 책에서 신라가 많은 이민족(이방인들. 예컨대 이슬람 등)과 함께한 시공간이었음을 밝히고 있다.[1] 일찍이 이희수는 『세계문화기행』[2]이란 책에서, 아랍인

1) 이희근, 『우리 안의 그들 역사의 이방인들』(서울: 너머북스, 2008)

이븐 쿠르다드비[3](Ibn Khurdadhibah, 820 912)가 845년에 쓴 이슬람 기행문 『도로와 왕국 총람』의 "중국의 맞은편에 신라라는 산이 많고 여러 왕들이 지배하는 나라가 있다. 그곳에는 금이 많이 생산되며 기후와 환경이 좋아 많은 이슬람교도가 정착했다. 주요산물로는 금, 인삼, 옷감, 안장, 토기, 검 등이 있다.」(밑줄 인용자, 이하 동일)라는 대목을 인용하고 있다. 아울러 이희수는 세계에서 가장 오래된 것으로 보이는 한국 지도를 소개하고 있다. 이 지도의 존재는 '아랍세계와 고대 한국이 밀접한 관계임을 보여주는 증거'[4]로 평가된다.

더욱이 이희수는 사우디아라비아의 리야드시에서 동쪽으로 400km 떨어진 후푸프라는 마을에 한국인 후예가 살고 있다는 제법 신뢰할만한 제보를 듣고 그곳으로 찾아갔다. 후푸프의 알 윤(Al-Yun)이란 마을에서 칼릴 이브라힘이라는, 어머니가 한국계(약 1,200년 전에 바레인을 거쳐 이곳에 정착했다고 함)라는 남자를 만나 그의 이야기를 들었다. 옛날 윤(尹) 장군이 있었는데, 전쟁에서 무공을 세워 (이슬람의 술탄에게서) 그 마을을 포상으로 받았다고 한다. 그들은 윤장군의 명예를 기리는 뜻으로 그 마을을 알 윤이라고 부르기 시작했다는 것이다. 그 마을에는 여섯 가구의 한국인 후예가 살고 있으며, 그곳에서는 실제로 콩으로 된장을 만들고, 고추를 즐겨 먹고, 한국식 한방 처방이

---

2) 이희수, 『이희수교수의 세계문화기행: 낯선 문화 속의 익숙한 삶』(개정판)(서울: 일빛, 2009), 54쪽.

3) 다른 곳에서는 '이븐 쿠르다지바'로도 읽음.(유홍준, 「유홍준의 국보순례」(34) - 신라의 황금, 《조선일보》(2009.11.23)(http://news.chosun.com/site/data/html_dir/2009/11/18/2009111801896.html, 검색일자: 2010.2.20)

4) 요시미즈 츠네오, 『로마문화 왕국, 신라 : 방대한 유물과 사료로 파헤친 신라문화의 비밀』, 오근영 옮김(서울: 씨앗을 뿌리는 사람들, 2002), 57쪽.

남아 있다고 한다.[5] 요시미즈 츠네오(由水常雄)는 『로마문화 왕국, 신라 : 방대한 유물과 사료로 파헤친 신라문화의 비밀』이라는 책에서 방대한 유물과 사료를 토대로 신라가 중국과 교류하기 전에는 로마문화 왕국과 교류한 나라임을 증명하고 있다. 신라의 경주가, 중국과 교류하기 전까지 적어도 로마문화 제국과의 교류 국이었다는 말은, 신라-경주의 문화, 정신을 새롭게 이해할 필요성을 제기하는 대목일 것이다.

2. 수운, 범부의 '해동'-'신라'-'경주'로의 눈돌림

이미 언급한대로 수운은 「國號는 朝鮮이오/邑號는 慶州로다//(중략) 東都는 故國이오/漢陽은 新府로다//아 東方 생긴후에/ 이런 王都 또 있는가」라고 하여, 동방 가운데서도 그는 왕도인 '경주'를 높이 평가한다. 수운이 염두에 둔 '경주'는 그가 오도(득도)한 '용담정(龍潭亭)'[6]이겠지만, 그런 경주는 '계림(鷄林)' - '닭을 귀하게 여기는 나라'='꼬꼬댁의 신라'는 해동(海東)으로 새벽, 해돋이 지역, 개벽하는 곳을 의미하기에, 수운의 '개벽' - '다시 개벽' 사상[7]이 바로 이 '닭들이

5) 요시미즈 츠네오, 『로마문화 왕국, 신라 : 방대한 유물과 사료로 파헤친 신라문화의 비밀』, 오근영 옮김(서울: 씨앗을 뿌리는 사람들, 2002), 57쪽(이 내용은 이희수, 『이희수교수의 세계문화기행: 낯선 문화 속의 익숙한 삶』(개정판)(서울: 일빛, 2009), 131-132쪽을 참조한 것임)

6) 『龍潭遺詞』「龍潭歌」(『天道教經典』, 171쪽 등) 참조.

7) 『龍潭遺詞』「安心歌」(『天道教經典』, 152쪽, 159쪽), 「龍潭歌」(『天道教經典』, 171쪽) 참조.

울어대는' 신라의 정신을 계승했다고 생각한다. 수운은 이러한 지역을 포괄적으로 '아동방(我東方)'이라 했고, 범부는 '동방학'으로 표현했다.

3. 수운의 '다시 개벽'에서 범부의 '동방르네상스'로

아울러 수운의 '다시 개벽'론은 범부의 '동방르네상스'론으로 연결된다. 동방르네상스는 다시 개벽의 현실적 도래이다.

범부는 '동양(東洋)'이란 말을 잘 쓰지 않고, 의식적으로 '동방(東方)'이란 말을 쓴다. 다시 말해서 중국은 중국, 일본은 일본이지 '동방'이라 하지 않는다. 그의 '동방'은 넓게는 중국, 한반도, 일본을 포괄하는 동아시아를 가리키거나, 좁게는 한반도를 함축하는 표현이다. 가령, 고래로 '동국', '동해'라 했듯이, '동방'은 한반도, 즉 이 땅과 사람과 사물을 가리킬 때 쓰는 말이다. 가령, 범부가 즐겨 쓴 말 '르네상스'만 해도 '동방르네상스'라 하지 '동양르네상스'라 하지 않았다.[8]

범부는 말한다.

> 요컨대 관념론적이니 물질론적이니 하는 사물 관찰법으로 우리 인간에게 전개하여 놓은 것이 많다. 그러나 그로 인하여 위기를 당하였고, 따라서 해결할 수 없는 벽에 부딪치고 있다. 20세기 초기에 독일의 작가 슈펭글로는 『서양의 몰락』이란 저서에서 "구주(歐洲)의 강쇠(降

8) 김용구, 「범부 김정설과 동방르네상스」, 『한국사상과 시사』(서울: 불교춘추사, 2002), 272쪽.

衰)라고 번역함이 좋을 것이니 곧 서양의 문화는 갈 곳을 다 가고 다시 갈 곳이 없으니, 이것은 몰락 · 강쇠밖에 없다."는 내용을 진술하였다."[9]

이어서 범부의 〈동방사상강좌〉에 참석했던 이종익(李鍾益)은 이렇게 말한다.

15세기 이래 서부 유럽에서 발상된 르네상스운동은 오랫동안 상실되었던 인간을 다시 찾는 동시에 과거 신본주의 문화체계를 인본주의로 개체(改替)하면서 이 지상에 신문화 · 신세계를 개척하여 그 위력이 오늘에 이르기까지 온 세계사를 지배하여 왔던 것이다. 그러나 오늘에는 그 사명도 운명도 다했다. 르네상스가 발견한 인간은 이미 상실되었다. '르네상스는 사람을 찾고 신을 잃었는데 오늘에는 기계를 얻고 사람을 잃었다'고 선생님은 늘상 개탄하셨다. 오늘날 세계위기 가운데서도 가장 비참한 것이 인간 자체의 위기이다. 이미 기계화된 인간으로서 다시 자기가 만든 기계 앞에 최종의 그날을 기다리는 운명을 가져오게 되었다. 이같은 '인간 위기'를 구출하는 방법은 오직 현세계를 대처할 수 있는 신세계의 창조에서만, 이 세계의 창조는 오직 동방적 르네상스 운동에서만, 곧 '동방 정신문화'부흥운동에 있을 뿐이라는 것을 선생님은 제창하셨던 것이다.[10]

요약하자면, 범부는 서구의 위기=현대위기를 해결한다는 것은 서방의 원리로는 안 되고 그 대안인 동방의 원리로 해야 한다는 것이다.

---

9) 金凡父, 『風流精神』, 진교훈 교열(경산: 영남대학교 출판부, 2008), 156쪽,

10) 김용구, 「범부 김정설과 동방르네상스」, 『한국사상과 시사』(서울: 불교춘추사, 2002), 280-81쪽에서 재인용.

마찬가지로 범부의 제자인 고 이종후 교수(영남대)는 이렇게 범부의 입장을 요약하고 있다.

서구의 근대문화의 창조적 원리인 이성은 그 창조적 생명을 칸트 · 헤겔의 철학에 있어서 최고도로 발휘함과 동시에 다 소진해 버렸으며, 이리하여 서구문화는 오늘날 속은 완전히 허탈과 파탄의 상태에 빠진 채 물질문명의 가속도적 진보에로만 치닫고 있다는 것, 인도문화는 대승불교철학의 전개를 고비로 하여 그 후부터 정체돼 버렸고, 중국문화는 주자의 성리학의 전개를 고비로 하여 그 후부터 정체돼 버렸다는 것, 이리하여 동서문화를 종합한 새로운 인류문화의 창조적 원리로서인 새로운 세계관 내지 신앙원리를 탐구하는 것이야말로 가장 본질적인 세계사적 과업으로서, 이 과업완수에 가장 기여할 자는 중국 민족이나 일본 민족보다 한국 민족이라는 것, 우리 동양사람으로서는 오늘날 서구의 고전문화나 근대문화를 도외시하고 동양문화의 정신적 원류에 직참하려고 하는 것은 공부의 정도가 될 수 없고, 도리어 서구문화를 그 현대적 말단에서 그 고대적 근원에로 거슬러 두루 편력한 연후에 동양문화의 정신적 원천에로 환귀하는 것이 오늘날 공부의 정도라는 것. 다시 말하면 어느 특정한 전통도-설사 자기 자신이 귀속해 있는 전통이라 할지라도- 그것에 얽매이거나 또는 그것을 유일절대적인 진리로 고집할 것이 아니라 다른 모든 위대한 전통들에 대하여 마음을 열어 그 산 내실을 섭취하여 자기 것으로 만듦으로써 자기자신의 전통의 경화작용을 막고 나아가서 그 창조적 생명력을 항상 새롭게 보강하는 것이 문제라는 것, 그리하여 이 점에 있어서 우리 한국 사람이 어느 민족보다 유리한 조건들을 가지고 있다는 것. 그리고 끝으로 미래 어느 시대엔가 동양의 정신문화가 인류문화에 있어서 주도적 역할을 수행하게

될 것이라는 것.[11)]

그럼, 동방르네상스를 이룰 모태가 될, 전통문화-사상은 무엇인가? 범부는 신라-경주문화라고 생각한다.

범부는 「風流精神과 新羅文化 ― 風流道論緖言 ―」라는 글에서 동=동방 르네상스의 모델로서 신라-경주 문화의 우수성, 특수성을 이야기 한다. 그리고 그 연원에 대해서 당시 '중국, 인도, 그리스'라는 설이 있다는 것도 언급한다. 하지만, 孤雲 崔致遠이 「鸞郎碑序」에서 말한 '國(=新羅國)'의 '玄妙之道'의 '玄妙'(儒敎的이라면 正大之道 · 中正之道라고, 佛敎的이라면 圓妙之道 · 大覺之道라고, 道敎 · 仙道的이라면, 玄虛之道 · 淸虛之道라고 했을 터임), 그리고 '風流道' · '花郎', '包含三敎'의 '包含'(포함은 三敎를 담아내는 다른 바탕을 말함)의 뜻에 대해 면밀히 탐구할 것을 일일이 엄밀하게 논의한 뒤, '鸞郎碑序의 撰者인 崔孤雲의 思想과 識見이 果然 여기까지 想到했을런지 그것도 疑問'이라 하고, '風流道는 그 精神이 이미 三敎의 性格을 包含했고 또 三敎 以外에 獨特한 한 개의 性格을 가진 것' 즉 '玄妙한 風流道'를 제대로 알아야 한다고 역설한다. 이것을 모르고는 花郎, 新羅文化, 新羅史, 韓國文化를 모르는 것이니, '앞으로 더 연구해 보아야할 과제'라 하고는 글을 끝맺는다.[12)]

---

11) 이종후, 「나의 구도의 길 1」, 『철학회지』 제1호(경산: 영남대학교 철학과, 1973. 10), 4-5쪽.

12) 이 부분은 중요하기 내용을 그대로 실어 둔다. 「많이는 支那의 影響이라 일으고 혹은 인도의影響 또혹은 「끄레샤」의 影響이라고 까지 하는말이있다 물논 그럴터이다 그야 支那大陸으로부터 모든 文物이 流通될적에 美術이 홀로 影響을 받지 않을리도 없겠고 佛敎의 思想과 함께 그 文物의影響도 있을것이 事實이다. 그리

고 支那의 佛教美術은 인도의 影響은 받았고 인도의 美術은 「끄레샤」의 影響을 받았기 때문에 「끄레샤」에서 인도로 인도에서 支那로 支那에서 新羅로 하고본즉 新羅美術, 그中에도 石窟庵彫刻같은것은 「끄레샤」的色彩가 濃厚하다고 말들을 하는 모양이다. (중략) 우선 이 「玄妙」之道란 四字만 해도 몇 번이나 생각하고 읽어보고 적은것이며 이미 적은 뒤에 다시 읽어보고 다시 생각해본것을 우리는 알아야 한다 이를테면 風流道가 風流道가 아니고 儒教이드라면 決코 決코 玄妙之道라 적을리 만무하단 말이다 古人의 筆法으로서 儒教를 적을 境遇면을 반드시 正大之道라 하든지 혹은 中正之道라 했을것이고 만일 佛教일 境遇에는 혹시 玄妙之道라 할른 지도 모르지만 역시 古人으 愼重한 筆法으로선 玄妙와는 意味를 달리해서 圓妙之道라 하든지 大覺之道라 할것이다 그리고 오직 道教나 仙道일 境遇에는 아닌게아니라 玄妙之道라고 할 理由가 가장 그럴수 있을것이다 그러나 古人의 筆法으로서는 역시 여기도 指豫가 있을터이다 말하자면 玄虛之道라든가 淸虛之道라고 할 편이 더 많으리라고 생각된다 그러나 道教나 仙道를 玄妙之道라고 했다면 多少의 間隙이 없지도 않은채 彷彿하게 通過는 될것이다 옳아 여기 역시 妙味가 있단 말이지, 대저風流道는 물론 支那風의 道教나 仙道와는 距離가 自在한바이지만 風流道人인 花郎을 國仙이라 일컫고 花郎의史傳을 仙史라고 적은것을 보면 「仙」字와는 「事理」가 相通하는 消息을 짐작할수 있는것이다 그래 「仙」과 「事理」가 相通하기 때문에 仙道를 玄妙之道라 할 境遇에는 역시 그대로 通過할수 있는것이다 그러나 그것은 그대로 通過한다는 程度이지 꼭 틈 없이 適確한것은 아니다 그래 그만치 相通하는것이고 그만치 距離가 있다는것만 짐작하면 眞相은 這間에 自在할것이다. 그러면 中正之道라 든가 圓妙之道라 든가 玄虛之道라 든가 하는 等의 形言을 取하들 않로 반드시 玄妙之道라 했으니 이 玄妙이字에는 分明히 意味가 들어있겠는데 글쎄 어찌해서 許多한 六儀를 다 체쳐두고 꼭 玄妙二字를 골랐을가 생각하건대 「風流道의性格」은 어떤字보다도 「玄妙」二字가가장 適切했든 모양이니 알고보면 玄妙二字야 말로 果然 玄妙한것이다 風流道의 性格을 形言하는데는 아닌게아니라 玄妙二字以外에 다른字가 있을수 없는것이다 그런데 이 玄妙二字의 意味를 完全히 解得하려면 역시 風流道의 性格을 究明해야 할것이다. 風流道의 性格을 究明하려면 첫째 그道를 어찌해서 風流라고 일렀을가 우선 風流란 語義부터 意味를 가진것이고 또 實乃 「包含」三教라 했으니 이 「包含」二字도 容易하게 看過해서는 안되는 것이다 이 包含二字를 잘못解釋하면 우리文化史의 全體가 사뭇 비틀어지게 되는 판이란 말이다. 이를테면 三教를 調和했다거나 或은 集成했다거나 或은 折中했다거나 或은 統一했다거나 或은 統合했다 거나할 境遇에는 본대 固有의淵脉은 없이 三教를 集合한것이 될것이다 그런데 이건 「包含」이라 했으니 말하자면 이 固有의精神이 본대 三教의性格을包含했다는 意味로 解釋해야 할것이다 그리고 三教라 한것은 물론 儒佛仙인데 이 風流道의 精神이 이미 儒佛仙의性格을 包含한것이 거니와 여기 하나 重大問題가 들어있는것은 風流

4. 신라, 경주 문화의 특수성 규명의 방법-범부의 '오증론(五證論)'

범부는 수운의 동학 제창을 '획기적인 역사적 대사건'으로 적극 평가한다. 범부는 다른 논의에서 이러한 신라-경주 문화를 제대로 알기 위해서는, 현재 문헌적 기록이 많이 남아 있지 않기 때문에, '文證'만으론 한계가 있음을 밝히고, 방증(傍證) 등 '다른 증명 방법'이 필요함을 역설하고 있다.

범부는 '문화사'를 연구하는 데는 그 어느 시대이든지 '그 시대의 중심문화'를 논하는 것이 중요한데, 근대기에 종교, 도덕, 예술, 政治 등등을 막론하고 '과학정신'이 그 중심의 지위를 차지하는 것을 부정할 길이 없으나 '고대의 중심문화'(中古, 上古, 太古 등)를 규정하는 데까지 과학을 끌어 들여선 안 됨을 말한다.

그는 「무릇 時代란 것은 그 時代의 精神이란 것이 各自의 特色이 있기 때문에 언제나 歷史를 觀察하는 때는 그 時代의 精神인 그 時代의

道가 이미 儒佛仙 그以前의 固有精神일진대는 儒佛仙的性格의 各面을 內包한 동시에 그보다도 儒佛仙이 所有하지 않은 오직 風流道만이 所有한 特色이 있는것이다 그야 꼭 特色이 있는것이다 그런데 이 鸞碑의 斷片的數節에는 이것이 言及되지 못했으니 果然 千古의 遺憾이다 마는 글쎄 鸞碑가 이미 全文이 아니고 또 鸞碑의 撰者인 崔孤雲의 思想과 識見이 果然 여기까지 想到했을른지 그것도 疑問이다 그는 또 그렇다 하고 대관절 風流道는 그 精神이 이미 三教으 性格을 包含했고 또 三校以外에 獨特한 한 개의 性格을 가진것이다 이것이 果然 玄妙한 風流道란것인데 이것을 모르고는 花郎을 모르는것이고 新羅文化를 모르는 것이고 新羅史를 모르는 것이고 韓國文化를 모르는것이다 그러면 風流道란 도대체 무엇인가? 앞으로 더 연구해 보아야할 과제이다.」(「風流精神과 新羅文化 — 風流道論緒言 —」, 『韓國思想』3, (韓國思想講座編輯委員會 · 編, 1960))(최재목 · 정다운 편, 『凡父金鼎卨短篇選』, 33쪽).

中心文化에 着眼하지 않으면 그 視野에 들어선 史相은 벌써 그 時代의 事實이 아니고 觀察者의 小主觀的 虛構에 不過한 것이다.」라고 본다.[13] '그 시대의 정신인 그 시대의 중심문화에 착안'하려는 그의 안목에서 동방학의 방법론이 탄생한다.

우선 그는 「朝鮮文化의 性格(제작에 對한 對話 秒)」에서 '조선文化의 性格을 觀察하는 方法'으로서 '文獻만을 믿다가는 牽文逐字的 解釋에 그치는' 수도 있을 것이고 '第一事實을 發見 或은 捕捉하는데 도리어 障碍를 만드는' 수도 있음을 말하고, 조선에서는 '조선 文化를 硏究하는데 必要한 文獻이 많지 않다'는 말을 한다. 다시 말해서 '不備한 材料를 가지고 牽文逐字的으로 해석하는 것'이 아니라 사실에 접근할 '第一事實을 잘 발견할' 방법을 찾아야 함을 말한다.

우선 범부가 말하는 문헌은 두 가지인데, ①成文的文獻, ②不成文的文獻이 그것이다. 우선 ①'成文的 文獻'이란 世間에서 말하는 文獻이고, 다음으로 ②'不成文的文獻'이란 '一切의 文物 및 口碑, 傳說, 格言, 俗談, 風俗' 및 '工藝 音樂'(조선문화에서는 이 두 가지를 중시해야 한다고 함) 등이라 한다. 아울러 그는 이 모든 文物보다도 더욱 重視하지 않으면 안 되는 '第一條件'으로서 '조선 사람 自身이 가지고 있는 性格', '性格의 特色'이라 본다. 그래서 우리가 이러한 問題를 硏究하는 데는 '成文的文獻을 無視'해서는 안 되지만, '不成文的文獻을 主로 하고 成文的 文獻을 오히려 從屬으로 해도 좋을 것'이라 본다.[14] 그러

---

13) 金凡父, 「風流精神과 新羅文化 — 風流道論緖言 —」, 『韓國思想』3, (韓國思想講座編輯委員會 · 編, 1960)(최재목 · 정다운 편, 『凡父金鼎卨短篇選』, 31-33쪽))

14) (問) 조선文化의 性格을 觀察하는데는 어떠한 方法이 適當하다고 생각하는가?
(答) …… 어느 다른 나라 或은 어떤 系統의 文化나 思想을 觀察하는데도 그러하겠지만, 그中에도 조선에 있어서는 더구나, 더 그 方法을 아는일이 緊要할 것이다.

므로 신라문화의 性格을 硏究하는데 문증만으로 부족함을 이야기 한다. 이것이 범부의 동방학 방법론의 특징을 드러내는 부분이라고 생각한다.

그가 말하는 ①文證(=文徵)은 歷史에 관련한 모든 文獻이다. '文證'에 이어서, 그는 「新羅文化의 種種相」은, '新羅에 關한 問題는 역시 물론 新羅에서 찾는 수밖에 딴 도리가 있을 리 없다.'는 것을 전제로 하고, 그것을 밝히는데 ②物徵[15](=物證), ③事徵(事證), ④口徵(口證)이 필요함을 말한다. '物徵'은 〈歷史的遺蹟과 古物 等〉이고, '事徵'은 〈文獻에도 보이지 않고 遺蹟이나 古物에서도 보이지 않으면서도 風習이나 禮俗이나 歷史的遺風을 想起할수 있는 情調라든가 表情〉이고, '口

이런 것을 硏究하는데 역시 文獻에 비겨야 할 것은 勿論이나, 그러나 文獻만을 믿다가는 牽文逐字的 解釋에 그치고 마는수도 있을것이고, 그보담도 第一事實을 發見 或은 捕捉하는데 도리어 障碍를 만들어 놓는수도 어렵지 않은 일이다. 그런데 조선에 있어서는 더군다나 이런 것을 硏究하는데 文獻이 不足하다. 文獻이 不足하다는 말은 조선사람이 만든 書籍이 不足하다는 말과는 性質이 다르다. 뭐냐하면 書籍이 많거나 적거나 조선 文化를 硏究하는데 必要한 文獻, 그것이 많지 않다는 말이다. 그런데 이 不備한 材料를 가지고 牽文逐字的으로 解釋하는 것은 아닌게 아니라 意味가 □□ 일이다. 그렇고 보면 우리는 무엇에 依據해야만 이러한 問題에 □□□第一事實을 잘 發見할수 있겠는가? 이것은 決코 文學的 文獻에 있지 않다. 이미 文獻이란 말이 났으니 말이지 이러한 材料를 통틀어 文獻이라고 規定할수 있다면 거기는 두가지 區別이 必要하다. 成文的 文獻과 不成文的 文獻이 그것이다. 成文的 文獻이란 世間 所謂 文獻이란것이고, 不成文的 文獻이란 一切의 文物 및 口碑 傳說 格言 俗談 風俗 그中에도 조선에 있어서는 工藝 音樂等을 重視하지 않아서는 안될것이다. 그리고 이 모든 文物보담 더 重視하지 않으면 안되는 第一條件이 있다. 그것은 곧 조선 사람 自身이 가지고 있는性格, 그 性格의 特色 그것이다. 그러므로 우리가 이러한 問題를 硏究하는데는 成文的 文獻을 無視까지는 하지 않을지언정, 不成文的 文獻을 主로하고 成文的 文獻을 오히려 從屬으로 해도 좋을것이다. (金凡父, 「朝鮮文化의 性格(제작에對한對話秒)」, 『新天地』(서울: 서울신문사, 1950.04))(최재목 · 정다운 편, 『凡父金鼎卨短篇選』, 19-20쪽))

15) '徵'은 '證'과 같음.

徵'은 〈傳說 俚諺 民謠 童謠 古典樂 恒茶飯의 口碑 等〉이다.

이렇게 범부는 '史材의 四徵'(文徵, 物徵, 事徵, 口徵)을 제시한다. 그 밖에 그는 '傍徵'이란 것이 있다고 한다.[16] 아마도 방증은 '혈증'을 말하는 것으로 보인다. 즉,

> 史蹟을 硏究하는 法이 文獻에만 依據하는 것은 아니기 때문입니다. 文獻 以外에 무엇이 있느냐 하면 物證이라는 것이 있어서, 古蹟에도 우리가 資料를 求할 수가 있는 것이고 또 하나는 그 以外에 말하자면 口證이라는 것이 있는데, 그것은 무엇이냐 하면 口碑傳說과 같은 것입니다. 또 하나는 事證이라는 것을 들 수 있는데 그런 것은 遺習이라든지 遺風 · 遺俗 · 風俗 또는 習俗, 이런 것들 가운데서 찾아 볼 수 있는 것입니다. 文獻 以外에도 이만한 것이 있기 때문에 우리는 絶望하지 않고 硏究해 볼 수 있는 것인데, 이 風流道 問題에 대해서는 이 四證 以外에 말하자면 文證이나 物證, 口證이나 事證 以外에 또 한가지 좋은 資料가

16) 二. 新羅文化의種種相: 무릇 歷史를 硏究하는데는 먼저 史材로서 그 所徵이 必要한것인데 이 所徵이란것이 실상인즉 單純한 그것이 아닌지라 첫째 依據할바는 우선 文徵이니 歷史에 關聯을 가진 모든 文獻이 그것이고 또는 物徵이니 歷史的遺蹟과 古物等이 그것이고 또는 事徵이니 文獻에도 보이지 않고 遺蹟이나 古物에서도 보이지 않으면서도 風習이나 禮俗이나 歷史的遺風을 想起할수 있는 情調라든가 表情이라든지가 그것이고 또는 口徵이니 傳說 俚諺 民謠 童謠 古典樂 恒茶飯의 口碑等이 그것이다. 그리고 보면 文徵, 物徵, 事徵, 口徵, 이것을 우리는 史材의 四徵이라고 불은다 또는 그밖에 傍徵이란 것이 있기도 하지만 그건 우선 두고, 도대체 우리의 古代史는 文徵이 너무나 疏略하기 때문에 많이는 物徵이나 口徵에 依據할터이지만 흔히는 「事徵을 疎忽視」하는 感이 없지도 않다 그는 또 어찌됐든지 新羅文化의 性格을 硏究하는데 古代史로서는 다른 어늬것보다 더 疏略한건 아니지만 역시 文徵만으론 여간 疏略하지 않다 그러나 저러나 新羅에 關한 問題는 역시 물론 新羅에서 찾는수 밖에 딴 도리가 있을리 없다.(金凡父, 「風流精神과 新羅文化 — 風流道論緖言 —」, 『韓國思想』3, (韓國思想講座編輯委員會 · 編, 1960))(최재목 · 정다운 편, 『凡父金鼎卨短篇選』, 33쪽))

있어요. 그 資料는 우리들 自身들이 가지고 있는 血脈 즉, 말하자면 살아있는 피라고 말했는데, 이것은 四證 이 네 가지 證外에 우리의 心情, 우리의 血脈 속에서 찾아 볼 수가 있는 것입니다.[17]

이렇게 범부가 '史蹟'을 연구하는 방법론으로서 제시한 '五證論' 즉 ① '文證'(←文獻), ②'物證'(←古蹟), ③'口證'(←口碑傳說), ④'事證'(←遺習 · 遺風 · 遺俗 · 風俗 · 習俗), ⑤'血證'(←心情 · 血脈)은 경주-신라의 '時代 精神'인 '그 時代의 中心文化'를 들춰내려는 동방학의 방법론이었다.

[도표 3] 범부의 五證論

범부의 五證(徵)	1	文證(徵)	文獻
	2	物證(徵)	古蹟
	3	口證(徵)	口碑傳說
	4	事證(徵)	遺習 · 遺風 · 遺俗 · 風俗 · 習俗
	5	血證(徵)	心情 · 血脈

범부가 아래와 같이 말하고 풍류도의 '血脈'론을 주장한 것은 '범부 자신' 또한 그 혈맥을 이어받아 풍류를 계승하고 있다는 '확신'을 보이는 대목이다.

풍류도란 것은 어떤 교단의 형태를 갖고 있는 것도 아니요, 어떤 명확한 경전을 갖고 있지도 않습니다. 다만 이 정신이 우리의 혈맥 가운

---

17) 金凡父, 「國民倫理特講」, 『現代와 宗教』 창간호(대구: 현대종교문제연구소, 1977), 89-90쪽.

데 흘러 왔을 뿐이지요. 그렇기 때문에 어느 의미로는 우리 민족이 수난과 실패의 역사를 겪어 오면서도 오늘날까지 이만한 정신을 유지해 온 것은 풍류도 정신이 우리의 혈맥 가운데 흐르고 있다는 것입니다.[18]

다시 말해서 이 부분은 혈맥을 통한 '신라-경주 血統論(=도통론)'의 제시로 봐도 좋을 것 같다.[19] 이러한 범부의 '풍류적 혈통론'은 결국 수운으로 소급된다.

아마도 「언어란 소리로 들을 수 있는 생각이다.」[20]라는 그의 어법을 빌린다면, 혈맥은 '핏줄로 들을 수 있는 언어-생각'이었을지도 모른다.

5. '血證'論의 확대－범부의 「崔濟愚論」: 무속(巫俗), 계시(啓示), 한울님[天主]의 강림(降臨)에 주목－

범부는 수운의 사상적 배경으로 '무속(巫俗)'에 주목하고, 동학은 샤머니즘에 기원하다고 밝히는 대목은 새롭게 평가할 필요가 있다. 어쩌면 한국인에게 모든 것이 변해도 가장 밑바닥에 변치 않고 살아남아 있는 '혼' '정신' '영성' 같은 것을 민족의 자존심처럼 내세운다.

---

18) 金凡父, 「國民倫理特講」, 『花郎外史』(3판)(대구: 이문출판사, 1981), 232-33쪽.
19) 이용주는 「凡父 사상체계와 전통론의 의의」라는 논문[《제2회 범부연구회》(2009. 10. 24-25, 영남대 법학전문도서관 2층 영상회의실) 세미나 자료집]에서 범부의 도통론을 '풍류도통론'으로 규정한 바 있다.
20) 金凡父, 「言語와 文章獨立의 課題」, 『東方思想講座』(李鍾益, 『東方思想論叢』, 서울: 寶蓮閣, 1989), 11쪽.

이것은 마치 일본의 국학자(國學者) 모토오리 노리나가(本居宣長)가 '중국의 마음(唐のこころ)'을 상대화 · 배제시키는 논법으로 '일본의 정신(大和魂)' · '어쩔래야 어쩔 수 없이 드러나는 심정(物の哀れ)'를 내세웠던 것처럼[21] 다른 지역의 학문 방법론들과 비교해보면 좋을 것 같다.

즉, 범부에게 있어서 무속은 '檀代의 神道設教 → 고구려 · 백제 신앙의 표준 → 신라의 풍류도 → 수운의 동학'으로 이어지는 우리나라의 일관된 교속(教俗)으로 파악되었다. 그리고 朱子學과 같은 실패한 외래사상 때문에 잠시 끊어졌던 사상이 수운으로 해서 '기적적 부활'을 한 것이라 본다.[22]

범부의 이러한 논의는 결국 신라-경주의 '동'='동방'을 발굴하고 그것을 '중심' 위치에 앉히고자 했던 노력의 하나였다. 수운이나 범부가 말하는 '동=동방'은 바로 한국이다. 이 '동=동방'은 바깥에서 구축된 것이 아니고, 내부에서 면면히 계승되어온(다른 지역의 영향을 받지 않은 순수-고유한) 이른바 '자가 발전'한 것이라고 본다.

---

21) 앞으로 모토오리 노리나가(本居宣長)와 범부를 비교하는 것도 흥미로운 주제가 될 것이다.

22) 범부의 「崔濟愚論」에 의하면, 무속은 샤머니즘계의 信仰流俗으로서 신라의 風流道의 중심사상이고, 또 風流道의 연원을 檀君의 神道設教로 보고 이것 또한 巫俗과 다름 아닌 것으로 간주한다. 이러한 신도설교는 우리나라 역사 전체를 일관하며 고구려 · 백제가 모두 이것으로 신앙의 표준으로 삼았으나, 신라에 이르러 이 정신이 더욱 발전하고 세련되어 조직화되면서 풍류도를 형성하였, '신라 일대의 찬란한 문화를 釀出하고 傑特한 인재를 배양하고 또 삼국통일의 기운을 촉진'했던 것으로 본다. 그러나 이러한 기운은 주자학과 같은 외래문화가 사회의 주류를 이루면서 쇠퇴하고, 결국 그 정신은 사라져버리고 퇴폐한 여운과 사이비 형태만 유지하게 되었다고 인식한다. 이러한 즈음에 있었던 수운의 출현하였는데, 그것은 가히 '역사적 大降靈'이며 동시에 '神道盛時精神의 기적적 부활' 인식되었다. 범부에게 동학의 출현은 '國風의 재생', '사태의 驚異'이며 '역사적 대사건'이었던 것이다.

이런 논리적 맥락에서 그는 수운의 동학을 '계시 종교'로 간주한다. 즉「수운이 체험한 계시 관경은 일종의 강령 즉 '내림이 내린 것'으로 볼 수 있고, 또 그 강령법도 자신의 체험을 양식화한 것」이며,「무릇 무속은 샤머니즘계의 신앙풍속으로서 신라의 풍류도의 중심사상이 바로 이것이고, 또 이 풍류도의 연원인 단군의 神道設教도 다름 아닌 이것」(범부의 '崔濟愚論' 참조)이라고 본다.[23)]

범부는「崔濟愚論」외의「東學은 啓示宗教」라는 글에서 이렇게 말한다.

동학교조수운최제우(東學教祖水雲崔濟愚)는 우리 근세사상(近世史上)에 제일유명한 인물인즉 많은 말을 하지않아도 잘알수있거니와 동학이란말은 수운자신이 명명한 바라 문자 그대로 동학인것이 가장 정확하다 유불선삼교(儒佛仙三教)운운(云云)은 오히려 투어(套語)에불과하고 동학이란말만이 오직 산말(活語)이다 왜냐하면 수운의증득(證得)한 종지(宗旨)는 일종의 계시종교(啓示宗教)인바 유불선과는 다소의 거리가있는 것이다 천어(天語)를듣는다니 강신(降神)을한다니 모두 계시종교의 특색을가졌는데 이건 또수운의 말씀 한바와 같이 서학(西學)에서 온것도 아니다이건 다름아닌 우리의 신도(神道)곧 무속(巫俗)에서 유래(由來)한것이다

그리고 내유신령외유기화(內有神靈外有氣化)는역시 수운독자(獨自)의대발명으로 과연동학교의안목(眼目)이될것이고당시에 가비(家婢)두명을하나는 자부(子婦)를하나는 양녀(養女)로단정한 그사상그확

---

23) 최재목,「범부 김정설의 '崔濟愚論'에 대하여」,『동학학회 9월 월례발표회 논문집』(동학학회, 2009. 9) 참조.

신 그용기그것이어디서 왔느냐고 여기는 모든사추(邪推)를용인하지않고다만수운은 소생으로환진갑지내근암(近巖)최옥(崔鋈)의서자(庶子)이다 十세전에어머니를여인영특한복술(水雲初名)은개혁사상의맹아리를이때부터길러얻은것이다[24]

범부가 말한 대로 동학의 샤머니즘적 측면은『동경대전』, 논학문의 "외유접령지기(外有接靈之氣), 내유강화자교(內有降話之教)"에서 잘 드러난다. 여기서는 무당의 접신(接神)과 유사한 경지가 나타난다.[25] 이외로 영부(靈符), 주문(呪文)과 같은 것도 역시 샤머니즘적인 요소를 갖는다.[26] 동학에서 주목해야 할 부분은 수운이 깨달음을 얻을 때 한울님[天主]의 목소리를 들었다는 사실이다. 이때 그 소리를 '선어(仙語)'(「有何仙語, 忽入耳中」)[27]라고 한다. 즉 동학은 최제우가 '듣고' 깨달은 것을 바탕으로 성립된 사상이라는 점이다. 그런 다음 한울님의 지시로 종이를 펼쳤고 그러니까 그 종이위에 영부(靈符)가 보였다. 그래서 이 영부를 그렸다. 즉, 듣고 봤지만 '들은' 것이 먼저라는 사실에 주목할 필요가 있다.[28]

소리로 듣는 것은 시간-초월의 영역에 속한다. 그러면서도 그것은

---

24) 金凡父, 「雲水千里」,《韓國日報》, 1960.01.06(5회)(최재목 · 정다운 편,『凡父金鼎卨短篇選』, 203-204쪽)

25) 최재목, 「범부 김정설의 최제우론에 대하여」,『동학학회 9월 월례발표회 논문집』(서울: 동학학회, 2009) 참조.

26) 손병욱, 「동학의 '삼칠자 주문'과 '다시 개벽'의 함의」,『동학학보』 제18호(서울: 동학학회, 2009), 214-215쪽.

27)『東經大全』, 「布德文」(『天道教經典』, 18쪽).

28) 손병욱, 「동학의 '삼칠자 주문'과 '다시 개벽'의 함의」,『동학학보』 제18호(서울: 동학학회, 2009), 205쪽 참조.

현실-내재한다. '내유신령외유기화(內有神靈外有氣化)'라는 말은 초월-내재를 잘 보여주는 말이다.

6. 범부의 '사우맞음(대조화)=풍류'는 수운의 '內有神靈外有氣化-侍天主造化定'의 부활

아마도 범부가 수운의 '동학'을 '계시종교'로 보고, 그런 영성적 흐름이 혈통을 통해 전승된다는 논리를 펴는 것에서 '한국의 독자적인 윤리 구축'을 염두에 뒀던 것으로 추론해 볼 수 있다. 국민윤리론, 정치철학론의 구상은 이러한 그의 영성적, 정신적 논의를 통해서 연결되어 간다. 수운이 하늘로부터 '소리를 듣고 깨달았던 것'처럼, 한 국가의 '말소리' 즉 '국어(國語)'는 그 나라를 표현하는 사상인 셈이며, 그 나라의 정신을 듣는 소리인 것이다.

범부는

> 文章이란 言語의 표현이고 언어란 意思의 표현이니, 모든 사람의 用語는 곧 그 사람의 思想이다. 언어란 소리로 들을 수 있는 생각이다. 觀念이나 思惟를 떼어놓고 말이 있을 수 없다. 그렇다면 그 國民의 言語를 떼어놓고 말이 있을 수 없다. (중략) 國語와 文章이 독립하지 못하면 그 국민의 사상도 獨立할 수 없는 것이다."[29]

---

29) 金凡父, 「言語와 文章獨立의 課題」, 『東方思想講座』(李鍾益, 『東方思想論叢』, 서울: 寶蓮閣, 1989), 11-12쪽.

라고 하여, 국어-문장-사상을 일치시켜 말하고 있다.

> 우리 조선사람은 自身이 所有한 語彙가운데 스스로 놀랠밖에없는 偉大하고도 玄妙한 말을 가지고 있다. 그런데 한개의 語彙가 이렇게까지 重大性을 가진다는 것은, 얼핏들으면 좀 誇張的이 아닌가하는 疑惑도 아주 없지는 않을것이다. 그러나 이걸 其實 조금도 誇張的인 嫌疑는 없는것이다. 왜냐하면 말이라는 것이 어떤 個人의 常套語가 아니고, 어떤 民族이 歷史的으로 社會的으로 所有하고있는 語彙인즉, 그것이 그냥 말이 아니라 그것은 그사람들의 性格이요 生理요思想인것이다. 원체 말이란 입에서나는 소리가 아니라 귀로 들을수 있는 思想이다. 그러므로 어떤種類의 意味깊은 語彙를 가졌다는 것은 곧 그 思想을 가진것이고, 또 그 性格과 生理를 가진 것으로 보아서 옳은것이다. 그런데 이 신통한 語彙란 다른것이아니라 우리말로 『제작』이란 것이다. 그런데 이 『제작』이란말은 우리 겨레에 있어서는 그냥 말이 아니라 그것이 思想이요 性格이요 生理인것이다. 그러고보면 우리는 『제작』이란 思想또는 그 性格 그 生理의 所有者인것이 분명하다.[30)]

특히 '언어란 소리로 들을 수 있는 생각이다.'라고 했던 범부에게 '동방'이란 어휘 사용에도 까다로웠다. 그는 '동양'이란 말을 사용하지 않고 꼭 '동방'이라 했다.[31)]

이렇게 언어사용에 민감했던 범부는 '풍류'를 '제작'으로, 또는 '제

---

30) 金凡父, 「朝鮮文化의 性格(제작에對한對話秒)」, 『新天地』(서울: 서울신문사, 1950.04)(최재목 · 정다운 편, 『凡父金鼎卨短篇選』,19-20쪽)
31) 김용구, 「고운 최치원의 시학(詩學)과 언설사상」, 『한국사상과 시사』(서울: 불교춘추사, 2002), 272쪽.

작'을 '사우맞다', '조화-대조화'란 개념으로 바꾸어서 사용하기도 한다. 범부에 따르면 '제 작'이란 '저절로=自'의 뜻인 '제'와 '이루었음 · 이루어졌음'의 뜻인 '작'[32]으로 되어 있다고 풀이한다.[33] 범부는 '제작'이 조선문화의 '일종의 독특한 성격과 생리'를 가지고 있다고 보고 그 예로서 '조선 여자들의 물동이 이는 것'과 '어린 사환들이 상전에게 드릴 밥상이고 가는 것'의 신묘함을 들고 있다.

먼저, 우리 한국의 여인들은 특수한 훈련을 일부러 받지 않았음에도 물동이를 이고 그것을 붙들지 않고 걸을 뿐만 아니라, 심지어는 걸어가면서 두 손으로 자수까지 하거나, 더 더욱이 등에 어린애까지 업고 그런 일(자수를 하며 물동이를 이고 감)을 여사로 한다고 한다는데 신기함을 표명한다.

다음으로 예전에 소동 즉 어린 사환들이 상전에게 드릴 소반(밥상)을 이고 가는데, 이것을 머리에 인 채, 밥상에서 손을 떼고 얼음을 탄다는 데서 신묘함을 느낀다. 만일 잘못해서 상전의 밥상을 엎어버린다면 제 목이 날아갈는지 모르는데 소동들은 그것에 개의치 않고 얼음타기에 몰두한다는 말이다.

결국 범부는 조선 「여자의 물동이」와 「소동의 밥상」은 조선 전래의 '제작'의 본지를 엿볼 수 있는 '동공이곡(同工異曲)'이라 한다. 그래서 그는 '조선의 겨레는 물동이의 모성과 밥상의 부성, 이 양친의 자손'이라 단언한다.[34] 그의 오증 중에 '혈증(血證)'을 말하고 있는 것이다.

---

32) 작은 한자의 '作'으로 보이는 점도 있다.

33) 金凡父, 「朝鮮文化의 性格(제작에對한對話秒)」(최재목 · 정다운 편, 『凡父金鼎卨短篇選』, 25쪽 참조.

34) 金凡父, 「朝鮮文化의 性格(제작에對한對話秒)」(최재목 · 정다운 편, 『凡父金鼎卨短篇選』, 28쪽)

조선의 겨레는 물동이의 母性과 밥상의 父性, 이 兩親의 子孫임에 틀림없다.그런데 이겨레들은 어떠한 文化的 特性을 發揮했던가?

제작은, 우선 人爲의 調和가 成就된 自然, 自然의 調和가 成就된 人爲이다.

(중략)

조선의 (건축, 미술 등) 製作者들은 要컨대 모두다 제작에 醉한 사람들이었다.[35],

---

35) 이 부분은 중요하기에 전문을 소개해 둔다.
(問)…… 그러면 그『제작』이란 어떠한 意味를 가졌으며 그것이 조선사람의 自然觀과 따라서 조선文化의 性格과 어떠한 關聯을 가졌는가?
(答)…… 우리는 이런말을 한다.『그것 참 천생으로 되었다』或은『천작으로 되였다』또는『천생 제작으로 되었다』이를테면『아무 사나이에겐 아무 게집이 제작이다』할 때 그 제작이란 꼭 들어맞는 것 사우맞는 것을 뜻하는 것이다. 이 제작의『제』는『저절로』라는 뜻으로 漢字의『自』와 같으며『작』은『이루어졌다는것』을 意味한다. 가령 길을 지내가다가 어떤 天然物이 사람의 마음에 꼭 맞도록 되었을래 感嘆하는 말이『천생으로 되었다』『제작으로 되었다』하는것이다. 이를테면 어떠한 돍이나 그렇잖으면 다른것이라도 그것이 사람의 손을 대이지않고 사람의 마음에 꼭 맞을수있는 어떤 物象을 이루었을때, 다시말하면 어떤 天然石이 사람의 손을 대이지 않고 그대로 塔처럼 되었거나 또는 호랭이나 개 모양으로 되어진 것을 볼때 發하는 말이다. 그런데『人工을 加하지 않고 저절로 사람의 義匠에 꼭 맞는 것을 제작이라고 하는데 그치지 않고 그와反對로 人工을 가한 것 손을 대어서 만든 것이 꼭 天然物과 彷彿할때로 제작으로 되었다고한다.』가령 사람이 만든 그릇이 다시 빈틈없이 잘 되었을때 제작으로 되었다고 하는것이다. 그러고보니『이 제작이란 말은 自然이 人爲에 合한 것에나, 人爲가 自然에 合한 것에나 通用하는 말이다.』妙味는 여기 있는것이다. 自然히 人爲대로 이뤄져있고, 人爲가 自然대로 이뤄져있는 것이 아니라, 그냥 自然만이라든가 그냥 人爲만이라든가 하는 것은 제작이 아니다. 人爲와 關聯없는 自然이라든가, 自然과 關聯없는 人爲라든가 그것은 다 제작이 아니다. 人爲의 調和가 成就된 自然, 自然의 調和가 成就된 人爲 이것은 그 實相에 있어서 둘 아닌 하나이며 그 이름이 곧 제작이다. 要컨대 自然의 承認을 完全히 얻은 人爲, 人爲의 承認을 完全히 얻은 自然, 여기는 분명히 天人妙合의 契機를 가지고 있다. 다시 또 말하거니와 이러한 性質의 闡明인 것을 잊어서는 안된다. 이러한 語彙를 우리들이 말로만 가진 것이 아니라, 思想으로서 性格으로서 發揮되고 있는것이다. 여기 무엇보담도 著名한 實例를 몇가지 들어보기로 한다.

조선사람들은 奏樂을 하는데 譜表를 使用하지 않는다. 가르치고 배우는데서부터 譜表를 使用하지 않으므로 인해 演奏에도 譜表를 쓰지 않는것이다. 若干의 單純한 音節符號가 없는것도 아니다. 그러나 어떠한 曲譜를 놓고, 그 曲譜를 보아가면서 演奏하는 것은 아니다. 假令 南令이나 아프리카 土人의 그것과 같이 單純한 原始的 音樂을 譜表없이 演奏한다면 별로 問題될 것 없지만 적어도 조선音樂은 數千年의 歷史를 가진 그만치 樂曲自體가 상당히 複雜할뿐아니라 樂器 自體로 世界어느나라보담 種類가 많고 複雜한 構造를 가지고 있는것이다. 問題는 여기에 있다. 그러면 이러한 것을 어떻게 繼承해 내려왔는가? 그것은 조선의 音樂家가 모두 저마다 作曲家 였다는것밖엔 說明할 道理가 없는것이다. 다시말하면 演奏者는 演奏할때마다 어느 意味의 作曲家였다. 長短은 같지만 가락속은 演奏者에 따라 그때그때 融通無礙하게 變化하는것이다. 그러므로 조선의 音樂家는 같은 樂曲을 가지고 비록 長短은 같을지언정 同一한 가락속으로 演奏하는 법이 全혀 없는것이다. 그것은 언제나 演奏者가 演奏할때마다. 自己의 그때그때 感興에 따라 새로 作曲해가면서 演奏하기 때문이다. 조선의 舞踊도 이와 같다. 또한 建築도 그러하다. 建築에 있어서도 그것이 아무리 複雜한 建築일지언정 設計圖라는 것을 가지지 않는다. 가장 複雜하고 巨大한 建築의 指揮者라도 거의는 加減乘除를 채못하는 사람들이다. 音樂이나 建築에 있어서, 이러한 性格의 發揮는, 이것을 單純히 눈살미라든지 鍊熟된 技倆이라든지 그렇게만 생각할것이 아니다. 여기는 一種의 獨特한 性格 獨特한 生理를 가지고있다. 어디서 이러한 獨特한 性格과 生理를 볼수 있느냐하면 조선 여자들의 물동이 이는 것을 보면 如實히 나타난다. 물동이를 이고 두손으로 그 물동이 귀를 쥐고 걸어도 물이 넘칠 염려가 있을것같다. 그런데 우리 물동이를 인 여성들은 그 물동이를 붙들지 않고 걸을 뿐만 아니라, 심지어는 걸으면서 두손으로 刺繡를 하는 것이다. 아니 그 뿐이랴. 등에 어린애까지 업고 그런짓을 여사로 하는것이다. 이러한 것은 우리가 흔히 보는것이지마는, 이것이 特殊한 熟練이나 써—커스에 있는 일 같으면 우리는 별반 놀랠 必要가 없다. 그러나 이여자들은 그러한 물동이 이는 법을 特別히 練習한 일도 競技한 일도 없는 것이다. 또 예전에는 소반을 대개 어린 使喚들이 이는데, 그 밥상인즉 地位와 偉力을 가진 上典에게 이고 가는 것이다. 그런데 이 밥상을 머리에 인체, 손놓고 뭘하느냐하면 얼음을 타는것이다. 만일 잘못해서 上典의 밥상을 둘러메어친다면 제 목이 날라갈는지 모르는데, 그것을 冒險이라 생각하고는 못할 일이다. 女子의 물동이와 小僮의 밥상을 말하지 않아도 同工異曲인 것을 알것이다. 그런데 女子마다 물동이를 이는 것은 아니어서, 平生에 한번도 물동이를 이지않고 물을 받아먹기만 하는 女子도 적지 않았다. 또 男子마다 밥상을 이는걸 아니다. 오히려 밥상을 이고 다니는 小僮은 조선사람 全體가운데 있어서는 極少數였다. 그러고 보면 그 물동이를 이는 女子와 밥상을 이는 小僮만이 이러한 生理를 가졌느냐하면 決코 그런 것이 아니다. 그렇지 않은 女子도 男子도 同一한 生理와 共通된 性格을 가졌음엔 틀림없

다. 그러면 물동이도 밥상도 이지 않는사람의 生理와 性格은 어떻한 方面으로 活動하고 있었는가? 『조선의 겨레는 물동이의 母性과 밥상의 父性, 이 兩親의 子孫임에 틀림없다.』그런데 이겨레들은 어떠한 文化的 特性을 發揮했던가?

위에 말한 제작은, 우선 人爲의 調和가 成就된 自然, 自然의 調和가 成就된 人爲라고 規定한바 있었다. 그런데 조선사람이 音樂에 대한 態度나 建築에 대한 그것이나 모두가 그 물동이와 밥상을 聯想하게한다. 그저 聯想하게 할뿐아니라, 結局은 그러한 態度의 音樂과 建築은 그 물동이와 밥상의 生理, 性格의 發揮임에 틀림없다. 그런데 이것은 제작이란 語彙와 함께 그 思想 性格, 生理의 所有者인 조선의 表現이다. 다시말하거니와 조선사람의 眞理에 대한 態度는, 처음부터 複雜한 經路, 까다로운 媒介 이런것을 가지고 싶어 하지않았다. 말하자면 할수있는대로 簡單한 方法, 直接的인 態度로써 自然을 把握하는데 있었다. 그래서 人爲에 合當한 自然을 把握하고 成就하는 것이 곧 제작에 이르는것이라고 생각했다. 그런데 이『제작』이란말을 漢字로말한다면『造化』에 가깝다. 그러나 원체 造化란 말은 제작과는 또 왼통 다른 一面을 가졌다. 제작은 人爲와 自然의 妙合을 表示한 말이지만 造化란말은 전혀 客觀性, 이를테면 天地造化, 造化翁造物主, 化工 等"의 人爲와는 關聯을 갖지않은 말인것이다. 그러나 이것이 제작과 一脈의 通하는 意味가 있다는 것은 造化란 作爲라든가 經營이라든가 하는 것이 아니다. 절로 되고 절로 지워진다는 意味에 있어서 그러한것이다. 제작을 成就하는데는 作爲的이고 設計的인 것이 最高意義로서 要求되는 것이 아니다. 그러니까 조선사람이 무얼하는데라도 經營的이고 設計的이고 作爲的인 것을 하지않는것은, 될 수 있는대로 簡明直截하게 제작을 把握하고 제작을 成就하려는 努力만을 가장 重視했기 때문이다.

新羅의 遺物로서 慶州 瞻星臺는 東洋最古의 天文臺다. 그것이 露天에서 千數百年의 風雨를 지내왔건만, 그러나 한번도 重修한 記錄이없다. 佛國寺의 石塔과 石窟庵의 彫刻은, 누구나 感嘆하는 名作임은 더말할것없고, 太宗王陵의 龜趺와 金冠, 玉저等은 어느나라 사람들이나 그 文化創造力을 讚賞하는바이지마는, 이모든 것이 모두가 歷史的 傑作品인데 不拘하고 그 製作者가 누구인지 거의 다 모른다. 高麗磁器도 分院 磁器도 邦人 以上으로 外人의 驚嘆하는바이지만, 亦是 그 傑作品들이 누구의 製作인지 모른다. 아니 新羅의 琉璃, 製氷 高麗의 鑄字 江西壁畵等도 어떠한 方法으로 누가 만들었는지 전혀 모르는것이다.

이것이 도대체 무슨 理由냐하면 딴게아니라『조선의 製作者들은 要컨대 모두다 제작에 醉한 사람들이었다.』그래서 제작이 成就된 뒤에는 다른건 아무것도 물을 것이 없었다. 또 이 제작을 成就하는 事件을 無上의 快事로도 느끼는 同時에 또 그리 重難한 일로도 생각지 않았다. 말하자면 어떻게 어떻게 하다보니 그렇게 된것이라고 생각했었다. 이렇게 너무나 玲농하고 너무나 洒落하고 너무나 淸簡한 性格은 아름다울지언정 危險性까지 없는것도 아니다. 이러한 性格은 執着이 모자라기 때문에 文化形成上 間歇性을 가지는 ㅁ害가 많다. 말하자면 制作活動이 歷史

또 한 예로 범부는 경주 '오능(五陵)'을 든다. 즉, 「오릉은 누가 비슷한말을 했는지몰라도 나보기엔 그 능제(陵制)가대단히 묘미가 있다 말하자면 무덤 다섯이 그냥 아무렇게나생각없이 이리저리 묻은것이 아니라 틀림없이 속으로 사우맞게(調和)해서 있는것이다.」[36]처럼, '풍류=사우맞음(調和)'을 우리 민족의 혈맥을 짚는, 다시 말해서 '민족의 영혼의 맥박을 짚는(=진맥하는)' 기제로서 활용하기에 이른다.

범부는 「동학은 계시종교」라는 데서 수운의 「내유신령외유기화(內有神靈外有氣化)는역시 수운 독자(獨自)의 대발명으로 과연 동학교의 안목(眼目)」이라 확정하였다. 인간 내면의 혈맥으로 살아 있는 신령은 바깥에서 전개되는 모든 사물들의 생성소멸과 같은 생생(生生)의 활동(=살려지니이다)이다. 이 전 우주의 '사우맞음(調和)'이 '풍류'인 것이다.

범부는 말한다.

> 사상가 러셀은 말하기를 "이 원자력을 무기로 사용하지 말고 평화산업과 병 치료 등에 이용하면 된다"고 하였지만 매우 유치한 견해이다. 원자력을 이용하여 한대를 온대로 변화시킨다고 하자. 이것은 곧 지구를 파괴하는 행위이다. 한 대 · 온대가 지구 자체만의 한 대 · 온대는 아니다. 이것은 전 태양계와 관련된 약속이다. 만일 그렇게 한다면 예측

的으로 질긋게 持續되는 것이 아니라 그 사람이 있을때 번쩍하니 빛나다가 그 사람이 없을때는 아주쉬어버리는 일도 우리의 歷史에는 史實 自體가 明證을 보여주는 것이다.(金凡父, 「朝鮮文化의 性格(제작에對한對話抄)」)(최재목 · 정다운 편, 『凡父金鼎卨短篇選』, 25-30쪽)

36) 金凡父, 「운수천리(7회): 어정어정 거닐으면」,《국제신문》, 1960.1.8(최재목 · 정다운 편, 『凡父金鼎卨短篇選』, 208쪽)

하지 못할 천재지변이 일어날 것이다. 혹은 원자등으로 밤 없는 세계를 만드느니 무어니 한다. 요망한 말이다. 이 지상에서 일주일야一晝一夜가 있는 것은 우주적 일대 조화의 원칙에서 그렇게 되어야 할 원리가 있는 것이다. 그래, 과학으로 한 대 · 온대를 개조하고 주야도 없는 세상을 만들고, 그리고 그로부터 일어나는 재난을 방지할 책임을 지겠는가?

요컨대 관념론적이니 물질론적이니 하는 사물 관찰법으로 우리 인간에게 전개하여 놓은 것이 많다. 그러나 그로 인하여 위기를 당하였고, 따라서 해결할 수 없는 벽에 부딪치고 있다. 20세기 초기에 독일의 작가 슈펭글로는 『서양의 몰락』이란 저서에서

구주歐洲의 강쇠降衰라고 번역함이 좋을 것이니 곧 서양의 문화는 갈 곳을 다 가고 다시 갈 곳이 없으니, 이것은 몰락 · 강쇠밖에 없다.

는 내용을 진술하였다."[37] (밑줄 및 강조는 인용자)

범부는 예컨대 북극과 같은 한 대(寒帶)의 빙하를 녹여서 유용하게 활용한다든가 하는 것은 어리석은 일이라고 본다. 빙하-얼음 한 조각은 모두 '태양계의 약속' '우주 대조화의 원리(우주적 일대 조화의 원칙에서 그렇게 되어야 할 원리)'이라고 본다. 이러한 범부의 말은 바로 수운이 말하는 '內有神靈外有氣化'-'侍天主造化定'에서 온 것이 아닌가 한다.

범부는 수운의 진정한 계승자였다. 수운의 '내유신령외유기화'-'시

37) 金凡父, 『風流精神』, 진교훈 교열(경산: 영남대학교 출판부, 2008), 156쪽,

천주조화정'을 '태양계의 약속' '우주 대조화의 원리'로 '번안'해낸 것이다.

7. 수운의 '仙道+武道+巫俗'(「劍訣」)과 범부의 '花郎道'=종교적 요소(巫)+예술적요소(風流)+군사적요소(武)

수운은 단순히 선도(仙道)의 대가일 뿐 아니라 무도(武道)에도 일가를 이루었다. 『화랑세기(花郎世紀)』에 보면 선도는 무도와 짝을 이루면서 우리의 고유한 사유체계인 선교(仙教)의 삼대영역 중 상층의 두 영역을 구성한다(아래 그림[38] 참조). 이때 하층에는 무교(巫教) 즉 샤머니즘이 놓인다.

[도표 4] 仙教와 武道의 관련성

仙教	武道(國仙)	仙道(神仙)
	巫教(샤머니즘): 巫[巫覡]	

무교의 이상적인 인간상은 무(巫)나 무격(巫覡)이라면, 상층에 있는 무도의 이상적인 인간상은 국선(國仙)으로서 무예수련(주로 검도)에 의하여 충분한 의기(義氣)를 배양한 인물이다. 국선은 지극히 입세간적(入世間的)인 인간상으로 호국입공(護國立功)을 통해서 불의(不

38) 손병욱, 「동학의 '삼칠자 주문'과 '다시 개벽'의 함의」, 『동학학보』 제18호, 서울: 동학학회, 2009), 215쪽의 그림이 내용을 축약하여 만든 것임.

義)의 무리를 박멸하고 국가가 지향해야할 목표를 명확히 설정, 그것을 달성함으로써 나라를 이상적으로 바꾸려고 한다. 그 대표적인 인간상이 바로 15세 풍월주 김유신(金庾信)이다.[39]

수운의 『용담유사』 뒷편에 붙은 「검결(劍訣)」[40]은 선교의 전통에서 보여지는 '무(武)'와 '무(巫)'의 합체적 요소를 볼 수 있으며, 이것은 예컨대 범부가 '화랑(花郞)'에는 「종교적 요소(←巫)+예술적요소(←風流)+군사적요소(←武)」[41]가 합체되어 있다고 보는 것과 맥락이 통한다.

범부의 『화랑외사』, 『화랑의 얼』 등에서 보여주는 화랑론은 신라-경주에서 면면히 흐르는 '仙道+武道+巫俗'의 정신적 전통을 이어받은 것이다. 이 점에서 범부는 신라-경주로부터 내려오는 풍류를 잇는 수운의 혈맥을 다시 잇고 있는 것이리라.

8. 결어

이 글에서는 경주가 낳은 두 사상가 수운의 '동학'과 범부의 '동방학'을 '동(東)'의 탄생이라는 '시점(視點)'에서, 관련 자료를 활용하여, 다시 조명해보면서 범부는 신라-경주로부터 내려오는 풍류를 잇는 수운의 혈맥을 다시 잇고 있는 것이라 보았다.

---

39) 손병욱, 「동학의 '삼칠자 주문'과 '다시 개벽'의 함의」, 『동학학보』 제18호, 서울: 동학학회, 2009), 213-214쪽을 참조.

40) 『天道敎經典』, 237-238쪽.

41) 金凡父, 「國民倫理特講」, 『花郞外史』(三版)(대구: 以文出版社, 1981), 218쪽 참고.

먼저 수운과 범부의 '동(東)'이란 은유의 배경 찾기로서 다양한 '동(東)'의 의미를 우리나라 뿐만 아니라 근대기 일본의 논의까지 안목에 두고 살펴보았다. 즉, 〈'東' - '日出' 지역 쟁탈전〉, 〈'西'에 맞선 '東'이라는 시점〉, 〈'동양(東洋)'의 의미〉, 〈'오리엔탈리즘(orientalism)', '옥시덴탈리즘(Occidentalism)'〉, 〈'빛은 동쪽에서'(Ex Orient Lux)-한국의 '동/동방' 찾기: 元曉, 塞部-〉, 〈타고르가 말한 '東方의 등불' 코리아(조선)〉, 〈'동(東)'의 우월성', '東洋思想'의 등장〉, 〈근대기 동아시아의 '동양' 논의-특히 제2차 세계대전 전후 일본의 '동양'-'아시아'라는 개념 논의-이 그것이다. 이것은 최치원 등에 의해 '동'으로 대표되는 '신라-경주' - 수운의 '동학'- 범부의 '동방학'으로 전승되는 문화사적 고리를 찾아보고자 하는 것이었다.

이어서 수운의 '동학'과 범부의 '동방학'이 서로 소통하고 있다는 것을 몇 가지 증거를 들어 논의하였다. 즉, 〈최근 신라-경주에 대한 새로운 연구들〉, 〈수운, 범부의 '해동'-'신라'-'경주'로의 눈돌림〉, 〈수운의 '다시개벽'에서 범부의 '동방르네상스'로〉, 〈신라, 경주 문화의 특수성 규명의 방법-범부의 '오증론(五證論)'〉, 〈'血證'論의 확대-범부의 「崔濟愚論」: 무속(巫俗), 계시(啓示), 한울님[天主]의 강림(降臨)에 주목-〉, 〈범부의 '사우맞음(대조화)=풍류'는 수운의 '內有神靈外有氣化-侍天主造化定'의 부활〉, 〈수운의 '仙道+武道+巫俗'(「劍訣」)와 범부의 '花郎道'=종교적 요소(←巫)+예술적요소(←風流)+군사적요소(←武)〉가 그것이었다. 이를 통해서 수운과 범부에게서 공통되는 요소들 ①신라-경주에의 주목, ②'다시개벽'론-'동방르네상스'론, ③'내유신령외유기화'-'시천주조화정'과 '사우맞음(대조화)'='풍류', ④ 예컨대 「劍訣」에서 보이는 '仙道+武道+巫俗'의 특질과 '花郎道'의 '종교적 요소(←巫)+예술적요소(←風流)+군사적요소(←武)'의 특질이 지적되었다.

이렇게 수운과 범부의 연결을 통해 '동-동방' 논의의 평가와 그 의의를 되짚어 보는 것은 이제 시작일지도 모른다. 수운의 동학, 범부의 동방학은 '동=동방의 탄생'을 통해 우리 민족의 근저가 되는 '문화전통'의 본질적 요소들을 당시의 상황에서 재현하려는 하나의 노력이거나 운동이었음을 우리는 기어갈 필요가 있다. 우리에게 잘 알려진 노래와 영화 '신라의 달밤' 등은 모두 신라-경주의 발견과 재탄생을 의미했고[42] 신라-경주가 근-현대 한국적 맥락에서 또 다른 '시공간'[43]으로 새롭게 탄생되던 것처럼 말이다.

그러나 우리가 경계해야 할 것은, 수운과 범부가 이룩한, 지역과 공간을 넘어선 논의들을 애써 다시 구체적 시공간(경상북도-경주)으로 환원시켜 성급하게 특정 지역의 색깔로 '고정화, 실체화, 정태화(靜態化), 도식화'하려는 자세이다. 그 결과가 수운과 범부를 얼마나 부정적으로 변화시킬 것인가는 지난 역사 속에서 살펴볼 여유가 필요하다. 다시 말해서 우리의 화랑도, 풍류와 같은 민족적 문화자산들이 적극적으로 평가된 것은 근대 일본제국주의의 식민주의화에 따른 내선일체-한일병합-지정학적 이용성 등에 의한 것이었다. 예컨대, '화랑도'를 무사도로 연결(시라카미 쥬키치(白神壽吉)의 「內鮮一體 新羅武士道」)하거나 평가하여, 청소년(소녀)학생들을 카미가제 특공대(神

42) 이에 대해서는 황종현 엮음, 『신라의 발견』, (서울: 동국대출판부, 2008)을 참고바람.

43) 근대적 시공간의 논의는 이진경, 『근대적 시공간의 탄생』, (서울: 푸른 숲, 2002)를 참고 바람.

風特攻隊) 출전, 여학생들의 정신대(挺身隊) 동원, 황국식민화에 대한 충성으로, 제2차세계대전 막바지의 총력전 기지구축과 연결되어 일제강점기 제국주의자들에 의해 추진되어 온 '신라-경주의 발견'이다. 이에 대항하여 민족주의자들은 논리를 뒤집어 민족주의적 입장에서 대응한다. 이러한 일제 식민주의자들의 '신라-경주의 발견'이 해방이후 건국시기에 국가재건의 버전으로 변환되어 이승만정권기와 박정희기의 '고구려-북쪽-공산주의' 대 '신라-남쪽(경상도)-민주주의' 정권 만들기의 민족주의적인 노력 속에서 추진된 것은 기억해볼 일이다.[44)]

앞으로 경주가 낳은 두 사상가 수운과 범부를 민족적-정치적 의도나 맥락에서 활용하는 노력보다는 이 두 사람의 충실한 연구를 통해 한국의 지성사를 대표하는 보편적 인물로 부각시켜가는 편이 좋을 것이다. 예컨대 범부가 빙하-얼음 한 조각도 모두 '태양계의 약속' '우주 대조화의 원리(우주적 일대 조화의 원칙에서 그렇게 되어야 할 원리)'라고 본 것, 그리고 그것이 수운이 말하는 '내유신령외유기화'-'시천주조화정'로 연결할 수 있는 것 등은 수운-범부 사상의 특질이 새로 해석될 필요가 있음을 잘 보여준다.

이제 수운과 범부의 학술이 동아시아 혹은 세계 지성사적 차원으로 연결될 새로운 고리를 찾고, 그들이 구상했던 '동학', '동방학'이 '생명'-'생태'-'인간'의 우주적 차원의 새로운 '풍류'론(즉 '미학'과 '생명학')을 구상하는 방향에서 조명되었으면 한다. 이것은 앞으로의 신

---

44) 이에 대해서는 최재목, 「韓國における「武の精神」·「武士道」の誕生」, 『陽明學』제22호, (한국양명학회, 2009)를 참조 바람.

라-경주 논의가 '수운-범부' 조명 방식과 연관되어 있음을 실감케 하는 대목이라 생각한다.

7장

근현대기 사상가 凡父 金鼎卨과 朴正熙의 이념적 연관성

근현대기 사상가 凡父 金鼎卨과 朴正熙의 이념적 연관성

1. 서언

이 글은 재야사상가 凡父 金鼎卨(1897-1966)(이하 범부 혹은 김범부)이 박정희와 이념적으로 어떤 연관이 있는가를 밝히는데 그 목적이 있다.

김범부는 점필재 김종직의 15대손으로 1897년 2월 18일 경주부 북부동에서 김덕수의 장남으로 출생하여 4세부터 13세까지 김계사에게 한문과 사서삼경(이른바 칠서(七書)) 등을 수학하였다. 이후 많은 학술 및 사회 활동을 하였고, 1966년 12월 10일 간암으로 세상을 떠났다(향년 70세).

범부 김정설. '범부'는 자신의 호이고 '정설'은 이름이다. 보통 성과 호를 합하여 '김범부'라 부른다. 범부란 뭔가? 자칫하면 '범부'를 '범인(凡人)' 즉 '모든 이들'의 '아버지'로 읽는 수가 있는데, 이것은 오해이다. '父' 자는 원래 '아버지'라는 뜻 외에 '남성'을 가리키는 말로 '보'

로도 읽는다. 범부는 자신을 낮추어 '그저 평범한 남자'라는 겸양어로 '凡父(범보)'라는 말을 호로 썼다고 한다. 그런데, 주변 사람들이 자꾸 '범보'를 '범부'라 부르다 보니 그만 그렇게 돼버렸다는 것. 여기서도 그냥 '범부'로 부르기로 한다. 김범부의 약력은 아직 불충분한 점들이 많아 확정하기에 한계가 있다. 지금까지 밝혀진 주요 사항만 들면 이렇다. 범부는 1897년 경북 경주에서 태어나 백산상회 기미육영장학회 제1회 장학생으로 도일. 일본 각지 유명대학에서 선진 학술과 외국어를 수학. 귀국 후 8 · 15광복까지 경남의 다솔사 등 산사를 찾아다니며 불교철학 및 동방사상 연구, 강의에 몰두하였다. 1950년 제2대 국회의원 선거 때 동래에서 당선. 이후 경주《계림학숙》(일반적으로 '계림대학'으로 불림)의 학장을 지냈다. 1958년(62세) 건국대학교에서 「정치철학강좌」를 담당하고 이와 동시에 같은 대학에 부설된 『동방사상연구소』소장으로 취임, 「역학」 · 「음양론」 · 「오행사상」등의 「동방학강좌」를 시작. 이때에 독창적인 '동방학 방법론'을 제창한다. 그의 동방학은 기존의 동양학과 다른 것이다. 또한 1961년 박정희를 핵심으로 한 5 16군사정변 후, 한때 〈오월동지회〉 회장을 지내기도 하였다.

김범부는 재야사상가로서 여러 형태로 박정희와 대화하며 원로자문역할을 하는 가운데, 건국에 필요한 새마을운동, 국민윤리, 풍류도(風流道)-국풍(國風)-화랑도(花郎道) 확립을 건의한 것으로 알려져 있다. 아울러 범부는 「민족적 민주주의」라는 것을 주창했다. 아울러 그는 국민정신 개조를 위해서 불가피하게 「군인정치」의 필요성을 옹호했던 것으로 보인다.[1]

1) 이에 대해서는 다음을 참고하여 정리하였다 : 최재목, 「凡父 金鼎卨 연구의 현황과

따라서 김범부는 박정희 초기 정권의 이념을 제공하고, 민족적 단결의 기억과 상징을 만들던 이데올로그로 생각할 수 있다. 특이한 것은 신생국으로서 민족적 통합을 이루어야 하는 어려운 시기에 그는 그 구심점이 되는 논리를 한국의 고유 정신-사상의 원형으로 환원시키고 그것을 축으로 풀어가려는 일종의 '민족적 기억'의 공유와 부활이라는 '보다 안전한, 저항이 적은', 이 점에서 '쉬운' 방법을 택하고자 하였다. 마치 「모든 것은 양면이 있다. 하나는 쉽게 해결되는 면이고 또 하나는 그렇지 않는 면이다. (...) 너는 쉽게 해결될 수 있는 면을 생각하라」[2]고 희랍의 노예 출신 철학자(스토아학파) 에픽테토스(Epiktetos[3]. 55경-135경)의 말처럼, 김범부는 가능한한 사회적 정치적 현안을 누구나 알아들을 수 있는 민족적 전통 속에서 찾아내어 실천적 논의를 이끌어 가고자 한다.

다시 말해서 그는 퇴색한, 생기를 잃은, 빛바래고 딱딱해진 개념과 학설, 논의를 동서양 비교철학적 방법, 외래어-한국어의 비교언어학적 방법 등 다양한 기법을 동원하여 생기가 도는 新生의, 긍정적, 희망적인 문맥으로 이끌어가는 특징을 갖는다. 이러한 학문함의 '형식' 혹은 '방법'은 매우 특이하며 독창성이 있다. 예컨대 그의 論證+實證

과제」, 『동북아 문화연구』22집, (동북아시아문화학회, 2010.3); 「凡父 金鼎卨의 〈崔濟愚論〉에 보이는 東學 이해의 특징」, 『동학학보』21호, (동학학회, 2011.4); 「凡父 金鼎卨의 '東方學' 형성과정에 대하여(1): 〈東方學講座〉 이전 시기(1915-1957)를 중심으로」, 『동학학보』22호, (동학학회, 2011.8). 아울러 참고할 책으로는 다음과 같다 : 김정근, 『金凡父의 삶을 찾아서』, (서울: 도서출판 선인, 2010); 정다운, 『범부 김정설의 풍류사상: 멋 · 和 · 妙』, (서울: 도서출판 선인, 2010); 우기정, 『범부 김정설의 국민윤리론』, (서울: 예문서원, 2010).

2) 에픽테토스, 『엥케이리디온: 도덕에 관한 작은 책』, (서울: 까치, 2003), 74쪽.

3) 영어로는 Epictetus.

='合證'論과 直觀論[4]이 그렇고, 兩可說[5]이 그렇다. 범부가 당시의 복

4) 이에 대해서는 金鼎卨, 「칸트의 直觀形式에 對하여」,『延禧』3호, (延禧專門學校, 1924.5.20)을 참조.

범부는「칸트의 直觀形式에 對하여」앞머리에서,

칸트는 時間과 空間으로서 直觀形式이라 하얏다. 直觀形式인 意味를 밝혀서그 先驗性(A. priori)을 立證하얏나니 - 物을 直觀하는 대는 반드시 三個의 要件으로서 成立된다 一은 直觀의 能力이니 氏는 이것을 感性 (Sinnligkeit)이라하고 二는 直觀의 內容이니라는 이것을 感覺(Empindung)이라 하고 三은 直觀의 形式이니 氏는 이것을 時間과空間으로서 하얏다. 그 中에 感覺은外來의 것이니 即 經驗的(A. posteriori)이며 時間空間은 自具의 것이니 即 先驗的이다. 時間空間의 先驗性을 闡明한 것은 實로 그 意思가 容易한 点에 잇지 안혓다. 第一은 算學及數學의 先驗性에 對한 立證 第二는 直觀內容 即 感覺의 受納에 對한 先驗的 規定 第三은 直觀과 思考(Denke)의 媒介形式(時間만)으로서의 先驗性에 對한 立證 - 이 세 가지 原理의 先驗的 確立을 爲하야 時間空間의 直觀的 先驗性을 闡明하지 안흘수 업섯다.

라고 지적하고 있다.

그리고 범부는『東方思想講座』의「第7講 科學의 類型」(1962.10.20(토), 李鍾益 기록) 속에서

우리가 과학을 신빙하는 이유는 첫째로 논증이요, 둘째로 실증이다. 수학을 신빙하는 것은 그것의 논증이 확실하기 때문이다. 또 실험학적으로 동물.식물.생리.세균학은 논증보다 실증으로써 신빙성을 가진다. 그러면 東醫도 논증성을 가졌느냐? 논증성은 부족하다. 그리고 실험성을 가졌다고 하기도 어색하다.

그런데 과학은 논증.실증뿐만 아니라 논증.실증을 종합적으로 실증하는 '合證'이 있을 수 있다. 역사라 하면 인간사를 뜻하며 자연사가 아니다. 곧 인간이 가진 생활시간의 결과를 말한 것이다 .그러나 우주발달사이니 천체사니 생물진화사니 자연진화사니 하는 말을 쓰게 된다. 역사의 현상을 설명하는 데에 논증.실증을 다 합증하지 않으면 아니 된다

그러면 陰陽이란 논증이냐? 실증이냐? 陰陽論은 상징으로 포착된 것이다. 논증보다 실증보다 더 직접적 원칙에서 출발하였기 때문에 신빙할 수 있다. 그러나 intuition과 같이 생각 말라. 서양에서 말하는 직관이란 직감적인 것, 영감적인 것, 또는 무엇을 터득하였다는 등의 뜻으로 사용되는데, 매우 애매한 것이다.

비사고적 실험인 것을 직관이라고 한다. 이것은 오히려 동방계의 學을 연구하여야 될 것이다. 동방에서는 그에 대한 많은 문제와 자료를 발견할 것이다.

논리라는 것은 추리를 떠나서 성립되지 않으니 매우 간접적이다. 추리 이상의 사고는 논증이 들어가지 않는다. 그런데 추리로써 가능한 것만이 진리가 아니다. 얼마든지 다른 방법이 있다. 실증이나 합증도 그러하다.

그런데 陰陽論은 추리이냐? 명암, 상하, 주야 등의 현상이 무슨 추리이냐? 그것은

직접 현상에서 그 성격을 포착하는데 무슨 추리이며 실증이냐? 그런 걸 직관이라고 한다. 그러므로 서양에서 말하는 intuition과 다르다. 추리와 실증은 의심할 수 있지만, 직관만은 의심할 수 없다. 가장 직접적인 현상을 포착하는 것을 의심한다면 모든 것을 다 의심하여야 할 것이다. 그런데 의학으로 볼 때에 陰陽에서 출발하였지만 물론 의학상 과제만은 아니다. 우리는 한 마리의 토끼를 해부하여 실험할 수 있다. 그러나 그 죽은 토끼에서 생리적 생명의 비밀은 알 수 없는 것이다. 그 토끼의 구성분은 알았다고 할지라도 토끼 자체는 모르는 것이다. 이 토끼 한 마리의 경우와 같이 우주현상이 다 그러하다. 모든 학자들은 각기 그 독립분야에서 한정된 과제를 알고자 하나 우주 자체를 알았다는 것은 아니다.
이 직관이란 문제는 매우 장황하다. 요는 산 쥐를 그대로 실험할 수 없다는 것을 알아야 한다. 죽은 쥐의 분해는 산 쥐의 생태와는 별개물이다. 대지.대기를 떠난 쥐라는 개념뿐이다. 쥐 한 마리를 바로 파악하려면 대지.대기 중에 두고 그대로 관찰하여야 한다. 쥐뿐만 아니라 우주만상이 다 그러하다. 분업적.분석적 연구를 무시함은 아니나, 그것이 어떤 물질을 연구한 것은 되지만 우주자연은 어디 갔느냐 하는 문제이다.
그러면 어떻게 하면 우주는 우주대로, 자연은 자연대로 포착하느냐? 관념이면 어쨌고 물질이면 어쨌다는 것이냐? 그것이 우주이며 자연이 되는 것이냐? 자연과 우주를 그대로 파악하는 길이 있느냐? 꼭 하나 있어야 되겠다. 그 방법은 직관적 방법으로써 포착할 수밖에 없다는 것이다. 그 방법 중에 현상적 특징으로써 성립되는 것이 陰陽論이다. 陰陽論이 상징적으로 어떻게 발휘되느냐?
그런데 직관이라는 어의에 있어 '卽觀'이라고 쓰는 것이 더 적합하다고 본다. 卽觀은 直觀과 다르다. 직관은 주객이 갈라진 것이다. 현대 일반논리학에서의 귀납법은 베이컨이, 연역법은 아리스토텔레스가 창시하였는데, 그것이 인도로부터 갔다는 것이다. 因明學에 比量, 現量이 있으니 比量은 곧 추리요, 現量은 곧 직관으로 배려할 수 있다. 그러나 직관은 주.객관이 분립된 뒤의 일이지만 卽觀은 주객이 갈라지기 전의 인식 그것인 것이다.
'상징'이라는 것이 무엇일까? 易의 繫辭에 '在天成象 在地成形'은 오히려 근본이 애매하나 天尊地卑라고 하였으니 그것이 바로 卽觀적인 象이다. 실험적으로는 天尊地卑가 아니다. 천지에 尊卑.上下가 있을 수 없는 것으로, 공간에는 원래 상하가 없다. 그러나 象으로는 머리 위는 높고, 발 밑은 낮은 것이니 그것은 제자리에 두고 보는 것이다. 그것이 바로 卽觀의 현상이다. 一呼一吸이 곧 陰陽이다. 그것이 곧 상징이다.(밑줄은 인용자)
(李鍾益 外,『東方思想論叢: 李鍾益博士學位紀念論文集』, 東方思想論叢刊行委員會 編, (서울: 寶蓮閣, 1975), 50-54쪽)
위의 논의처럼, 범부는 서양의 直觀(예컨대 칸트: 直觀의 能力=感性 (Sinnligkeit), 直觀의 內容=感覺(Empindung), 直觀의 形式=時間과 空間에 근거)과 동양의 직관

잡한 사회-정치적 현안을 바라보는 맥락도 이야기를 '잘 풀리는' 쪽에서 논의를 시작하여 힘을 얻어내는 것처럼 보인다. 해방 이후 한국의 難局을 타개하려는 문맥을 화랑-풍류-경주-신라에서 찾아내려는 '눈(시야)'도 그랬다.

그러나 이러한 재야 사상가로서 범부의 순수한 학문적-사상적 상상력과 열정이 한국이라는 구체적인 공간의 정치와 만났을 때 그가 의도하지 못했던 오해나 간극을 노출하곤 한다. 지금까지 여러 연구에서 범부의 '花郞' '慶州' '新羅' 등의 논의 맥락이 그의 본래 의도와는 별도로 박정희 정권의 통치이념, 국가 이데올로기 창출과 연관되어 그가 박정희 정권의 이데올로그였나 하는 점이 종종 지적되곤 하였다.[6] 실제로 범부가 '한국(→ 東方)'이란 명확한 경계영역을 찾아내고, 그 내부의 저변에 지속해온 사상사(=風流 · 花郞 등)를 확정하고, 그것을 기반으로 「國民」像과 「國民倫理」의 골격을 구상하여 독자적 · 창의적으로 안출 · 천명한 것은 부정할 수 없다.

(=卽觀=제자리에 두고 보는 것)은 다르다고 본다. 상론은 다음 기회로 돌린다.

5) 범부는 『東方思想講座』의 「第5講 疑問檢定法과 太極圖說」(1962.10.?, 李鍾益 기록)에서 「저 獨逸 칸트의 (...) 批判의 問題는 科學的 理性으로 확실하다고 認定되는 것이 어떤 限界냐가 歐洲哲學史上 劃期的 學問의 과제라 볼 것이다. 그 中에 antinomy를 「二律背反」(서로 모순되는 두 명제가 동등한 타당성을 가지고 주장되는 일: 인용자 주)으로 번역하는 바 곧 두 가지 主張이 「다 옳다」고 볼 수 있는 自家撞着을 뜻한 것인데 이것을 東方文獻中에는 學術語로 사용된 것을 「兩可」라고 했다, (...) 相反된 理論이 둘이 다 成立된다는 것, 이것이 東洋古典으로는 兩可라고 할 것이다. 이 兩可說의 出處는 鄧析子에 「相反되는 것이 同時成立되는 것을 兩可라고 한다(相反而相成謂之兩可)」」(李鍾益 外, 『東方思想論叢: 李鍾益博士學位紀念論文集』, 東方思想論叢刊行委員會編, (서울: 寶蓮閣, 1975), 35-36쪽).

6) 이에 대해서는 우기정 앞의 책과 정다운 앞의 책 그리고 이 건에 대한 문제제기는 최재목, 「凡父 金鼎卨 연구의 현황과 과제」, 『동북아 문화연구』제22호, (동북아시아문화학회, 2010.3)을 참조바람.

그럼 과연 박정희와 범부는 어떤 관계일까? 과연 깊은 관계가 있기는 할까? 실제로 박정희 정권 창출과 유지를 위해서 노력한 것일까? 등등 많은 물음들이 생겨날 수 있다. 이 글은 이러한 문제의식에 따라 박정희와 범부의 관계를 보다 분명히 해보고자 한다.

이러한 점들을 밝혀 나가는 것은 종래의 연구에서 예컨대 「김범부의 화랑 논의가 박정희 군사정권의 '조국 근대화' 논리를 뒷받침하는 '강력한 이데올로기로 작동'하였다」[7]는 식의 결론들에 대해 좀 더 구체적인 증거를 찾아내어 재검토해보는 방법이 될 것이다. 아울러 이 글은 현재까지 필자가 논의해온 범부와 박정희의 관계에 대한 논의[8]를 보다 분명히 하는 것이기도 하다.

아래에서는 〈花郞精神-風流의 정치적 문맥 - 박정희의 무인, 쿠데타 이미지 소거라는 '전략' -〉, 〈박정희와 김범부의 연결고리〉, 〈'新生國家' · '建國'의 성공에 대한 기대와 좌절〉을 내용으로 논해보고자 한다.

---

7) 이에 대해서는 최현식, 『서정주 시의 근대와 반근대』, (서울: 소명출판, 2003), p.190. 아울러 金凡父의 『화랑외사』, 『풍류정신』에 담신 영웅주의, 신비주의, 군사주의, 정신주의의 혼합체로서 만들어진 강력한 국가주의적 성격에 대한 비판은 김철, 「김동리의 파시즘」, 『국문학을 넘어서』, (서울: 국학자료원, 2000), pp.49-52; 신복룡, 『화랑의 정치사적 의미』, 『한국정치사』, (서울: 박영사, 1991), pp.61-64; 김석근, 「'신라정신' 천명과 그 정치적 함의」, 『범부김정설 연구논문자료집』, (서울: 도서출판 선인, 2010), pp.161-164 참조. 황종현 엮음, 『신라의 발견』, (서울: 동국대출판부, 2008)을 참고바람.

8) 최재목, 「凡父 金鼎卨의 '東方學' 형성과정에 대하여(1): 〈東方學講座〉 이전 시기(1915-1957)를 중심으로」, 『동학학보』22호, (동학학회, 2011.8)의 〈⑥1948년(52세) 『花郞外史』口述 : 軍人 · 尙武精神+風流道 · 風流精神의 '闡明', 新羅 · 風流이해의 심화〉 부분을 대폭 보완한 것이다.

2. 花郎精神-風流의 정치적 문맥

범부는 수운의 동학을 일관되게 풍류도-화랑도의 역사적 부흥으로 보고, 수운을 '조선시대판 風流人-花郎'으로 간주했으며 수운 최제우 → 동학혁명 → 3.1운동 → 4.19 → (박정희의) 5.16을 연결하는 하나의 선을 '풍류도-화랑도'의 기억과 전통 내에서 찾으려 했다.[9] 아마도 범부는 5.16 직후나 집권초기의 박정희를 화랑-풍류도의 현대판 재현으로 기대했던 것은 아닐까 하는 추측을 지울 수 없다.[10] 이미 범부 이전에 많은 화랑 관련 논저들이 일본 혹은 한국인 학자들에 의해 생산되어 나온다.[11] 그 내용적 전개를 크게 요약해본다면, 한국 근현대사의 화랑(도) 논의의 흐름은 〈일제강점기 일본측 · 친일측의 內鮮一

9) 이에 대해서는 최재목, 「범부 김정설의 〈최제우론(崔濟愚論)〉에 보이는 동학 이해의 특징」, 『동학학보』제21호, (동학학회, 2011.5) 참조.

10) 이에 대해서는 최재목, 같은 논문 결론부 참조

11) 이에 대한 자료 및 내용에 대해서는, 崔在穆, 「韓國における「武の精神」·「武士道」の誕生」, 『陽明學』제22호, (한국양명학회, 2009.4) 참조. 아울러 해방 이후 '화랑' 관련 주요 서적의 내용을 정리하면 아래와 같다.(아래 도표는 정다운, 「범부 김정설의 『화랑외사』에서 본 「화랑관」」, 『동북아 문화연구』제23집, (2010,6), [도표 2]를 수정 · 보완하여 재인용.)

[도표 2] 해방 후 '화랑' 관련 도서

출판일	책명	저자 /출판사	비 고
1946	花郎傳記	金性奉 /晋州師範學校	광복 후 최초의 화랑관련 서적. 화랑에 관한 전반적인 내용을 사료고증을 통해 간략히 소개함. 부록으로 丹齋 申采浩의 遺稿를 실음.
1949	花郎道	鷄林社 編輯部 /서울:鷄林社	국방부장관 申性模 추천, 그 외 國務總理:李範奭, 國防部次官:崔用德, 參謀總長:蔡秉德의 題字가 책 앞에 수록. 「研究篇」」과 「武勇篇」으로 나뉨.「武勇篇」은『三國史記』중 화랑의 이야기를 주로 번역하여 原文과 함께 실음.

體 · 청소년태평양전쟁동원논리, 민족주의자들의 항일투쟁논리 확립: 花郎道=武士道 · 尙武精神 강조 → 解放 後 建國에 필요한 武勇 · 意識武裝 · 국가정체성 확립 → 6.25전쟁 · 남북분단 · 북한과의 대결구도로, 남한정부의 武勇 · 意識武裝 · 국가정체성 확립〉이라는 식으로 요약된다.

범부도 『花郎外史』(初版)의 '序'에서 밝히듯이 '軍人精神'과 '風流道 · 風流精神'을 결합하는 형태로 '闡明'하고 있으며[12] 종래의 화랑 해석의 큰 흐름에서 벗어나고 있지 않다. 다만 특색이라고 한다면 화랑(도)는, 마치 스위스 아미 나이프(Swiss Army Knife)(일명 맥가이버

1949	花郎道研究	李瑄根/서울: 東國文化社	『大同新聞』(大同青年團(1947년 창설) 기관지)에 연재한 것을 보완한 것임. 초판(1949), 재판(1950), 삼판(1954) 연속 발행. 당시 육해공군사령관 육군소장 丁一權의 재판 서문이 있음. 저자는 '이 나라 青年運動의 總集結體인 大韓青年團이 結成되고 뒤이어 檀紀 4282年 4月 22日에 李承晩大統領閣下를 總裁로 받드러 中央學徒護國團이 發足한 다음 이 겨레의 青年과 學徒를 위하여 (중략) 執筆한 바이다.'라며 집필의도를 밝힘. 1953년 『花郎道研究』로 서울대학교에서 박사학위 받음.
1971	화랑도	李瑄根/대구: 螢雪出版社	영남대학 교양문고 · 1로 발간 『花郎道研究』(1949)를

12) 즉, 「花郎은 우리 民族生活의 歷史上에 가장 重要한 地位를 차지하게 된 一大事件이다. (중략) 그러고 보니 軍人의 精神訓練은 더 말할나위 없고 青年一般의 教養, 나아가서는 國民一般의 教養을 위해서 花郎精神의 認識, 體得은 실로 짝없는 眞訣이며 時急한 對策이라 할 것이다. (중략) 그리고 讀者에게 또 한 말씀 드릴 것은 花郎을 正解하려면 먼저 花郎이 崇奉한 風流道의 精神을 理解해야하고 風流道의 정신을 理解하려면 모름지기 風流的人物의 風度와 生活을 翫味 하는 것이 그 要諦일지라(하략)」(金凡父, 「序」, 『화랑외사』(初版)).

칼)처럼 하나에 여럿이 결합(종교적 요소+예술적 요소+군사적 요소)되어 개념혼성(conceptual blending) 혹은 인지적 유동성(cognitive fluidity)을 보이고 있다는 점이다.

그런데 바로 이 부분, 다시 말해서 범부가 화랑의 일화를 설화체의 外史로 '潤色 · 演義'하고 '군인정신 · 상무정신'과 '풍류 · 심미적 · 예술정신'을 무매개적으로 결합시킨 것에 대해서는 여러 차원에서 비판의 소지를 제공한다. 즉, 최현식, 『서정주 시의 근대와 반근대』 등에서 보이듯이[13] 범부가 한국의 국민적 '기억'을 고대 특히 '신라'의 '화랑'으로 소급시켜, 그것을 적극 활용하여, 민족 · 국가적 차원의 '운동'(예컨대, 국가재건, 국민정신강화, 새마을 운동 등)의 이데올로기로 '案出 · 闡明'(선택, 주창, 논증, 설명)하려 한 '만들어진=창조된 각본'이라는 비판이다.

더욱이 화랑은 강력한 육체적 힘과 탁월한 예능인으로서, 다시 말해서 칼과 꽃을 겸비한 '신체적으로 강하면서도 내면적으로 심성이 아름다운' 이상적인 '國民(的 身體)像'을 상상하기에 충분하다. 그래서 1960년대 이후 박정희 군사정권의 '조국 근대화' 논리를 뒷받침하는 강력한 이데올로기로 작동하게 됨은 「나의조국」(박정희작사 작곡, 1976년 10월)의 '삼국통일 이룩한 화랑의 옛 정신을 오늘에 이어받아 새마을 정신으로 영광된 새 조국의 새 역사 창조하여'[14] 라는 대

13) 이에 대해서는 최현식, 『서정주 시의 근대와 반근대』, (서울: 소명출판, 2003), 190쪽. 아울러 金凡父의 『화랑외사』, 『풍류정신』에 담신 영웅주의, 신비주의, 군사주의, 정신주의의 혼합체로서 만들어진 강력한 국가주의적 성격에 대한 비판은 김철 앞의 책 pp.49-52; 신복룡 앞의 책 pp.61-64; 김석근 앞의 책 pp.161-164 참조. 황종현 엮음, 앞의 책을 참고바람.

14) 가사 전문은 다음과 같다.

목이 오버랩 되곤 한다. 실제로 범부가 지은 『花郞外史』의 「花郞歌」(1948년, 52세 구술)에는 「(전략)화랑이 피어 나라가 피어/화랑의 나라 영원한 꽃을//말은 가자고 굽을 쳐 울고/칼은 번뜩여 번개를 치네//(중략)장부의 숨결이 시원하고나」라고 하여 '꽃'과 '칼'이 결합하고 그것을 지탱하는 '장부(=사나이 대장부)'라는 건장한 신체의 소유자를 화랑으로 보고 있다.

화랑의 연구는 국내 즉 한반도 내에 초점을 맞춰서 논의해본다면, 북한보다는 남한에서 보다 활발히 진행되었다. 즉 1920대 민족주의 사학자들은 민족운동의 일환으로 우리민족의 정치적 우월성을 강조하기 위해 화랑에 관심을 가졌으며, 반대로 일제 식민사학자들은 화랑을 일본의 무사도와 관련, 남방문화에서 기원한 것으로 보고 이를 원시공동체사회의 전사단과 관련을 시켰다.[15] 그런데, 범부는 화랑의 세 가지 요소를 ①巫俗的(宗教的) → ②藝術的(審美的) → ③軍事的(尙武的)이라는 순서로 이야기 하고[16] ①과 ②를 중시한다. 이 세 요소

나의 조국 / 박정희 작사 · 작곡
백두산의 푸른정기 이땅을 수호하고/한라산의 높은기상 이겨레 지켜왔네/무궁화꽃 피고져도 유구한 우리역사/굳세게도 살아왔네 슬기로운 우리겨레//영롱한 아침해가 동해에 떠오르면/우람할 손 금수강산 여기는 나의 조국/조상들의 피땀어린 빛나는 문화유산/우리모두 정성다해 길이길이 보전하세//삼국통일 이룩한 화랑의 옛정신을/오늘에 이어받아 새마을 정신으로/영광된 새조국에 새역사 창조하여/영원토록 후손에게 유산으로 물려주세
이 노래는 1976년 10월에 작사 · 작곡되었다(1976.12.11 매일경제 7면 참조). 박정희는 이 노래에서 '백두산' '정기', '한라산' '기상', '무궁화꽃', '유구한 역사', '금수강산', '삼국통일', '화랑', '새마을 정신', '새 역사', '새 조국' 등 '조국 근대화'에 필요한 민족적 정신과 비전을 제시하고 있다.

15) 정다운 위의 각주1)의 논문 pp.195-196 참조.

16) 범부는 「국민윤리특강」에서 화랑의 세 요소를 피력한다. 이 花郞을 眞正하게 認識을 할려면 花郞精神 가운데 세 가지 要素를 먼저 規定을 하고 그 規定 밑에서 이

가 모두 구비된 것으로 인식할 것을 주장한 것이다. 이것은 종래 일본 연구자들 등에서 화랑도가 무사도로 등식화되어온 왜곡된 흐름, 그리고 1950년대 당시 범부는 화랑이 단지 군인의 尙武精神을 고취시키기 위한 수단으로만 자리잡아가고 있던 추세에 대한 교정이라는 안목을 보인 것이다.[17]

그리고, 凡父의 언설에서, 박정희 정권에서, 공통적으로 '한국적', '민족적'인 면이 강조되면서 '花郎'이라는 개념이 빈출한다. 하지만 박정희 정권에서 花郎은 '삼국통일을 이룩한 정신'으로서 '군사적 측면'만을 강조하여 정치적 도구로 활용하였고, 범부는 「花郎을 인식할려면 이 宗教面, 藝術面을 제외하고는 花郎을 알 길이 없다」[18]고 하여 花郎을 '종교-예술-군사'의 결합체로 파악한다는 점이 다르다. 물론 이 점도 5,60년대 우리나라의 건국 시기라는 맥락에서 이해해 본다면, 해방 이후 이승만 정권에 의해 남북의 분단 상황에서 북한-고구려의 상무정신에 대응하는 남한-신라의 상무정신을 천명하는 것이었다. 아울러, 한국 고대 이래 면면히 이어오는 풍류 도통 속에 화랑도를 이론적, 사상적으로 자리 잡게 하는 의도 속에 군인-군대-무력 즉 군사적(상무적)인 면이 다른 두면 즉 무속적(종교적)+예술적(심미적) 결합

花郎精神을 살펴야 花郎의 全貌를 觀察할 수 있습니다. 그세 가지는 무엇이냐 하면 첫째는 宗教的 要素입니다. 둘째는 藝術的 要素입니다. 셋째는 軍事的 要素입니다. 그런데 一般的으로 花郎에 對한 常識은 대개 어떠한 觀念으로 規定되어 있느냐 할 것 같으면 軍事面으로 主로 置重되어 있을 것입니다. 一般의 常識化해 있는 花郎에 對한 觀念이 宗教面과 藝術面이라는 것이 缺如해 있을 것으로 생각합니다. (金凡父, 「國民倫理特講」, 『花郎外史』(삼판), (대구: 이문출판사, 1981), p.218)

17) 정다운 같은 책 pp.196-197 참조.

18) 金凡父 같은 책 p.218

체로서만이 이해될 수 있음을 천명한 것이다. 이것은 종래 화랑 논의와 이해의 폭을 확장하고, 또한 기존의 문맥으로부터 전환시켜주는(탈맥락화시키는) 효과를 가져올 수 있다. 다시 말하면 박정희 군사정권이 쿠테타의 정통성과 안정성을 도모할 수 있는 이론적 기반이 되는 것이자[19] 결과적으로는 박정희의 무인, 쿠데타 이미지 소거라는 전략 - ①巫俗的(宗教的) → ②藝術的(審美的) → ③軍事的(尙武的)이라는 논점의 일탈 - 과도 맞아 떨어졌던 것으로 보인다.

어쨌든, 박정희 정권 초창기(60년대)에는 건국의 이념과 남한 체제의 정통성 확립이라는 측면에서 '儒教'보다도 '花郎/花郎道/花郎精神-風流/風流道'와 같은 남한(남조선)을 대표할 수 있는 - 즉, 북한(북조선)의 고구려의 尙武精神에 대항할 수 있는 - 국민적 기억의 소급으로서 '신라-경주'가 주목되고 있었다.

반면, 70년대에 들어서서 산업 · 경제의 발전 및 유신 정권기의 민주화 세력의 데모와 저항, 계층 및 지역 간의 대립, 內訌을 겪으면서 內憂外患에 감당하기 위해 밖으로는(=外患 대비) 북한 체제의 공격에 대비하는 구국안보 논리를 내세워 武人으로서 충무공 이순신을, 여기에다 '十萬養兵說'을 주장한[20] 율곡 이이를 추가하여 '畿湖' 유학의 현실대응에의 기민성을 부각시켜 내세운다. 또한 안으로는(=內憂 대비) 내부적 화합, 안정, 민주화세력-학생들의 데모 방지를 위한(하극상을 방지하고, 체제 안정 및 질서유지를 할 수 있는)[21] 이념적 모색 선상에

---

19) 최재목, 앞의 각주11)의 논문.

20) 이 점 때문에 일제강점기에는 이율곡이 기피되고 퇴계가 부각되었다는 점도 간과해선 안 된다.

21) 이에 대해서는, 鄭鎭石 · 鄭聖哲 · 金昌元(宋枝學 譯), 『朝鮮哲學史』(東京: 弘文堂, 昭和37), p.53을 참조.

서, 이른바 민족의 내적 대통합 논리를 도모하는 전략으로, '嶺南' 유학의 중심인물이자 '理' 중심의 확고한 철학을 우직하게 구축해 간 대표 유학자 퇴계를, 당파와 계층, 지역적 모순에 대한 무언의 조정자 · 화해자=국가적 원로(國老)로서 기획, 요청하게 된다. 다시 말해서 표준 영정 및 화폐 등을 통한 퇴계 및 충무공, 율곡의 다양한 이미지의 창출은 이처럼 우리나라의 구체적 시대적, 이념을 배경으로 하고 있다. 특히 박정희 정권은 국민적인 文 · 武 의 영웅들을 국민적 기억 속에서 찾아내어 그것을 자신들의 정치체제 확립, 민족주의의 강화 등을 위해 새롭게 해석하고 활용하게 된다.[22] 퇴계의 초상화 및 유자 · 선비 이미지의 탄생은 이러한 정치적, 시대적 배경을 읽어갈 때 그 의미가 보다 명확히 드러날 것이라 생각한다.

3. 박정희와 김범부의 이념적 연계성 문제

1) 박정희의 원로자문역으로서 범부

범부와 박정희 정권과 겹치는 시기는 그의 범부 말년의 약 6년간이다. 박정희가 1961년 5월 16일 군사정변(흔히 쿠데타라 함) 이후 5월 18일 군사혁명위원회 설치(초대 위원장 장도영, 부위원장 박정희)하고 5월 20일 「국가재건최고회의」로 이름을 변경(의장 장도영, 부의

---

22) 이에 대한 논의는 최재목, 「퇴계상의 변모」, 『퇴계학보』제130집, (퇴계학연구원, 2011.12) 참조.

장 박정희)하였는데, 그때 범부(65세)는 「韓國政經協會 土曜講座」(4월 15일 오후 2시, 中央公報館)에서 「花郎과 風流道」(「救國方略」)[23]을 강의하며[24] 「再建國民運動 中央委員會」50인에 위촉되어 國民敎育分科委員으로 참여한다.[25] 이즈음 범부는 박정희와 면담 및 의견교환을 하는 것을 알 수 있다. 그것은 『朝鮮日報』의 1963년 5월 3일자 기사에,

> 朴正熙最高會議議長은 2日낮 靑瓦臺에서 二代國會議員이던 金凡夫씨를 만나 약1時間동안 民情動向에 관해 意見을 나누었다. / 李厚洛 代辯人은 朴議長이 金씨와 점심을 같이 하면서 世上물정에 대해 이야기를 나누었다고 말했다.[26]

라고 있는 데서 알 수 있다.

아울러 범부는 1963년(67세) 6월 13일 5.16군사정변 세력의 외곽단체인 「五月同志會」의 민간인 부회장직(회장은 박정희)을 맡고[27] 드

---

23) 『京鄕新聞』(1961년 4월 9일)에는 「救國方略」으로 공고가 나갔지만 4월 14일에는 「花郎과 風流道」으로 공고가 났다. 「救國方略」에서 「花郎과 風流道」로 강연 주제가 바뀐 것으로 보인다.

24) 우기정, 「韓國에서의 國民倫理論 成立에 대한 硏究 - 凡父 金鼎卨의 〈國民倫理論〉을 중심으로 - 」, p.23 참조.

25) 기자미상, 「재건운동 중앙위원 50명을 위촉」, 『동아일보』(1961.11.12).

26) 기자 미상, 「朴議長과面談 - 金凡夫 金八峯氏」, 『朝鮮日報』(1963년 5월 3일), 1면.

27) 「五月同志會」는 회장: 朴正熙(國家再建最高會議 最高會議議長), 부회장: 李周一(國家再建最高會議 부의장) · 金凡父(민간인).
蘇宣奎 범국민당 발기선언 관련 방송[동아방송 '주간방송' 중 '소선규 범국민당 발기선언'(동아방송DBS. 1963년 6월 13일)에 관한 내용[원문은 http://dbs.donga.com/comm/view.php?r_id=04336&r_serial=01(검색일: 2009.4.23))]에 보면 다

디어 6월 13일 서울 시민회관에서는 「五月同志會」의 창립총회가 개최된다.[28] 이 즈음 「五月同志會」는 「月曜敎養講座」를 개최하였는데 범부는 거기서 「韓國國民革命의 課題와 展望」이라는 제목으로 강연을 한다.[29]

아울러 범부는 「國家再建最高會議」에서 발행하는 『最高會議報』에 「邦人의 國家觀과 花郎精神」[30]을 발표한다.

음과 같은 내용이 있다: 「지난 13일에는 정치와는 관계가 없다는 〈오월동지회가 창립대회를 열고 회장에 박정희 최고회의장〉을 추대했습니다. 그리고 부회장에는 이주일 부의장과 민간인 金凡父씨를 선출했습니다. 박의장은 이 날 회장으로 추대를 받고 5월동지회 회원들은 정치에는 관여 말라고 당부를 했습니다. "본 동지회는 발기 취지 선언문에도 명백히 명시되어 있는 바와 같이 이것은 어디까지든지 비정치단체로서 회원동지 상호간의 친목을 돈독히 하고 소양을 넓히고 우리 서로가 상부 상조하며 힘을 뭉쳐서 사회 봉사를 하고 나아가서는 국가재건에 이바지 할 수 있는 그러한 노력을 하겠다는 것이 본 동지회의 취지라고 본인은 알고 있습니다." 그러나 건전한 정치 풍토를 조성하도록 보다 높은 차원에서 노력하겠다고 밝힌 그들의 진로와는 달리 벌써부터 再建國民運動과 그 성격이 모호해 지고 있다는 평을 받고 있습니다. (우기정, 같은 논문 pp.46-47에서 재인용).

28) 이에 대한 보도 내용은 이렇다(아래 사진은 필자가 뉴스 내용에서 캡쳐하여 편집한 것임).

- 5.16 주체세력과 그 혁명이념에 찬성하는 각계인사가 중심이 된 5월 동지회.
- 회장에 박정희 의장을 선출, 부회장에 이주일, 김범부씨 선출.
- 비정치단체임을 밝히고 새나라 건설에 이바지 할 것을 다짐.

- 최덕신, 김형욱씨 모습.

[출처: 대한뉴스 제 421호(1963-06-14)(제작연도 : 1963-06-14 상영시간 : 00분 39초 출처 : 대한뉴스 제 421호](http://photo.allim.go.kr/movie/korea_news.jsp)(검색일자: 2011.7.22)

29) 『동아일보』, 1963년 6월 13일, 1면 참조.

30) 金凡父, 「邦人의 國家觀과 花郎精神」, 위의 책.

近年에 獨島問題로해서 작지 않은 말썽이기도 했지만 대체 日人들의 侵寇란 너무도 長久한 歲月과 多端한 事故를 가진 國際的發黨인지라 이건 問題로 한다면, 너무나 複重한 一大課題가 되거니와 鬱陵島를 두고 말썽이 쉬여진것도 實은 肅宗年間의 일인데 이事件을 處理한이는 알고보면 世祿宰相도 特命使節도 아무것도 아니고 一個의 水兵인 東萊府戰船櫓軍 安龍福이 그사람이다.(當時로 말하면 軍籍이란 賤役이었다)安龍福은 그當時 職責所關이든지 日語를 잘했더라는데 肅廟十九年에 鬱陵島로 漂迫한 일이있었다. 그때 日船七隻이 와서 本島를 저의 것인냥 敢恣하게 굴더란것이다. 龍福이 堂堂히 詰辯을 했더니 제들은 龍福을 잡어가지고 五浪島란대를 가서 잡어두는 모양이다. 龍福이 그島主에게 타이르기를 鬱陵 · 芋山은 본대 我邦의 所屬이거늘 나를 이렇게 拘執하는 것은 道理가 아니라 했더니 그 島主는 또 伯耆州란대를 보내더란 말이다. 그島主는 뭣을 봤든지 자못 관待를 하면서 所願을 묻는지라 龍福이 말하기를 「서로 侵擾를 禁止하고 交隣上道를 좋게하는 것 만이 내 所願이다」했는데 그島主는 快諾을 하고 江聲에 稟達을 해서 文券을 作成해가지고 돌아 오게했는데 長崎島에 行到해서는 그島主가 文券을 强奪하고 對馬島로 보내서 또 拘執을 하면서 江聲에 알렸더니 江聲에선 다시 文券을 作成해서 侵害하지 말라고 했건만 馬島主는 그 文券을 빼앗고 五十日을 가두었다가 東萊倭舘으로 押送을 하고 倭舘에선 또 四十日을 붙잡아두었다가 그제야 東萊府로 보내주었는데 龍福이 前後始末을 말하고 國疆을 위해서 先後策을 呼訴했거늘 府使는 다른 건 듣잘것도 없이 그저 國境을 犯越했다는 罪目으로서 重刑을 주고 나중에 놓이기는 했지만 憂憤을 참을수 있던가 말이야 아마 當時의 宰輔門前에 가서도 泣訴를 했을터이언만 누구 한사람도 들어 먹지 않었던 모양이라 이때 龍福은 國事를 위해서의 英雄的權變으로 販僧五人

과 棹工四人을 큰수가 나는 속이라고 誘引을 해가지고는 다시 鬱陵島로 달려가서 역시 放恣한 倭艦을 붙잡아가지고 이것들을 追逐해서 玉崎島란데를 漂着했다가 다시 伯耆島로 갔더니 그 島主는 역시 款待를 하는지라 그때 龍福은 생각한바 있어서 轎子를 타고 官服을 입고 鬱陵島守捕將이라 自稱을 하고 島主로 더불어 正式으로 國際的談判을 했던 모양이라, 그 島主는 馬島主와 協議해서 「爭地事는 모두 다 公의主張을 좇겠고 다시 違約을 할때는 重罰을 할것이라」고 兩島主의 確證을 받고 前後 三年의 歲月을 千辛萬苦로 지내고 歸國을 하게 되는때는 江原道 襄陽에 와서 碇泊을 했는데 그때 方伯은 龍福一行을 拿致해서 京師로 押送을 했겠다 그리고보니 朝議는 자못 紛紛했던 모양인데 마침내 犯越이란 罪目으로 斬首를 하라는 斷案이었다. 그래도 領頓寧尹趾完이란 이와 領中추南九萬이란의 두분이 懇曲히 말을 해서 功罪를 酌量한다는 덕분이든지 겨우 減死一等해서 遠地流配를 보냈는데 그後事는 莊然히 모르게 됐으니 아마 역시 나라를 위해서 冒死護疆한 重罪로 謫所에서 不歸의客이 된 모양일 것이다. 그래 또 이 安公의 抱持했던 國家觀은 어떠한 것이었을까.

(中略) 以上에 例擧한 今古의 仁人義士들 그 心情과 行動과 生活을 觀察해서 넉넉히 한개 類型의 國家觀을 把捉할수 있는데 대관절 그 相通하는 一脈 그것이 무엇일까?

그것은 一言으로 폐之日 「至情」이란 것이다. 그대의 心中에는 分明히 富貴 따위의 尿素는 發見할수 없고 아마 功名까지도 占據할 餘遑이 없었을 터이다. 그저 나라를 위하고 同胞를 위해서 身命을 돌아 볼 틈도 없이 奮鬪하고 精進했을 뿐이다. 그러니 그 心境을 愼密히 살펴본다면 그건 大小間의 利害打算보다도 그저 「惻怛한 感憤」 그리하지 않고는 배길수 없는 「無條件의 血衷」말하자면 이것을 「至情」이라 하겠는데

至情이란 父母가 子息을 사랑하는 子息이 父母를 愛敬하는 心情을 指稱하는바 어니와 父母가 子息에게 有利한 期待를 아니하는바도 아니오 子息이 父母에게 利德을 企望하지 않는다는 것도 아니다 그러나 이런 것은 一種의 變態現狀을 除外하고는 決코 第一條件은 아니고 역시 利害得失을 超越한 곳에서 天然으로 流露되는 父子의 至情을 把取할 수 있는 것이다. 그리고 仁人義士의 나라에 對한 心情도 其實인즉 利害得失을 超越해서 當然히 그리해야 하고 그리않고는 할 수 없는 「無條件의感情」다시말해서 孝子가 父母에게 對한 惻怛한 心情 곳 至情이라 할밖에 딴 理由가 없는 것이다. 그런데 이러한 心情들은 이것을 國家觀으로서 規定하자면 역시 倫理的 或은 「人倫的國家觀」으로 해야 할것이다. 그리고 또 다시 말하자면 韓國은 國人의 歷史的 心情을 基本으로 해서 「人倫的分義協調體의國家觀」으로 規定할수도 있을것이다.[31] (강조는 인용자)

글 가운데, 愛國, '대한민국 영토'='國土' 수호를 위해 '至情'의 문제를 거론하는데 그 축은 花郎精神이었다. 범부가 제시한 화랑, 풍류라는 논의 맥락이 박정희의 정치구상과 어떻게 맞물려 들어가는가를 잘 보여준다.

이어서 1962년(66세)에는 범부는 『建國政治의 理念』을 저술한다. 이 당시 그는, 박정희의 국가재건최고회의 의장 시절(1961-1962)뿐만 아니라 대통령 권한대행 시절(1962-1963) 및 대통령당선(1963) 때까

---

31) 金凡父, 金鼎卨(1897-1966)이 「邦人의 國家觀과 花郎精神」, 『最高會議報』2, (國家再建最高會議, 1961)에 실었던 〈邦人의 國家觀과 花郎精神〉(金凡父, 『凡父金鼎卨短篇選』, 최재목 · 정다운 편, (서울: 선인출판사, 2009))에 보면 다음과 같은 논설이 나온다.

지 「정치자문을 위해 자주 청와대를 출입」하였던 것으로 보인다.[32)]

무엇보다도 凡父가 박정희에게 가장 많은 영향을 끼쳤던 기간은 「오월동지회」[33)]가 조직된 1963년 전후로 보이는데, 이 조직을 통하여 범부는 공식적 비공식적 통로로 박정희와 대화를 나누었던 것으로 보인다.

2) 「민족적 민주주의」의 주창, 「군인정치」의 옹호

아울러 범부는 여러 증언에 따르면 「민족적 민주주의」라는 것을 주창하고, 「군인정치」를 옹호했던 것으로 보인다.

먼저, 신동호의 증언에 따르면, 김범부는 군부에게 「민족적 민주주의」를 만들어주었다고 한다.

> 민족적 민주주의. 반공주의 지식인 김범부(작고)가 인도네시아 수카르노의 '교조적 민주주의'를 본따 군부에 '진상'한 것으로 알려진 이 구호는 5 · 16주체가 가장 자랑하는 슬로건이었다.[34)]

이어서, 李龍澤의 증언에 따르면, 그는 범부를 부산대에서 강의 중이던 때 만났는데, 범부는 「혁명 공약 6항에 '양심적인 정치인에게 정

---

32) 이것은 김정근의 증언에 따른 것임(김정근, 위의 책, p.40).

33) "政黨의 看板아래 도사린 部署中心의 各黨 鳥瞰圖-派閥系譜"기자미상, 『동아일보』, 1963. 7. 22, 3면 참조: 당시 정치상황의 조감도에 나타난 박정희-金凡父의 조직도를 보면 박정희가 凡父를 자문위원 삼았으며 종종 정치에 관해 깊은 대화를 나눴다는 이야기는 신빙성 있어 보인다.

34) 신동호, 「(4) 민족적 민주주의 장례식: 6.3 비사」(http://blog.naver.com/hudys/80013515964)(검색일자: 2011.7.22).

권을 이양하고 군은 본연의 임무로 복귀한다'는 것을 반대」했고 「군대가 집권해야 국민 개조」할 수 있다고 보고, '혁명 세력이 장기간 혁명 정신을 국민들에게 뿌리내리게 해야 한다는 등 군인정치를 옹호한 것으로 보인다.

金凡父, "군대가 집권해야 국민 개조"

이 국장과 박 대통령의 인연은 군에서 시작됐다. 5 16 혁명이 나자 박정희 소장의 지시에 따라 바로 혁명위원회에서 근무를 시작한다.

—5 16 직후 혁명 검찰부에 근무하게 된 계기가 있었습니까.

"1960년 12월 말에 군 수사관으로 오래 근무하다 대위로 제대해 대구에 있을 때였습니다. 혁명 다음 날인 1961년 5월 17일 새벽에 대구의 CIC(방첩부대)로 온 전보를 받고 즉시 상경했습니다. 후에 혁명 검찰부장을 역임했던 朴蒼岩(박창암) 대령으로부터 온 연락이었습니다. 육군본부 상황실에서 박 대령을 만나니 바로 대위로 복직 발령을 내려고 해 민간인으로 근무하겠다고 사양했습니다. 박 대령의 지시는 '전국을 돌아다니며 혁명에 대해 국민들이 어떻게 생각하고 있는지, 무엇을 해주기를 바라는지, 또 어떻게 해야 혁명이 성공할 수 있겠는지를 알아보고 그대로 보고하라'는 것이었습니다.

신분증과 信任狀(신임장)을 받아 전국을 돌기 시작했습니다. 전국 곳곳의 학자, 언론인, 정치인 등을 만나 일주일에 한 번씩 書面(서면) 보고를 했습니다. 사람들을 만나니 비판도 많았고 실패한다는 말도 들었습니다. 과거 반공운동에 참여했거나 공산주의를 싫어하는 사람들은 혁명을 지지했습니다. 그때만 해도 춘궁기로 수많은 사람들이 굶을 때여서 대부분 '제대로 먹고 살게 해 달라', '경제를 살려라'는 요구가 많았습니다."

—그 당시 만난 사람 중에 기억나는 사람들은 있습니까.

"金凡父(김범부) 씨로, 천재적인 동양 철학자이자 소설가 金東里(김동리)의 형이신데, 부산 온천장 여관에서 만났습니다. 부산대에서 강의 중이던 그는 혁명 공약 6항에 '양심적인 정치인에게 정권을 이양하고 군은 본연의 임무로 복귀한다'는 것을 반대했습니다. 국회의원을 했던 김 교수는 '식민통치를 받았던 민족으로, 주체성이 없이 의타심이 강한 우리 민족이 주인의식을 갖게 하기 위해서는 한 세대 30년이 걸린다. 정권을 넘기는 것에 반대한다'고 말했습니다.

그는 또 '혁명 세력이 장기간 혁명정신을 국민들에게 뿌리내리게 해야 한다. 일본의 明治維新(명치유신)도 메이지 천황의 재임 시 제도를 바꾸고 세대교체 등을 통해 터를 닦은 것에 불과하다. 400년 된 일본 幕府(막부) 통치 역사의 뿌리를 뽑는 데 30년이 걸렸다'고 했습니다. 이를 박 장군에게 보고하니 민정이양 약속은 번복할 수 없다고 말하기도 했습니다."[35]

다만 이러한 단편적인 증언들은「누가 이렇게 저렇게 말하더라」는 정도에 머물 수 있는 이른바 필요조건의 자료이지 아직 충분조건의 자료

---

35) 이 증언은, 李龍澤,「동백림 사건을 수사한 李龍澤 前 중앙정보부 수사국장 증언: 동백림 사건의 진실(4)」,『月刊朝鮮』2004년4월호,(월간조선사, 2004.4.)에 따른 것이다.
(https://monthly.chosun.com/mcmember/login4.asp?url=/premium/contents/view.asp?C_IDX=272)(검색일자: 2011.7.10)
참고로 이용택은 對共 수사로 유명하며 中央情報部의 수사국장을 지냈고, 1960~1970년대 대공전선에서 뛰었던 대표적 인물이며, 金大中 납치 사건, 동베를린(동백림) 사건을 수사한 바 있다. 중앙정보부 퇴직 후 대한지적공사 사장을 거쳐, 1981년에는 고향인 경북 達城에서 무소속으로 출마, 11대와 12대 국회의원으로 두 차례 당선되기도 했다. 아래에 이용택의 증언 가운데 김범부와 관련 되는 부분을 인용해둔다.

는 되지 못한다. 따라서 범부의 행적과 언설이 더 많은 실증자료를 토대로 복원된 다음 신뢰할만한 텍스트로 편입될 수 있을 것으로 본다.[36)]

어쨌든 범부가 1961년 5월 16일 군사정변 이후 1966년 12월 10일 70세의 나이로 세상을 떠날 때까지 박정희와 '약 6년간 재야 정치자문인으로서' 이른바 '밀월 관계'를 유지하면서 5.16혁명 주체에 국가운영의 기초에 해당하는 조언을 했던 것은 사실로 보인다.

그리고 凡父가 1950년대 초반 「國民倫理特講」을 통해 피력하는 「國民倫理論」(구체적인 것은 후술 참조)에서 새마을운동 발언이 있었다는 증언이 있기는 하다.[37)] 하지만 이것은 1970의 새마을운동 이전이며 더욱이 1972년 10월에 수립되는 박정희의 유신체제에 그의 이론이 어느 정도 연속되고, 기여될 수 있었는가 하는 점은 추후 검토해 보아야 할 과제이다.[38)]

4. 결어

범부는 박정희 정권이 출범(1963)하기까지 말하자면 '혁명정권'에 자신의 이상으로 추구했던 '新生國家' · '建國'의 성공에 기대를 걸었던 것

36) 범부와 박정희 · 박정희 정권의 관련성에 대한 종합적인 검토는 다음 과제로 미루기로 한다.

37) 凡父의 國民倫理論 강의를 6개월 정도 들었던 경주 오덕선원 선원장 정허 스님에 따르면 박정희 정권의 주된 정책에 해당하는 「새마을운동」은 凡父가 처음으로 박정희에게 제안한 이론이라고 한다. 이는 凡父가 國民運動을 촉구했던 사실과 연관이 있을 것으로 추측된다(우기정, 앞의 논문 p79).

38) 이에 대해서는 우기정, 위의 논문 참조.

이 사실이다. 하지만 그는 세상을 떠나기 전 해인 1965년(69세)에 「우리는 經世家를 待望한다」는 글에서 이렇게 한국의 難局을 '한탄'한다.

> 今日의 韓國은 果然 말 그대로 空前의 難局에 處在한 形便이다. (중략) 이렇게도 非常한 難局인 新生國家로서 建國期인 此際에 一人의 經世家가 보이지 않는 것을 恨歎하는 言緖가 이렇게 頭緖 없이 言及하게 된 것이다.[39]

이 글에서 추론해본다면, 실제 박정희 정권이 출범하면서부터 생겨나는 難局을 응시하면서, 범부는 박정희가 자신이 바라던 그런 지도자도 아니고 또한 「어떻게 하면 이 민족도 남과 같이 잘살게 될 것인가를 平生의 과제로 삼았던」[40] 범부가 바라던 그런 이상적인 방향으로 정권이 향해가고 있지도 않음을 직감했던 것 같다. 불행하게도 범부는 박정희 정권의 타락의 과정을 더 지켜보지 못하고 經世家를 '待望'하면서 1966년 70세로 세상을 떠난다.

범부는, 그보다 6-7세 연하이면서, 「국민교육헌장」을 기초 · 구축한 安浩相(1902-1999) · 朴鐘鴻(1903-1976), 그리고 李瑄根(1905-1983)처럼 튼튼한 제도권 내의 학적 기반 · 지식 인맥을 가지며 적극 박정희 정권에 관여하던 이데올로그들과는 기반이 좀 다르다. 범부는 박정희 정권 이전이나 이후나 엄연히 재야 이데올로그였고, 사회 원

---

39) 金凡父, 「우리는 經世家를待望한다」, 『政經硏究』, (서울: 政經硏究所, 1965)(金凡父, 『凡父金鼎卨短篇選』, p.93, p.99)

40) 黃山德, 「金凡父先生의靈前에-방대했던東方學의體系」, 『東亞日報』(1966.12.15), 5면.

로 자문역이었다. 정치에 적극적인 성격의 소유자도 아니었고, 신체적으로는 병약했다. 그는 이런 등등의 취약점을 갖는다.[41] 아울러 정식 학력이 없는 그는 체계적이고 논리적인, 예컨대 '논문' 같은 제도권 내 엄밀한 정식적인 학문훈련을 받은 지식인도 아니었기에, 박정희 정권을 지탱할 이념체계를 이론적, 논리적으로 순발력 있게 창출해내기엔 충분하지 못했다.

어디까지나 범부는 박정희 정권으로부터 민심을 수습하는 차원에서 부름을 받는 재야 정치자문역에 머물러 있었다. 제도권 밖의 재야 이데올로그, 정식 제자나 후계자가 없는 재야지식인이라는 제한점은 범부를 박정희 정권과 어느 정도 거리를 갖게 한 장점도 있다. 그러나 범부 사망 이후 그의 창의적 논의들은 차츰 제도권 내에서 단절되어 거의 망각되어버렸다.

그럼, 이제 범부를 어떻게 연구하고, 평가해 볼 것인가? 이것이 과제이다. 한 가지 힌트를 든다면, 시인 김지하는 1990년대 이래 꾸준히 凡父를 언급하면서, 우리나라 근대기에 이러한 調和의 원리, 즉 '네오휴머니즘'[42]('신인간주의'라고도 함) · '제3휴머니즘'[43]('제3의 길'이라

41) 이 점은 범부의 외손자 김정근이나 범부의 친동생 김동리가 '범부는 건강+현실적 준비 등이 부족했다'고 지적하는 바이다. 이에 대해서는 김정근, 위의 책, pp.62-63 참조.

42) 네오휴머니즘이란 새로운 것을 뜻하는 '네오(Neo)'와 인간중심주의를 뜻하는 '휴머니즘(Humanism)'이 결합된 것으로 휴머니즘에 깔려있는 인간중심적 감정을 모든 생명체와 무생명체까지 확장, 너와 내가 별개가 아님을 인식하고, 調和를 통한 상생의 관계를 추구한다. 이러한 네오휴머니즘의 정신은 凡父가 이야기 하는 '지구적 차원의 調和', 그리고 '우주적 생명의 멋 · 風流'와 통한다.(최재목 정다운, 「凡父 金鼎卨의 『風流精神』에 대한 검토」, 『동북아문화연구』, (동북아시아문화학회, 2009), p.118 참조.

43) 『京鄕新聞』(2006년 11월 12일) 참조.

고도 함)[44], 그리고 '공산주의와 자본주의를 가로지르는 새로운 이념' '생명의 원리에 입각해 민족의 집단적 정신분열을 치료할 수 있는 통합의 메시지' 등을 사상계와 정신계에 제시한 인물로 재평가하고 있다.[45] 이것은 박정희 정권과의 연관 속에서만 범부를 조망하는 (박정희 콤플렉스에서 비롯한) 획일적이고 편협한 연구 방식을 재고해보도록 하는 시사점을 갖는다.

범부의 수제자인 榴軒 李鍾厚 박사(1921-2007)가 몸소 만든 영남대학교 동아리 大脈會訓에서 〈花郞精神의 現代的 具顯: 一. 眞理에의 忠誠 一. 祖國에의 忠誠. 一. 人間에의 忠誠〉(臥碑 全面)[46]을 내걸었듯이, 범부사상의 사상적 범주도 결국 이종후박사가 천명한 花郞精神의 現代的 具顯으로서 '眞理', '祖國', '人間'에 대한 忠誠 같은 것으로 느껴진다. 「나는 빼앗긴 조국의 산하에 대하여 비로소 그 아름다움을 발견하고 한없는 애착을 새삼 느꼈으며, 조국강산의 품안에 몸을 던져 안기고 싶은 충동을 억제할 수 없었다」는 이종후박사의 「나의 求道의 길(1)」 끝 부분의 求道的 巡禮에 대한 언급[47]이 떠오른다.

범부가 겪었던 植民地期-解放과 建國-戰爭-南北分斷-南漢(大韓民國)정권의 탄생을 생각해보면, 그는 마치 오랜 '고향상실'에서 고향을 찾고, 회상해내는 일에 골몰했었는지도 모른다. 상실된 한국이라는 존재-국토-영혼, 그런 것의 회상. 하이데거가 고향 상실의 시대

---

44) 김지하, 『사이버 시대와 시의 운명』, (서울: 북하우스, 2003), p.131 참조.
45) 김지하, 『디지털 생태학: 소곤소곤 김지하의 세상이야기 인생이야기』4, (서울: 이룸, 2009), p.154.
46) 榴軒李鍾厚先生追慕文集刊行委員會, 『永遠한 求道의 길』, (부산: 세종문화사, 2009), p.539.
47) 榴軒李鍾厚先生追慕文集刊行委員會, 같은 책 p.280.

한가운데서 자신이야말로 독일의 민족시인 횔덜린(Johann Christian Friedrich H lderlin, 1770-1843)과 아울러 새로운 세계와 시대를 열 사상가로 보았던[48] 것처럼, 박정희에 공명했던 범부의 심정은, 마치 휄덜린의 시 '고향(Die Heimat)'의 귀향에 대한 지향의 심정을 추론해 기도 한다.

> 사공은 먼 곳 섬에서 수확의 즐거움을 안고
> 잔잔한 강가로 귀향하는데,
> 나도 정말 고향 찾아가고 싶구나.
> 하지만 내 수확은 고뇌 말고 또 무엇이 있는가?
>
> 나를 키워준 그대들, 사랑스러운 강변들이여!
> 그대들이 사랑의 괴로움을 달래 주려나? 아! 그대들,
> 내 어린 시절의 숲들이여, 내 돌아가면
> 그 옛날의 평온을 다시 내게 주려나.

아니, 「성벽은 말없이/차갑게 서 있고, 바람결에/풍향기는 덜걱거리네」[49]라고 읊었던 휄덜린의 또 다른 시 '반평생'에서처럼, 難局에서 新生國의 윤리와 정치철학을 구상했던 사상가 범부. 그가 한 평생을 통해 고심하며, 가리켜왔던, 風流-花郞 사상을 향한, '덜컥거리는 風

48) 박찬국, 『들길의 사상가, 하이데거』, (서울: 동녘, 2004), 25-26쪽 참조.

49) 추가적으로 '반평생' 시를 인용해둔다.
노란 배 열매와/들장미 가득하여/육지는 호수 속에 매달려 있네./너희 사랑스러운 백조들/입맞춤에 취하여//성스럽게 깨어 있는 물속에/머리를 담그네./슬프다, 내 어디에서/겨울이 오면, 꽃들과 어디서/햇볕과/대지의 그늘을 찾을까?//성벽은 말없이/차갑게 서 있고, 바람결에/풍향기는 덜컥거리네.

向器'를 우리는 이제 어떻게 다시 바라보며 평가할 것인가. 이것이 지금부터의 과제이다.

부록

효당(曉堂)과 다솔사(多率寺)의 김범부(金凡父)

* 이 부분은 범부 김정설의 이해를 돕기 위하여 졸고 『상상의 불교학-릴케에서 탄허까지-』(지식과교양, 2017)에 실린 것을 다시 실은 것임을 밝혀 둔다.

효당(曉堂)과 다솔사(多率寺)의 김범부(金凡父)

1. 서언

이 글은 '曉堂 崔凡述(1904-1979)(이하 효당)과 多率寺의 凡父[1] 金鼎卨(1897-1966)(이하 범부)'에 대해 논의하는 것이다. 효당과 범부는 일제강점기 약 10년간(1933-1943), 다솔사라는 불교신앙 · 학술 공간을 통해서 역사적 만남을 가졌다. 거기서 두 인물은 독립운동을 통한 救國, 조선의 혼-생명을 담은 '멋-風流'의 傳承이라는 과업에 교감하고 동참한다. 현재 『효당 최범술 문집』에 남아있는 효당과 범부가 함께 찍힌 기념사진은 한편으로는 두 인물의 '부재'를 웅변하지만 다른 한편으로는 부재하는 인물들의 역사적 의미를 당당하게 기억하게

1) 김정설의 호를 보통 '凡父(범부)'라 하나 원래 '父'는 아비 '부' 외에, '남자의 미칭'으로 '보'(=甫)로도 읽는다. 생존 당시 범부는 자신을 '그저 평범한 남자'라는 의미로 '범보'라 겸양하였는데, 주변인들이 '범부'(=범인들의 아비라는 의미가 됨)라 부르게 되어 이후 '범부'로 정착하였다. 이 글에서는 일반적으로 부르는 '범부'라 하나 그 뜻은 '그저 평범한 남자'로 새기기로 한다.

해주고 있다.

최근 《시사저널》(2017.03.22.(수))에서 '김범부-박정희, 김평우-박근혜의 2대에 걸친 인연이 화제'라는 기사로 김범부가 정치적 맥락에서 다시 주목을 받은 바 있다. 김범부가 '박정희의 5 16 이후 사상적 스승'이었다는 내용인데, 최근 대한변호사협회장을 지낸 김평우 변호사가 현 대한민국의 탄핵 정국에서 박근혜 전 대통령의 대리인단으로 활동하면서 였다. 김평우는 김범부의 동생 김동리의 아들인데[2] 우리가 간과해서는 안 될 것이 있다. 다시 말해서 김범부가 박정희의 재야 이데올로그였다는 사실은 팩트이지만 그렇다 해서 김범부=우익이라는 논리는 합당하지 않다. 왜냐하면 김범부는 박정희가 한국을 새롭게 건설하는데 필요한 건국철학과 국민윤리론을 제공하는 정도였으며, 유신체제 수립 이전 사망하였고 더구나 그의 사상과 이념을 계승하는 후계자는 없었으며, 박정희의 통치철학에 그다지 활용되지도 않았다.[3]

이 글은 다솔사에서 맺은 효당과 범부의 관계를 구체적으로 밝히는데 목적이 있는데, 세부적으로는 〈多率寺의 범부와 효당〉, 〈효당의 기억 속 '범부'〉, 〈효당과 범부의 사상적, 미적 공감: '멋-風流'〉 순서로 논의할 것이다. 특히 〈효당과 범부의 사상적, 미적 공감: '멋-風流'〉 부분은 종래의 논의에서 거의 언급된 적이 없지만, 범부에게서 발원한 '멋-풍류' 논의가 효당에게 거의 공감, 공유되고 있음을 확인할 수 있

2) 《시사저널》(http://www.sisapress.com/journal/article/166324)[2017.03.22.(수)] (검색일자: 2017년 4월 6일)

3) 이에 대해서는 최재목, 「근현대기 사상가 凡父 金鼎卨과 朴正熙의 이념적 연관성」, 『日本思想』24, (한국일본사상사학회 2013.6) 참조.

는 중요한 대목이다.

이러한 논의를 통해서 효당과 범부 연구가 한 단계 더 진척되고, 일제강점기에 구국을 꿈꾸던 주요 인물들의 활동이 재인식되는 계기가 마련되었으면 한다.

2. 多率寺의 범부와 효당

흔히 효당이라 하면 다솔사를 떠올리고, 다솔사라고 하면 일제강점기 독립운동의 모태로 기억한다. 그것은 한용운, 김범부, 김법린, 변영만, 변영로 등의 독립 운동가, 지식인들이 들락거렸기 때문이다. 더욱이 다솔사는 효당과 범부, 아울러 범부의 아우인 김동리와 깊은 인연이 있어 이들(범부 · 동리)을 연구하는데 다솔사는 필수적인 장소이다.

범부가 다솔사와 인연을 맺게 된 것은 당시 다솔사 주지였던 효당이 그의 일가족이 거주할 수 있도록 도왔기 때문이다. 이에 대해서는 《국제신보》에 연재한 비망록 '청춘은 아름다워라'를 통해 잘 알 수 있다.[4)]

현재 『효당 최범술 문집』(이하 『효당문집』)의 연보 속에 들어 있는 범부와 효당의 다솔사 인연 내용을 발췌해 보면 다음과 같다.[5)](밑줄 및 강조는 인용자. 각주는 원래대로 이며, 인용자 각주는 [ ]로 표시함)

---

4) 여기서는 편의상 蔡貞福 편, 『효당 최범술 문집』1권(민족사, 2013)에 수록된 '청춘은 아름다워라'를 인용하기로 한다.

5) 蔡貞福 편, 『효당 최범술 문집』1권, (민족사, 2013), 30-34쪽.

1933년 6월 14일

다솔강원 창립: "다솔사 주지 최영환의 신안으로 현대불교도에게 필요한 불교교리와 일반 학술에 관한 지식 기능을 교수하여 실제 생활에 적절한 인재양성을 목적으로 한 다솔강원이 이 절에서 창립된다고 한다. 이것은 정히 현학도들의 광명일진저"(금강저21호, 1933,p.56). 이 강원에는 김법린, 최범술, 김범부 등이 강사로 활동.[6)]

1934년 3월 5일

다솔사 인근 院田에 농민 자제들의 교육을 위한 光明學院을 설립함(김범부의 弟인 소설가 김동리씨 교사였음)

1935년 9월 ?일[7)]

다솔사 강원을 해인사 강원에 병합하여 개량 강원으로 경영(강사: 김법린 김범부 최영환)

1936년 3월 1일

다솔사 불교전수강원 설립. (김범부, 김법린 등의 일가족이 효당의 배려로 다솔사에 함께 거주)

이후 다솔사는 불교계의 비밀항거결사인 卍黨 등의 경남 일대의 독립운동 본거지가 됨.

1938년 10월 2일

일제 경기도 경찰국에 卍黨조직 발각으로 4개월간 피검. (8월부터

---

6) 蔡貞福 편, 「曉堂 崔凡述 스님의 年譜」, 『효당 최범술 문집』1권, (민족사, 2013), 31쪽.

7) [날짜 불명]

시작된 검거선풍으로 김범부, 海光, 靜海, 雨田, 寂音 등과 함께-항일 비밀결사조직인 '만당'이 검거 구속되는 '제1차 만당 구속사건')

1939년 9월 1일

일본 비예산[8] 천태종 大學僧 48인을 초청 다솔사 夏安居 법회 개최, 당시 玄理사상에 대하여 凡夫(凡父의 誤記: 인용자) 金正(鼎의 오기: 인용자)卨 선생(卍黨 비밀당원)이 강설하고 吳宗植씨가 통역하여 7일간 개최함.[9]

1943년 9월 ?일[10]

일제 경남도 경찰국에 김범부 선생과 13개월간 구치. (단재 신채호 선생 문집 수집 건으로)[11]

이상의 『효당문집』의 내용을 보면 다솔사라는 불교 공간에서 '김범부, 김법린 등의 일가족이 함께 거주'한 것은 '효당의 배려'였음을 알 수 있다. 어쨌든 효당과 범부는 약 '10년 간'(1933-1943) 일제강점기라는 암울한 시기에 고락을 같이 한 것이다.

『효당문집』에 기술된 내용을, 범부 연구자들의 '범부 연보' 내용과

---

8) [比叡山]

9) 국제신보 1975년 3월 22일 '청춘은 아름다워라' 152회 (최범술 46회), 국제신보 1975년 3월 23일 '청춘은 아름다워라' 153회 (최범술 47회), 계간 '茶心'봄 창간호, 김필곤 著, '범부의 풍류정신과 다도사상', pp.84-101, 계간 다심사, 1992년 3월 31일.

10) [날짜 불명]

11) 국제신보 1975년 4월 5일 '청춘은 아름다워라' 155회 (최범술 50회). 계간 '茶心' 봄 창간호, 신형로 著, '내가 만난 범부선생과 효당스님', pp.77-81, 계간 다심사, 1992년 3월 31일

크로스 체크를 해보기로 한다.

먼저 범부의 막내 사위 진교훈(서울대 명예교수)이 작성한, 김범부 저 『풍류정신』 부록의 「범부 김정설의 생애와 사상」[12](이하 「범부 연보」)을 살펴보자.

> [범부] 서른 여덟 살 때(1934년) 최범술(崔凡述. 해인사 및 다솔사의 주지 역임, 다도(茶道)의 중흥자)의 주선으로 경남 사천(泗川) 다솔사(多率寺)에 칩거하여 후학을 가르치기도 했다. 이때 일본 천태종(天台宗)의 대승(大僧)들과 대학교수 40여명에게 청담파(淸談派)의 현리(玄理) 사상[을] 일주일 간 강의하여 일본에서도 명성이 높았고, 그 후 일본 사람들에게 주목을 받게 되었다.
>
> 마흔다섯 살 때(1941년) 다솔사에서 소위 해인사(海印寺) 사건으로 일경(日警)에 체포되어 1년 간 옥고(獄苦)를 치르고 병보석으로 가택연금을 당하기도 해 집은 파산했다.

진교훈의 「범부 연보」 내용은 앞의 『효당문집』과 약간 차이가 있다. 진교훈에 따르면, 범부가 서른 여덟 살 때(1934년) '최범술의 주선으로 경남 사천(泗川) 다솔사(多率寺)에 칩거하여 후학을 가르치기도 했다'고 되어있다. 그런데 1933년 6월 '다솔강원'이 창립되어 김범부 등이 강사로 활동하였고, 1936년 3월에 다솔사 '불교전수강원'이 설

12) 진교훈, 「범부 김정설의 생애와 사상」, 『風流精神』, (영남대학교출판부, 2009), 432-433쪽.

립되어 '효당의 배려'로 김범부, 김법린 일가족이 다솔사에 함께 거주하였음을 확인할 수 있다.

그리고 진교훈은 '이때 일본 천태종(天台宗)의 대승(大僧)들과 대학교수 40여명에게 청담파(淸談派)의 현리(玄理) 사상을 일주일 간 강의하였다'고 하나, 『효당문집』의 내용에 따르면 '일본 비예산 천태종 대학승(大學僧) 48인을 초청 다솔사 하안거(夏安居) 법회를 개최한' 것은 '이 때(=1934)'가 아니라 5년 뒤인 1939년 9월이었음을 알 수 있다. 아울러 진교훈은 '마흔다섯 살 때(1941년)' '소위 해인사 사건으로 일경에 체포되어 1년 간 옥고를 치르고 병보석으로 가택 연금을 당하기도 하였'다고 한다.

그런데 『효당문집』에 따르면, 1938년 10월 일제의 경기도경찰국에 항일 비밀결사조직 만당(卍黨)조직이 발각되어 4개월간 피검되었는데 이것이 '제1차 만당 구속사건'이며, 이어서 1943년 9월 단재 신채호 선생 문집 수집 건으로 일제 경남도 경찰국에 효당과 범부는 13개월간 구치된다. 아마도 이것을 '제2차 만당 구속사건'으로 보아야 할 것 같다. 이 때 구치소에서 있었던 상세한 이야기가 「청춘은 아름다워라」(50. 憂國之士 검거 선풍/留置場 감방이 부족)에 기술되어 있다. 진교훈이 '마흔다섯 살 때(1941년)…일경에 체포되어 1년 간 옥고를 치르고 병보석으로 가택 연금을 당하기도 해'라는 대목은 좀 더 고증이 필요하여, 이 부분 전체를 인용해둔다.

내가 日警의 무리들과 절 境內 밖인 金凡父댁에 이르자 그들 일파 3인이 김범부 선생을 억류했다. 내 방안을 수색하듯 그 분 家宅도 샅샅이 수색하여 다소의 책자를 나한테서 압수한 것과 별도로 묶어서 가져갔다. 우리는 화물차에 실려서 泗川署로 연행되었다. 김범부 선생은 釜山慶南道 警察部로 바로 연행되었고 나만은 泗川署에서 3일간 유치되었다가 4일 만에 道警察部 五號 감방에 수감되었다.

김범부 선생은 第二監房안에서 내가 들어오는 것을 보고 "인제 오는가?"했다. 그리고 김범부 선생이나 나에 대하여 약 한 달 동안은 그네들이 말하는 심문이 없었으나 한 달이 지나자 이것저것 그때의 시국, 1940년 7월 4일에 있었던 大西洋憲章, 동년 10월에 總理大臣이 된 군벌정치가 東條(=東條英機)가 동년 12월 8일 새벽에 급습한 하와이 眞珠灣폭격과 동시에 태평양전쟁에 대하여 묻기도 하고 범부 선생에게 『鄭鑑錄』의 번역과 해석을 요구하는 등 해괴 막심한 짓도 있었다.

범부 선생은 3개월이 접어들게 되자 일단 이 道警監房에서 풀려 나간 뒤 한 일주일도 못되어서 陜川경찰서로 피검되었다. 이때의 陜川署에는 竹浦라는 者가 泗川署長에서 陜川署長으로 전임되었다. 이 자는 당시 해인사 주지 星下榮次라고 創氏한 卞雪醐와 서로 심기 상통한 모의가 성립되어 万黨의 근거를 이룬 나의 스님 林幻鏡 前住持, 李古鏡, 閔東宣, 朴印峰, 金周成, 金貞泰, 崔性觀, 吳濟峯, 李元九, 李實均 등 16명과 그 외 김범부 선생이 첨가되어 17명이 감옥으로 들어가게 됐다. 이 분들은 나와는 法緣의 師僧 또는 叔伯, 형제, 제자, 조카제자인 것이며, 俗族으로는 나의 姪兒 垣鏡 등 수3명이었는데 경찰서 유치장 감방이 부족하므로 임시 감방을 3개 지었다. 그것도 부족하여 쇠사슬에 番犬매듯이 손목 발목 허리를 매어 警察署 기둥에 달기도 했다.

그리고 해인사에 있는 四溟大師碑는 과거 日本과 맞서서 싸웠던 사람의 불온한 碑石이므로 부숴 버리고 西山大師, 四溟大師의 尊影마저 낱낱이 후면을 칼로 그려 불온문서가 있나 의심하여 경찰서에 가져갔다.

또한 해인사에는 卍黨분자들의 소굴로서 四溟堂思想을 고취하고 있다는 등으로 이 竹浦者의 난폭한 지휘 하에 裵巡査部長이라는 자의 횡포가 극심했다. 그 횡포 무도한 拷問 加刑은 이루다 말할 수 없었다. 이 같은 만행으로서 李古鏡 스님 같은 학덕이 겸비하신 큰스님은 드디어 그 곳에서 처절한 최후를 마쳤다. 실로 나의 僧門俗族은 이 같은 혹형에 처하여졌다. 나는 道警 5호 감방에서 凡父 출감 뒤에는 第2호 감방으로 이감되어 있는 신세가 되어 있었다. 그런데 나의 제자이며 凡父 선생의 장자 趾弘군과 金泰明 외 2명이 다시 연행되어 왔다.

이 道警의 감방 안에는 기독교도가 日本의 神社 불참배로 몰리어 朱基徹, 韓相敦, 李約信 등 목사와 崔德智, 金英淑, 傳道夫人 등 骨髓 耶蘇教人들이 수감되었다. 그 중에 朱基徹은 平壤으로 移監되었고, 나의 조카 垣亨군은 日本 東京에서 피포되어 이곳으로 왔다. 7년형을 받고 대전형무소에서 日帝가 항복하던 그해 2월 8일에 獄死했다. 巴城 薛昌洙도 이곳에서 형무소로 갔었다. 그리고 내가 이곳으로 온 약 4개월 후에는 李大川도 晉州署로부터 이곳으로 이감되어 왔다. 그리하여 그와 나와의 丹齋 申采浩의 『朝鮮古代史』 『朝鮮古代文化史』에 관한 대질심문을 받게 되었다. 이 같은 감방에서 수용되었던 사람들의 성분은 耶蘇教人이 32명, 나와 관계된 사람이 5인, 기타 經濟犯 관계인과 그네들이 말하는 사상관계자들이 우리네와 日人을 합하면 대략 60명 전후였다.

監房看守로서는 두 사람씩 24시간 교대로 격일 근무를 했다. 한 조는 申炯魯와 薛應柱였고, 다른 組는 岩本이라고 創氏한 남자 許라는 자와 미나미(南)라는 日人이었다. 이 자는 중국 南京 근처 常德地方 戰爭에서 中國軍砲에 명중되어 궁둥이 한편에 탄환이 박혀 있고 정신도 약간 실신된 자였다. 그리고 앞에 말한 申, 薛 兩人이 당번하는 날이면 全 감방 사람들은 참 해방된 양으로 모든 편의를 봐주기도 했다.[13]

---

13) 최범술, 「청춘은 아름다워라」(50. 憂國之士 검거 선풍/留置場 감방이 부족), 『효당

이 내용은 '한 달이 지나자 이것저것 그때의 시국, 1940년 7월 4일에 있었던 大西洋憲章, 동년 10월에 總理大臣이 된 군벌정치가 東條(=東條英機)가 동년 12월 8일 새벽에 급습한 하와이 眞珠灣폭격과 동시에 태평양전쟁에 대하여 묻기도 하고…'의 내용으로 보아, 진교훈이 말한 '마흔다섯 살 때(1941년)' '소위 해인사 사건으로 일경에 체포되어 1년 간 옥고를 치르고 병보석으로 가택 연금을 당하기도 하였'다고 하는 대목(?)이거나 최범술이 구술한 '1943년 9월 단재 신채호 선생 문집 수집 건'으로 일제 경남도 경찰국에 효당과 범부가 13개월간 구치된 시기로 보인다. '1941년'으로 보는 진교훈과 '1943'으로 되어 있는 효당 연보의 기록은 서로 맞지 않는다. 추후 고증을 필요로 한다.

다음으로, 범부의 외손자인 김정근(부산대 명예교수)이 작성한, 그의 『풍류정신의 사람, 김범부의 생각을 찾아서』 부록 「새로 구성한 김범부 연보」[14](이하 「새 범부 연보」)를 보자.

> 1934년(38세)
>
> 스님 최범술(崔凡述)의 주선으로 사천 다솔사(泗川 多率寺)에 머물기 시작했다. 이때 일본 천태종의 고위 승직자(天台宗 比叡山門以下 大僧職者)들과 대학교수단 40여 명을 대상으로 청담파(淸談派)의 현리사상강의(玄理思想講義)를 1주일간 진행했다.
>
> 당시 다솔사에는 만해 한용운이 가끔씩 들러 범부와 주지 스님인 최

문집』1권, (민족사, 2013), 657-659쪽.

14) 김정근, 「새로 구성한 김범부 연보」, 『풍류정신의 사람, 김범부의 생각을 찾아서』, (한울 아카데미, 2013), 208-209쪽.

범술과 깊은 대화를 나누고는 했다. 범부는 한용운에게 '형님'이라는 호칭을 사용했고 한용운은 '범부'라고 불렀다.

이 시기에 다솔사에는 불교계의 지도자들인 김법린, 허영호 등이 함께 머물렀다. 전진한도 가끔 방문했다.

후일 소설가로서 활약하게 되는 범부의 계씨(남동생) 동리도 한때 절에서 함께 기거했으며, 나중에 그는 절에서 세운 야학인 광명학원에서 교사 생활을 하기도 했다.

1941년(45세)

다솔사에서 해인사(海印寺)사건으로 일제에 피검되어 1년간 옥고를 치렀다(이종후 원본).

옥고와 관련하여 범부의 계씨이며 다솔사에서 함께 생활한 소설가 김동리는 다소 다른 증언을 하고 있다. 범부의 옥고는 한 번이 아니고 두 차례 치러졌다는 것이다. 1941년 여름에 경기도 경찰부에 끌려가 여러 달 감방 신세를 졌고, 1942년 봄에는 경상남도 경찰부에 끌려가 역시 장기간 감방 신세를 졌다는 것이다[김동리, 『나를 찾아서』(서울: 민음사, 1997), 200-201쪽].

해인사사건으로 경상남도 경찰부에 끌려가 치른 옥고와 관련하여 당시 경찰관으로서 범부가 수감된 감방의 간수로 있던 신형로는 자신의 수기에서 또 다른 증언을 남기고 있다. 범부가 그의 평생의 동지인 다솔사 주지 효당 스님(최범술)과 함께 경상남도 경찰부에 끌려간 것은 '1941년 초가을'이었고 비밀감방에서 1년 넘게 영어(囹圄) 생활을 한 끝에 '1942년 가을과 겨울을 전후하여' 풀려났다는 것이다. [신형로(申炯魯), 「내가 만난 범부 선생과 효당 스님」, 《다심》, 창간호(1993 봄), 77-81쪽]

범부 가족들의 증언에 따르면 다솔사에 머무는 동안 수시로 일제 형사들의 방문이 있었고, 그때마다 형사들은 마루에 올라 일단 큰절을 하고 안부를 물었다고 한다. 그런 다음에는 조사할 일이 있다고 하면서 범부를 포승으로 묶어 연행해 갔으며 며칠씩 경찰서에 붙들어두었다가 돌려보내곤 했다. 이 시기에 단기간으로 유치장 생활을 한 곳은 사천경찰서, 하동경찰서, 진주경찰서 등이었다.

김정근의 「새 범부 연보」는 진교훈의 「범부 연보」를 증보한 것으로 보이는데, 『효당문집』 연보 내용과도 차이가 있다.

『효당문집』에서는 '1939년 9월 1일 일본 비예산 천태종 大學僧 48인을 초청 다솔사 夏安居 법회 개최, 당시 玄理사상에 대하여 범부가 강설하고 吳宗植씨가 통역하여 7일간 개최함.'으로 되어 있는데, 김정근의 「새 범부 연보」에서는 '1934년(38세) 스님 최범술의 주선으로 사천 다솔사에 머물기 시작했다. 이때 일본 천태종의 고위 승직자들과 대학교수단 40여 명을 대상으로 청담파의 현리사상강의를 1주일간 진행했다.'고 되어 있다. '일본 비예산 천태종 대학승 48인' 초청 강의 시기가 효당 쪽은 1939년, 김정근(-진교훈) 쪽은 1934년이다. 더구나 『효당문집』에서는 '다솔사 불교전수강원 설립되고, 김범부, 김법린 등의 일가족이 효당의 배려로 다솔사에 함께 거주'한 것을 1936년 3월로 보나, 김정근(-진교훈) 쪽은 1934년으로 보고 있다.

그리고 김범부의 옥고 건에 대해서도 시기가 엇갈린다. 김정근은 '1941 42년 정도'로 보나 『효당문집』에서는, '1938년 10월 2일 '일제 경기도 경찰국에 卍黨조직 발각으로 4개월간 피검. (8월부터 시작된 검거선풍으로 김범부…검거 구속되는 '제1차 만당 구속사건')', '1943년 9월 일제 경남도 경찰국에 김범부 선생과 13개월간 구치'처럼 2회

구속으로 되어 있다. 그런데 김정근은 '옥고와 관련하여 범부의 계씨… 김동리는 다소 다른 증언을 하고 있다. 범부의 옥고는 한 번이 아니고 두 차례 치러졌다는 것이다. 1941년 여름에 경기도 경찰부에 끌려가 여러 달 감방 신세를 졌고, 1942년 봄에는 경상남도 경찰부에 끌려가 역시 장기간 감방 신세를 졌다는 것이다'라고 하여 김동리의 『나를 찾아서』에 나오는 구절을 추가로 인용하여 고증하고 있다. 더불어 김정근은 해인사사건에 대하여 당시 경찰관으로서 범부가 수감된 감방의 간수였던 신형로의 수기 「내가 만난 범부 선생과 효당 스님」을 근거로 효당과 범부가 경상남도 경찰부에 끌려간 것은 '1941년 초가을'이었고 비밀감방에서 1년 넘게 감금되었다가 '1942년 가을과 겨울을 전후하여' 풀려났다는 자료를 제시하고 있다. 참고로 앞서서 진교훈은 「범부 연보」에서 '마흔다섯 살 때(1941년)'로 보고 있다.

옥고 건을 요약하자면 진교훈은 '1941년', 김정근은 '1941 42년 정도'(김동리, 신형식 증언 포함), 『효당문집』은 1938년, 1943년으로 추정하며, 구속 횟수도 1회 혹은 2회로 약간씩 차이가 있다.

위의 논의에서 보듯이 다솔사에서 함께 한 효당과 범부의 행적이 유동적이어서 확증이 어려운 대목이 다소 있다.

어쨌든 다솔사에서 이루어진 효담과 범부의 교류에 대해서는 다각도로 논의할 점이 있다. 특히 일제강점기에 이루어진 국난 극복의 지혜와 교류 내용은 추후 다양한 자료발굴을 통해서 새롭게 다시 구체적으로 검토되어야 할 것이다.

3. 효당과 범부의 사상적, 미적 공감: '멋-風流'

효당과 범부는 일제강점기 약 10년간(1933-1943) 다솔사라는 불교신앙 · 학술 공간을 통해서 고락을 같이하면서 역사적 만남을 가졌다. 이 시기에 효당이 범부로부터 받은 영향이 적지 않았다고 생각한다.

범부가 관심을 가졌던 '신라-경주-화랑-풍류-멋' 등등 개념들이 그대로 효당의 텍스트 속에 투영되거나 효당-범부를 헷갈리게 할 정도로 오브 랩 되어 나타나는 장면에서는 솔직히 놀라기까지 하였다. 다시 말해서 범부의 『화랑외사』, 『국민윤리특강』, 『풍류정신』등에 나타나는 어휘, 논조가 그대로 효당에게 유전(遺傳)되고 있음을 발견한다. 이 부분에 대한 미학적, 사상적, 언어학적 연동성(連動性)은 추후 깊이 있는 탐구는 다음 기회로 돌리며, 이 글에서는 대표적인 것만 발췌하여 제시해보고자 한다.

효당은 『韓國의 茶道』가운데서, 이렇게 말한다.

> 우리 한국 사람들은 인물이나 기타 일상에서 일어나는 일들이며 제반 도구 등을 평할 때 대개는 이 미각을 빌려 논평하는 수가 많다. 이를테면 "그 사람 싱거운 사람이다", "그 여자 참 짭짤하다", "저 사람은 시고 건방지다" 하는 등의 습관….[15)]

효당이 시건방지다고 말한 것은 범부가 '설멋'이라 한 것이나 차가

---

15) 蔡貞福 편, 『효당 최범술 문집』2권, (민족사, 2013), 295쪽.

'싱겁다, 짜다'한 것과 통한다. 예컨대 범부는 다음과 같이 말한다.

韓國사람은 그 이외에 善惡도 아니요, 智愚도 아니요, 또는 美醜도 아닌 그 밖에 한가지 것을 꼭 가지고 있단 말입니다. 그것은 무엇이냐 하면 사람을 보고 어떤 말을 하느냐 하면, 「싱겁다」「짜다」 이러한 말을 하는데 이때 「싱겁다」라는 말은 그것이 결단코 惡하다는 意味가 아니요, 또 못생겼다는 意味도 아니요, 또는 어리석다는 意味도 아닙니다. 또 「짜다」는 것은 반드시 善하다는 말이 아니요, 智慧스럽다는 말도 아니요, 아름답단 말도 아니요, 그것이 밉다 이런 말도 아닙니다. 「싱겁다」는 것은 무슨 말인고 하니 어울리지 않는단 말이고, 째이지 않는단 말이고, 조화가 되지 않는다, 사우가 맞지 않는다 이런 말입니다.

(…)그런데 사람을 평가할 때에 「싱겁다」「짜다」라는 味覺上의 標準이 우리 한국 사람에게 있어서 어째서 그렇게 重大한 問題냐 할 것 같으면, 그것이 우리의 가장 고유한 價値標準인 것을 그러한 말로서 味覺的과으로 銀表한 것이기 때문입니다. 즉 「짜다」라는 말은 지나치게 간이 맞는다는 말이고 「싱겁다」는 말은 도저히 간이 안맞는다는 말인데, 이것을 味覺的으로 표시할 때에는 그런 「싱겁다」「짜다」는 말로 表示하지만, 가령 어떤 사람을 싱겁다 라고 말할 때에 「싱겁다」는 말은 곧 덜 되었다 설멋지다 설다 이런 뜻을 함축하고 있습니다.[16]

효당은 화랑들의 대조화의 세계나 멋 생활을 이야기 한다.

화랑들이 일심으로 관찰한 것은 '卽是'光明覺照'의 세계였고, 이 각

16) 김범부, 「國民倫理特講」, 『花郎外史』, (이문사, 2011), 229-230쪽.

조의 세계는 참으로 밝은 것이었으며, 모든 것은 한 방향으로 나갈 것을 널리 비춰준다. 이것은 모든 쟁론(爭論)을 초월한 것으로서 자연 대조화(大調和)의 평화를 이룩하게 하는 멋 생활이었다.…그들은 떫떠름하고 시고 달고 쓰고 짠 인간사회의 모든 맛을 차를 통하여 음미하고….[17]

그런데, 효당이 화랑을 이야기 하고, 자연 대조화(大調和), 멋이라 하는 대목도 범부의 논조와 그대로 통한다.[18]

차와 같이 기호의 극과 취미의 특수한 여건 아래에서는 거기에 떠오르는 빛깔(色調)이라는 것이 가장 먼저 우리에게 인상을 주게 된다. 그리하여 이 빛깔에서 향기로 나아가며, 다시 향기로부터 맛으로 전향하는 관계로 차의 선 · 불선(善 · 不善)을 가려내는 데에는 색(色), 향(香), 미(味)가 중추라 할 수 있다.[19]

이 대목은 범부가 제 빛깔(自己本色), 제 길수(自然의 妙理), 천인묘합(天人妙合)이라 하는 대목과 통한다. 즉 범부가 말하는 대목을 들어보자.

「사람은 누구나 제빛깔(自己本色)이 있는 법이어서 그것을 잃은 사람은 아무것도 이룰 수 없는 것이고, 잘 났거나 못났거나 이 제 빛깔을 그냥 지닌 사람만에 제길수(自然의 妙理)를 찾게 되는 법이야. 보라, 꾀

17) 蔡貞福 편, 『효당 최범술 문집』2권, (민족사, 2013), 295쪽.
18) 김범부, 『花郎外史』, (이문사, 2011) 참조.
19) 蔡貞福 편, 『효당 최범술 문집』2권, (민족사, 2013), 305쪽.

꼬리 소리는 아름답고 까마귀 소리는 곱지 않다지만 그것이 다 제 빛깔이거든, 노루는 뛰기를 잘 하고 솔개는 날기를 잘 하거니와 뛰는 대로 나는대로 그것 역시 제 빛깔 제 길수야, 까마귀가 꾀꼬리 소리를 내는 체 하거나 노루가 나는 체 하거나 이것은 모두 다 제 빛깔을 잃은 것이니, 백년을 가도 천년을 가도 제 길수를 얻지 못하는 법이야. 어린애 말씨는 말이 되지 않은 체 어른의 귀에 괴이지마는 철든 사람이 이런 흉내를 내다가는 웃음꺼리나 되고 말 것이니 이것이 다 제 빛깔 제 길수를 보이고 있는 것이거든. 그러나 제 빛깔이라는 것은 제 멋(自己趣向)과는 다른 것이야, 누구나 제 멋이 있어, 하지만 제 멋대로 논다고 해서 누구에게나 맞는 것이 아니야, 아무에게나 맞는 제 멋이 있고 한 사람에게도 맞지 않는 제 멋이 있으니, 아무에게나 맞을 수 있는 제 멋은 먼저 제 빛깔을 지녀서 제 길수를 얻은 그 멋이고, 한사람에게도 맞을 수 없는 제 멋이란 제 길수를 얻지 못한 그것이야. 말하자면 제 빛깔과 절로(自然)와가 한 데 빚어서 함빡 괴고 나면 제작(天人妙合)에 이르는 법인데, 이 〈제작〉이란 것은 사람의 생각이 검님의 마음에 태이는(和合)것이요, 검님의 마음이 사람의 생각에 태이는 것이니 말하자면 사람이 무엇이나 이루었다고 하면 그것은 다른게 아니라 이 제작에 이르렀다는 것이야.」

(…)세상 사람들은 물계자 문인들을 모두 멋(風流)장이라고 말하게 되었다.

아닌 게 아니라 문인들 자신도 모두 멋쟁이로 自處하고 그것을 당연히 받을 徽號라고 생각했다. 그리고 물계자도 이 말을 듣고는

「세상 사람들이 아주 모르기만 한 것은 아니야, 흥 멋장이? 글쎄 딴 말이 있을 수도 없지, 그러나 세상 사람들이 멋(風流)이란 과연 그 무엇인지 알기나 하고 하는 말인지? ……흥 멋(風流)! 하늘과 사람 사이에

서로 통하는 것이 멋이야. 하늘에 통하지 아니 한 멋은 있을 수 없어, 만일 있다면 그야말로 설멋(틀린 멋)이란 게야, 제가 멋이나 있는 체 할 때 벌써 하늘과 통하는 길이 막히는 법이거든.」

(…)「참멋과 제작은 마침내 한 지경이니 너희들이 여기까지 알는지? 사우(調和)맞지 않는 멋은 없는 것이며, 터지지(融通透徹) 않은 멋도 없는 것이니 사우맞지 않고 터지지 않은 제작이 있는가?」[20]

몸이 화기를 잃을 때는 몸이 비틀어지고, 마음이 화기를 잃을 때엔 마음이 비틀어지고, 한 집이 화기를 잃을 때엔 한 집이 비틀어지고, 한 나라가 화기를 잃을 때엔 한 나라가 비틀어지고……하고 보니 모든 것이 화기가 안목이란 말이야. 그런데 이 화기가 사우(調和)로써 지니게 되는 법이요, 사우는 절로(自然) 이루어지는 법이요, 절로는 제 빛깔(自己本色)로써 들어가는 법이요……그러고는 모든 것이 제 길수(自然之理)를 얻어야 하는 것인데, 이제 길수란 곧 사우를 맞게 하는 그것이야. 그래서 사람의 생각대로 완전히 사우가 맞을 때, 그것이 제작(天人妙合)이란 거야. 이 지경에 가면 아무 거칠 것도 막힐 것도 없는 것이니 말하자면, 그냥 터져버리는 것이야.」[21]

백결선생은 또다시 말을 이었다.

「가만히 보아하니 그 儒道란 말이야, 우리 물계자님 말씀 가운데 "제 빛깔을 지니라"하신 그것이 가장 가까울 것 같아. 임금이 임금질 하고, 신하가 신하질 하고, 애비가 애비질 하고, 자식이 자식질 하고, 남편이 남편질 하고, 아내가 아내질 하고, 그래서 마음이 바르고, 몸이 바르고,

---

20) 김범부,「물계자」,『花郎外史』, (이문사, 2011), 124-5쪽.
21) 김범부,「百結先生」,『花郎外史』, (이문사, 2011), 160-1쪽.

집이 바르고, 천하가 발라진다는 것이니, 이것이 곧 제 빛깔을 지녀서 제 길수를 얻은 것이요, 제 길수를 얻어서 사우를 맞아진 것이라, 역시 화기가 안목이란 말이야, 과연 물계자님은 大聖人이야. 그리고 老子, 莊子를 말해도 내가 들은 바 같애서는 물계자님께서 절로(自然)를 말씀하셨으니 이 절로야 말로 노자, 장자의 天言萬語가 그 안목이라, 아닌 게 아니라 이 절로가 아니곤 제 길수도 얻을 수 없고 사우도 이뤄지지 않는 법이야. 그리고 또 仙道를 말해도 숨을 고루는 데서 시작해 가지고 절로에 이르고 이 절로가 화기를 이루고, 이 화기가 제작에 이를 때 이것이 神仙이지[22].

音樂은 다른 것이 아니라「장단」입니다.「장단」이 아니면 音樂이 안 되거든요. 장단이라는 것은 調和요, 장단이 안 맞는다는 것은 調和가 깨진다는 것이요, 장단이 꼭 맞는다는 것은 調和가 잘 이루어졌다는 것입니다.[23]

범부의 사우(調和)→'절로(自然)'→제 빛깔(自己本色)의 흐름은 효당의 다선일체(茶禪一體) 경지에서 찾아진다.

차를 간수하는…그 용심이 그대로 선(禪)에 직결되도록 하는 것이 차인의 자세가 아닐 수 없다.

이러한 경지를 거쳐 간 놀라운 차인들이 이렇게 읊고 있다.

정좌(靜坐)한 자리에

22) 김범부,「百結先生」,『花郎外史』, (이문사, 2011), 162쪽.
23) 김범부,「國民倫理 特講」,『花郎外史』, (이문사, 2011), 231쪽.

차(茶)를 반쯤 마셨는데
향기는 처음 그대로 일세
묘용(妙用)의 시각에
물은 절로 흐르고
꽃은 홀로 지고 피네
(靜坐處 茶半香初 妙用時 水流花開)[24]

묘용, 절로 절로라는 표현법은 범부의 제 빛깔, 절로(自然), 제작(天人妙合) 등과 통한다.

맹물과 같이 덜 끓은 물이라 하여 이것을 맹탕(萌湯)이라고 이르는 것이다.

'맹탕'이라는 것은 미숙하다는 뜻으로 여기에서는 덜 끓은 물을 말하는 것이요, 완전 뜸이 돌아져 끓었다는 말이 아니다.[25]

(초의선사의) 밑구멍이 빠져버리고 없는 바루(그릇) 속에 뭇 향기로운 밥이 있다고 하는 안목이야말로 어떠한 사물에서도 그것의 제작(天作)과 제 격(格)을 말하는 차인의 눈이며, 귀청마저 떨어져버린 귀로서 더구나 말없는 진리의 소리까지 들을 수 있다는 것은 아무래도 놀라운 깨달음이다.[26]

도(道)는 생활에 있고, 생활 그것은 중정을 잃지 않는 온전한 것을

24) 蔡貞福 편, 『효당 최범술 문집』2권, (민족사, 2013), 311쪽.
25) 蔡貞福 편, 『효당 최범술 문집』2권, (민족사, 2013), 313쪽.
26) 蔡貞福 편, 『효당 최범술 문집』2권, (민족사, 2013), 322쪽.

말한다. 중정을 잃지 않는 온전한 생활이란 제 빛깔(自己本色), 제 질수(自然의 妙理)로 제작(天作)에 이르는 것이다. …(원효의) "옳은 이치가 아닌 듯 하면서도 이치가 지극하고, 그렇ㅈ디 않은 듯 하면서도 크게 그러한(無理之至理, 不然之大然)" 바로 그것을 말함이다.[27]

생활의 대상이 되는 그 모든 멋이 어떤 장소, 어떤 때에 꼭 맞게 잘 어울릴 때 '멋있다'하고 그렇지 못한 때 '멋이 없다'한다. 이럴 경우의 멋이란 아무래도 조화(調和)나 제 격을 의미하는 것 같다.[28]

만약 제 구색, 제 장단, 제 가락이 아니면 이는 '설멋'에 흐르고 마는 것이니 '맹탕(萌湯)'이나 '얼간이'가 되고 말 뿐이다.[29]

제작(天作), 제 격(格), 제 빛깔(自己本色), 제 질수(自然의 妙理), 조화(調和), '멋있다', 제 구색, 제 장단, 제 가락, '설멋'이라는 어휘는 일찍이 범부에게서 속출하는 어휘이다. 효당은 범부의 어휘와 사상에 연동하면서 자신의 세계를 펼쳐내고 있다.

예컨대 효당의 제작(天作), 제 격(格), 제 빛깔(自己本色), 제 질수(自然의 妙理), 조화(調和), '멋있다', 제 구색, 제 장단, 제 가락, '설멋'에 대한 논의는 아래에 총괄되어 나타나고 있다.[30]

지 · 정 · 의(知 · 情 · 意)를 골고루 조화롭게 갖춘 사람을 전인(全

27) 蔡貞福 편, 『효당 최범술 문집』2권, (민족사, 2013), 323쪽.
28) 蔡貞福 편, 『효당 최범술 문집』2권, (민족사, 2013), 334쪽.
29) 蔡貞福 편, 『효당 최범술 문집』2권, (민족사, 2013), 336쪽.
30) 蔡貞福 편, 『효당 최범술 문집』2권, (민족사, 2013), 337-341쪽.

人)이라 하듯이, 정적인 방면의 생활만을 절대적인 것이라고 말할 수 없다고 하더라도 까다로운 이유없이 우리의 삶이 감사와 환희의 멋진 산 사람으로서의 생활이 되기 위해서는 정서적인 안정이 절실해지기 때문이다.

이제 그 감정의 실마리를 풀어 읊어보기로 하면

눈을 떠 눈이 열리어
間이 터져 어간이 터져
귀가 트이어 귀문이 열리어
숨을 쉬어 숨구멍이 터져

계란이 병아리가 돼
間이 터져 껍질이 터져
깨침이 돼 解脫이라네
道通이라네 見性이라네

어느 것에도 제작을 봐
상우를 알아 제작인 구색을 알아
모든 不正은 상우 안 맞고
제격이 못되어 설멋져 안타까와라

멋을 알고 멋이 되고
구색이 맞고 가락이 된다
羅代의 聖母는 차례를 하고
화랑을 낳아 갸륵하여라 멋지게 살도다

멋은 大衆의 것 私有는 못돼
道가 되고 禮가 된다
도는 신봉하는 것 예는 행사하는 것
信은 참되고 알뜰하며 禮는 성스러워!

알뜰한 禮는 범절이라네
범절은 차례에서 오고
차례는 멋에서 난다
멋은 차에서 빛나고
차는 멋에서 산다

멋은 제구색인 것 제작을 이루고
멋은 한없어라
크고 넓고 깊고 奧妙해
그 어느 것의 合算이 아니며
그 온건함을 말하느니

사람은 가도 예절은 살아
범절은 살아 반야바라밀이라
멋은 영원한 生命
터지고 깨치고 自由로워라
우리들 살림살이 멋진 살림살이
그 누구도 하질 못해 敬仰일 뿐이지
花郎은 살아 있다
멋의 넋을 이어 받은 四月獅子는

石窟庵을 보라!
生命은 영원한 것 멋있어라
유마(維摩)의 오막살이 이러하단다

모르고는 안돼
멋을 모르고는
철몰라 못써 철이 나야지
私心은 망하고 공동의 멋은 살아라

내사 좋아요!
차 맛이 나는 좋아요!
순박한 그 맛은
내 멋을 자아내 내사 좋아요!

멋은 원효대사 아닌 밤중에
촉루도 마시고 創作의 차도 마시고
차는 멋에서 나고
멋은 차에서 산다
그는 確信이기에 위맹스럽고
正邪는 빨라 대담코 용감코 슬기로워라

멋은 어느 것에 나도
다른 用數를 허용 않으니
어떠한 조각이나 요사는 이룩되지 못해

차 맛이 좋아 어쩐지 좋아
作爲 없이 질박한 것
정답고 마음에 들어
차맛은 써 좋아 떫어도 좋아
신 것이 달고 달아도 시어

짜잖은 것 싫어요, 내사 싫어요
잔 솜씨 여러 양념 군맛이 싫어
구성없이 짜잖은 것 열없어 싫고
싱거우면 못써 간이 맞아야

제 가락 제 구성에 제 청이라오
장단이 빠져선 안 돼 장단이 맞아야
가야금 열두줄에 두리 둥덩실
우리 멋님 내리시나 신이 나는다

얼싸! 이것이 산 이[31]로구나
산 사람 이로구나
멋있는 분이 산 이로구나
멋진 대중이 산 이로구나

멋은 혼자서도 대중의 것
대중은 멋을 좋아하나니
멋없어 못 써 설 멋져 죽어

---

31) 무당의 뜻.

산 이로구나 멋의 大衆은
산 이로구나 열반이로구나

효당은 '지 · 정 · 의(知 · 情 · 意)를 골고루 조화롭게 갖춘 사람=전인(全人)=감사와 환희의 멋진 산[活-生] 사람'을 시에 온전히 담아 읊고 있다. 시에서 효당이 말한 '숨', '숨 쉼', '터짐', '제작', '가락', '맛', 장단, '화랑', '멋님', '산이(=무당)'는 범부의 『화랑외사』, 『국민윤리론』, 『풍류정신』의 도처에 발견되는 어휘이자 정신이다. 이 부분은 무엇을 의미하는가? 공동 우물과 같이 공동의 정신에 두레박을 담그고 있으면서 필요에 따라 그것을 길어 올리는 모종의 정신적 합의가 있었던 것으로 보인다. 여기서합의란 조선민족이 가진 멋-풍류의 정신에 대한 의견일치이거나 공감을 의미한다. 그 뿌리는 신라-화랑-경주라는 문맥이 될 수 있다.

4. 결어

효당과 범부는 다솔사에서 함께 10여년을 함께 하며 일제강점기의 어려운 시절을 함께 하였다. 위에서 논의한 내용 가운데 재론이 필요한 핵심적인 내용을 정리하자면 아래와 같다.

첫째, 효당과 범술 두 인물의 행적을 살펴보면서 범부의 연보를 정리한 주요 연구자인 진교훈(범부의 막내사위)과 김정근(범부의 외손자)의 범부에 대한 연보 기록과 『효당문집』에서 정리한 범부-효당 관련 연보 기록 사이에 간극(=오류)이 보이며 이 점은 앞으로 재검토할

여지가 있다고 본다. 특히 범부의 약력에 대해서는 『花郞外史』(이문사, 2011) 부록 「김범부 선생 약력」[32] 때부터 충분히 고증되지 않은 내용이 실린 탓이기도 하다.

둘째로, 효당이 사용하는 어휘들 예컨대 '숨', '숨 쉼', '터짐', '제작', '가락', '맛', 장단, '화랑', '멋님' 등등은 범부의 『화랑외사』, 『국민윤리특강』, 『풍류정신』 등에서 자주 발견되는 것이었음을 알 수 있었다. 이것은 다솔사 시절의 교류가 상호 영향을 미친 것이 아닌가 추정되며, 조선민족에게 고대 이래로 전래되어 오는 신라-화랑-경주라는 문맥을 포함한 '멋-풍류' 정신에 대한 두 사람 사이의 사상적, 미학적, 언어적 공감을 의미한다. 효당과 범부 사이에 연동하는 '멋-풍류' 정신에 대한 미학적, 사상적, 언어학적 내용과 의의는 추후 한국사상사 내지 지성사라는 차원에서 다시 깊이 있는 탐구할 필요하다고 본다.

32) 김범부, 「國民倫理 特講」, 『花郞外史』, (이문사, 2011), 241-2쪽.

참/고/문/헌

- 『善山(一善)金氏大同譜』(2007)
- 金凡父, 「國民倫理 特講」, 「現代와 宗教」창간호, 대구: 현대종교 문제연구소, 1977.

  ______, 『花郎外史』(삼판), 대구: 이문출판사, 1981.

  ______, 『花郎外史』, 범부선생유고간행회 편, 서울: 삼화인쇄주식회사, 1967.

  ______, 「國民倫理特講」, 『花郎外史』(삼판), 대구: 이문출판사, 1981.

  ______, 『풍류정신』, 서울: 정음사, 1986.

  ______, 「言語와 文章獨立의 課題」, 『東方思想講座』(李鍾益, 『東方思想論叢』所收), 寶蓮閣, 1975.
- 김지하, 『율려란 무엇인가』, 서울: 한문화, 1999.

  ______, 『디지털 생태학: 소곤소곤 김지하의 세상이야기 인생이야기』4, 서울: 이룸, 2009.
- 최재목 · 정다운 편, 『범부 단편선』, 서울: 선인 출판사, 2009.
- 최재목 외, 『凡父 金鼎卨研究』, 경산: 대구 프린팅, 2009.
- 諸橋轍次, 『大漢和辭典』卷7, 大修館書店, 1984.
- 김갑수, 「한국 근대에서의 도가와 제자철학의 이해와 번역」, 『시대와 철학』, Vol.14. No.2, 2003.
- 김용구, 「凡父 김정설과 동방 르네상스」, 『한국사상과 시사』, 서울: 불교춘추사, 2002.

• 金正根,「김범부를 찾아서」,『凡父 金鼎卨硏究』, 최재목 외, 경산: 대구 프린팅, 2009.

______,「김범부를 찾아서」,『제1회 범부연구회 자료집』, 대구CC, 2009. 6. 6.(未刊)

• 이완재,「凡父先生과 東方思想」,『凡父 金鼎卨硏究』, 최재목 외, 경산: 대구 프린팅, 2009.

• 영남대신문방송사,「嶺南學과 영남대학: 60주년 기념 인터뷰/김지하 석좌교수」,『영남대학교 개교 60주년 기념호』, 영남대학교 신문방송사, 2007.

• 진교훈,「범부 김정설의 생애와 사상」,『철학과 현실』64호, 철학문화연구소, 2005(봄).

• 崔在穆,「凡父 金鼎卨 硏究를 위하여 -『凡父 金鼎卨 硏究』刊行에 즈음하여 -」,『凡父 金鼎卨硏究』, 최재목 외, 경산: 대구 프린팅, 2009.

• 崔在穆 · 李泰雨 · 鄭茶雲,「凡父 金鼎卨 연구를 위한 예비적 고찰」,『日本文化硏究』24, 동아시아일본학회, 2007. 10.

• 崔在穆 · 鄭茶雲 · 禹沂楨,「凡父 金鼎卨의 日本 遊學 · 行蹟에 대한 檢討」,『日本文化硏究』31, 동아시아일본학회, 2009. 7.

• 崔在穆 · 鄭茶雲,「凡父 金鼎卨의『風流精神』에 대한 검토」,『동북아문화연구』제20집, 동북아문화학회, 2009.09.

• 김범부,『花郎外史』, 대구: 이문출판사, 1981.

______,「國民倫理特講」,『花郎外史』(三版), 대구 : 이문출판사, 1981.

______,『풍류정신』, 서울: 정음사, 1986.

______, 『風流精神』, 경산: 영남대학교출판부, 2009.
- 김정근, 『金凡父의 삶을 찾아서』, 서울: 도서출판 선인, 2010.
- 오문환 외, 『수운 최제우』, 서울: 예문서원, 2005.
- 우기정, 『범부 깅정설의 국민윤리론』, 서울: 예문서원, 2010.
- 정다운, 『범부 김정설의 풍류사상: 멋 · 和 · 妙』, 서울: 도서출판 선인, 2010.
- 천도교중앙총부 편, 『天道教經典』, 서울: 천도교중앙총부출판부, 2001(5판)).
- 崔 瀣, 『近庵集』, 최동희 옮김, 서울: 창커뮤니케이션, 2005.
- 최재목 · 정다운 엮음, 『凡父 金鼎卨 단편선』, 서울: 도서출판 선인, 2009.
- 金起田, 「大神師 생각」, 『天道教會月報』제162호, 1924.3.
- 金凡父, 「雲水千里」,(《韓國日報》, 1960.1.6.
- 손병욱, 「동학의 '삼칠자 주문'과 '다시 개벽'의 함의」, 『동학학보』 제18호, 동학학회, 2009.
- 이문재, 「인간성에 대한 새로운 인식이 시급하다: '율려문화운동' 펼치는 시인 김지하」, 『문학동네』제5권 제4호/통권17호, 1998년 겨울.
- 이완재, 「凡父先生과 東方思想」, 『범부 김정설 연구논문자료집』, 서울: 도서출판 선인, 2010.
- 이용주, 「凡父 사상체계와 전통론의 의의」, 《제2회 범부연구회 세미나자료집》, 영남대 법학전문도서관 2층 영상회의실, 2009.10.24-25.
- 정달현, 「金凡父와 國民倫理論」, 『現代와宗教』제10집, 현대종교

문화연구소, 1987.
• 진교훈, 「凡父 金鼎卨의 생애와 사상」, 『철학과현실』제64호, 철학문화연구소, 2005(봄).
• 최동희, 「(근암집)머리말」, 근암 최옥 저, 『近庵集』, 최동희 옮김, 서울: 창커뮤니케이션, 2005.
• 최재목, 「東의 誕生 - 水雲 崔濟愚의 '東學'과 凡父 金鼎卨의 '東方學' -」, 『陽明學』제26집, 한국양명학회 2010.8.
• 황경식, 「서양윤리학의 수용과 그 영향」, 『철학연구 50년』, 이화여대 한국문화연구원 편, 서울: 혜안, 2003.
• 金凡父, 「列子를 읽음(一)」, 『新民公論』(新年號), 서울: 新民公論社, 1922
• 金凡父 구술, 小春(金起田) , 「大神師 생각」, 『天道敎會月報』제162호, 서울: 天道敎會月報社, 1924.3
• 金凡父, 「老子의 思想과 그 潮流의 槪觀」, 『開闢』제45호, 서울: 開闢社, 1924
• 金凡父, 「칸트의 直觀形式에 對하여」, 『延禧』3호, 延禧專門學校, 1924.5. 20
• 金凡父, 「持敬工夫와 印度哲學」, 『佛敎』, 50 · 51권, 서울: 佛敎社, 1928.1
• 金凡父, 「朝鮮文化의 性格 - 제작에 對한 對談抄」, 『新天地』통권 45호, 서울: 서울신문사, 1950.4
• 金凡父, 「歷史와 暴力」, 『새벽』, 서울: 새벽사, 1954
• 金凡父, 『花郞外史』(初版), 부산: 海軍本部政訓監室, 1954
______, 『花郞外史』(再版), 서울: 凡父先生遺稿刊行會, 1967

______, 『花郞外史』(三版), 大邱: 以文出版社, 1981

- 金凡父, 「活氣와 苦悶의 山水-風谷畵展平」, 『東亞日報』1957.12.12
- 金凡父, 「韓國人과 유머」, 오종식 이희승 外, 『女苑』, 서울: 女苑社, 1957.7
- 金凡父, 「活氣와 苦悶의 山水-風谷畵展平」, 『東亞日報』 1957.12.12
- 金凡父, 「風流精神과 新羅文化」, 『韓國思想』(講座第三號), 서울: 고구려문화사, 1960
- 金凡父, 「우리는 經世家를待望한다」, 『政經研究』, 서울: 政經研究所, 1965
- 金凡父, 『花郞의 얼』, 서울: 재건국민문고 보급회 중앙회, 1970
- 金凡父, 「言語와 文章獨立의 課題」, 『東方思想講座』, 서울: 寶蓮閣, 1975
- 金凡父, 「五行說과 東方醫學의 原理」, 『東洋文化』제17집, 大邱: 大邱大學 東洋文化研究所, 1976
- 金凡父, 「國民倫理特講」, 『現代와 宗敎』창간호, 大邱: 現代宗敎問題研究所, 1977

______, 「國民倫理特講」, 『韓國國民倫理研究』7권, 서울: 國民倫理敎育研究會, 1978

______, 「國民倫理特講」, 『花郞外史』(삼판), 대구: 이문출판사, 1981

- 金凡父, 『凡父遺稿』, 凡父遺稿刊行會編, 대구: 이문출판사, 1986(비매품)

______, 『凡父遺稿: 政治哲學特講』, 대구: 이문출판사, 1986

- 金凡父,『風流精神』(初版), 서울: 정음사, 1986

  ______,『風流精神』, 秦教勳 주해, 경산: 영남대출판부, 2009
- 金凡父,『凡父金鼎卨短篇選』, 최재목 · 정다운 편, 서울: 선인출판사, 2009
- 金性奉,『花郎傳記』, 晋州: 晋州師範學校, 1946
- 鷄林社編輯部 編,『花郎道』, 서울: 鷄林社, 1949
- 李瑄根,『花郎道研究』, 서울: 東國文化史, 1949
- 下中邦彦 編,『アジア歴史事典』, 東京: 平凡社, 1961
- 黃山德,『自畵像』, 서울: 신아출판사, 1966
- 黃山德,『三玄學』, 서울: 서문당, 1978
- 李鍾益,『東方思想論叢』, 서울: 寶蓮閣, 1975
- 西周,『西周全集』第四卷(復刻版), 東京: 宗高書房, 1981
- Mark Epstein, Thoughts Without A Thinker: Psychotherapy From A Buddhist Perspective, New york: Basic Books, 1983
- 日蘭學會編,『洋學史辭典』, 東京: 雄松堂出版, 1984
- Norman K. Denzin, Interpretive Biography, London: Sage, 1989
- 田中美知太郎, 哲學初步, 東京: 岩波書店, 1994
- 김철,「김동리의 파시즘」,『국문학을 넘어서』, 서울: 국학자료원, 2000
- 김철,『국문학을 넘어서』, 서울: 국학자료원, 2000
- 李中,『모택동과 중국을 이야기 하다』, 서울: 김영사, 2002
- 김용구,『한국사상과 시사』, 서울: 불교춘추사, 2002
- 사사키 겡이치,『미학사전』, 민주식 옮김, 서울: 동문선, 2002
- 최현식,『서정주 시의 근대와 반근대』, 서울: 소명출판, 2003

- 에릭 홉스봄 외, 『만들어진 전통』, 박지향 · 장문석 옮김, 서울: 휴머니스트, 2004
- 황종현 엮음, 『신라의 발견』, 서울: 동국대출판부, 2008
- 최재목, 『퇴계심학과 왕양명』, 서울: 새문사, 2009
- 菅原 光, 『西周の政治思想ー規律 功利 信』, 東京: ぺりかん社, 2009
- 김정근, 『金凡父의 삶을 찾아서』, 서울: 도서출판 선인, 2010
- 정다운, 『범부 김정설의 풍류사상: 멋 · 和 · 妙』, 서울: 도서출판 선인, 2010
- 우기정, 『범부 김정설의 국민윤리론』, 서울: 예문서원, 2010
- 기자미상, 「재건운동 중앙위원 50명을 위촉」, 『東亞日報』1961.11.12
- 기자 미상, 「朴議長과面談 - 金凡夫 金八峯氏」, 『朝鮮日報』1963.5.3
- 李恒寧, 「現代를산國仙 - 金凡父의 人間과 思想」, 『京鄕新聞』1966.12.17
- 黃山德, 「金凡父先生의靈前에-방대했던東方學의體系」, 『東亞日報』1966.12.15
- 오종식, 「잊을 수 없는 사람 - 뒤에서 감싸준 金凡父 형」, 『新東亞』, 동아일보사, 1972.12
- 이종후, 「나의 求道의 길 · 1」, 『哲學會誌』제1집, 경산: 영남대철학과, 1973.10
- 黃山德, 「어디다 국민윤리를 세울 것인가?」, 『國民倫理硏究』Vol.2 No.1, 서울: 國民倫理敎育硏究會, 1974

• 秦敎勳, 「風流精神 간행에 즈음하여」, 『風流精神』, 경산: 영남대 출판부, 2009
• 李鍾厚, 「범부선생과의 만남」, 『茶心』창간호(1993 봄), 서울: 茶心文化硏究會, 1993
• 金銅柱, 「내가 모신 凡父 선생」, 『茶心』창간호(1993 봄), 서울: 茶心文化硏究會, 1993
• 김동리, 「백씨 범부 선생 이야기」, 『나를 찾아서』, 서울: 민음사, 1997
• 姜海守, 「朝鮮學の成立」, 『江戶の思想』第7号,東京: ぺりかん社, 1997.11
• 桂島宣弘, 「一國思想史學の成立」, 西川長夫 · 渡辺公三 編, 『世紀轉換期の國際秩序と國民文化の形成』, 東京: 柏書房, 1999
• 김철, 「김동리의 파시즘」, 『국문학을 넘어서』, 서울: 국학자료원, 2000
• 최재목 · 정다운, 「'鷄林學塾'과 凡父 金鼎卨(1)」, 『동북아 문화연구』제16집, 동북아 문화연구, 2008.9
• 김용구, 「범부(凡父) 김정설과 동방 르네상스」, 『한국사상과 시사』, 서울: 불교춘추사, 2002
• 澤井啓一, 「「水土論」的志向性-近世日本に成立した支配の空間のイメ ジ」, 『歷史を問う · 3: 歷史と空間』, 上村忠男ほか編, 東京: 岩波書店, 2002
• 황경식, 「서양윤리학의 수용과 그 영향」, 『철학연구 50년』, 이화여대 한국문화연구원 편, 서울: 혜안, 2003
• 姜海守, 「식민지 조선에서 '동방'이라는 경계와 민족知의 형성

– 최남선의 『不咸文化論』을 중심으로– 」, 『계명대 철학과 제418 회 목요 철학 세미나 발표자료』, 계명대, 2003년 10월 30일 목요일 오후5시(목요철학세미나 자료실: http://philosophy.kmu.ac.kr/tech-note/read.cgi?board=seminar_pds&y_number=122)(검색일자: 2011.7.10)

- 李龍澤, 「동백림 사건을 수사한 李龍澤 前 중앙정보부 수사국장 증언: 동백림 사건의 진실(4)」, 『月刊朝鮮』2004년4월호,(월간조선사, 2004.4.)(https://monthly.chosun.com/mcmember/login4.asp?url=/premium/contents/view.asp?C_IDX=272)(검색일자: 2011.7.10)
- 中見立夫, 「日本的「東洋學」形成 と構図」, 『岩波講座 · 帝國日本の學知:　第3卷 東洋學の磁場』, 東京: 岩波書店, 2006
- 김지하, 「嶺南學과 영남대학」, 『영남대학교 개교60주년 기념호』, 영남대학교신문방송사, 2007
- 中村春作, 「近代 の「知」としての哲學史-井上哲次郎を中心に-」, 『日本の哲學』, 京都: 昭和堂, 2007
- 渡部望, 「「百學連環」の歷史的位置と意義」, 『北東アジア研究』第14 · 15合併號合, 北東アジア地域研究センター, 2008.3
- 秦敎勳, 「風流精神 간행에 즈음하여」, 『風流精神』, 경산: 영남대 출판부, 2009
- 최재목 · 정다운 · 우기정, 「凡父 金鼎卨의 日本 遊學 · 行蹟에 대한 檢討」, 『동북아문화연구』, 동북아시아문화학회, 2009
- 최재목　정다운, 「凡父 金鼎卨의 『風流精神』에 대한 검토」, 『동북아문화연구』, 동북아시아문화학회, 2009

• 秦教勳, 「凡父 金鼎卨의 생애와 사상」, 『凡父 金鼎卨 硏究』, 경산: 대구프린팅, 2009
• 崔在穆, 「韓國における「武の精神」·「武士道」の誕生」, 『陽明學』 제22호, (한국양명학회, 2009.4)
• 김석근, 「'신라정신' 천명과 그 정치적 함의」, 『범부김정설 연구논문자료집』, (서울: 도서출판 선인, 2010)
• 우기정, 「韓國에서의 國民倫理論 成立에 대한 硏究 - 凡父 金鼎卨의 〈國民倫理論〉을 중심으로 - 」, 영남대학교대학원 한국학과 박사학위논문, 嶺南大學校 大學院, 2010.6
• 이완재, 「凡父先生과 東方思想」, 『범부 김정설 연구논문자료집』, 범부연구회 편, 서울: 도서출판 선인, 2010
• 최재목, 「東의 誕生 - 水雲 崔濟愚의 '東學'과 凡父 金鼎卨의 '東方學' -」, 『陽明學』제26집, 한국양명학회 2010.8
• 최재목, 「범부 김정설의 〈최제우론(崔濟愚論)〉에 보이는 동학 이해의 특징」, 『동학학보』제21호, 동학학회, 2011.5
• 최재목, 「동양철학에서 '생명(生命)' 개념」, 『인간 환경 미래』6호, 인제대 인간환경미래연구원, 2011.4.30
• 安浩相, 「화랑정신과 새마을運動」, 『새마을運動 세미나(자료집) · 1』, 새마을운동 연구소, 발행년 불명
• Webster's Dictionary(http://en.wikipedia.org/wiki/Methodology/) (검색일자: 2011.7.7).
• 〈財團法人 東方學會〉(http://www.tohogakkai.com/)(검색일자: 2011.7.7).
• 「佛教中央學林」

- (http://dic.paran.com/dic_ency_view.php?kid=12697900&q=%B5%BF%B1%B9%B4%EB%C7%D0%B1%B3(검색일자: 2011.7.16)
- Wikipedia 사전(http://ja.wikipedia.org/wiki/%E6%9D%B1%E6%B4%8B%E5%A4%A7%E5%AD%A6)참조(검색일자: 2011.7.10)
- Wikipedia 사전(http://ja.wikipedia.org/wiki/%E4%BA%95%E4%B8%8A%E5%86%86%E4%BA%86)참조(검색일자: 2011.7.10)
- 『숭실100년사』「제9편: 신사동 시기Ⅱ」(1980-1997)(www.soongsil.net/files/100년사/제9편.hwp)(검색일자: 2011.7.16)).
- 대한뉴스 제 421호(1963-06-14)(제작연도 : 1963-06-14 상영시간 : 00분 39초 출처 : 대한뉴스 제 421호](http://photo.allim.go.kr/movie/korea_news.jsp)(검색일자: 2011.7.22)
- 동아방송DBS. 1963년 6월 13일 뉴스
  [원문은 http://dbs.donga.com/comm/view.php?r_id=04336&r_serial=01(검색일: 2009.4.23))]
- 신동호, 「(4) 민족적 민주주의 장례식: 6.3 비사」(http://blog.naver.com/hudys/80013515964)(검색일자: 2011.7.22).
- 『東經大全』
- 『龍潭遺詞』
- 『天道教經典』
- 諸橋轍次『大漢和辭典』권6, 東京: 大修館書店, 1984.
- 金凡父, 『風流精神』, 진교훈 교열, (경산: 영남대학교 출판부,

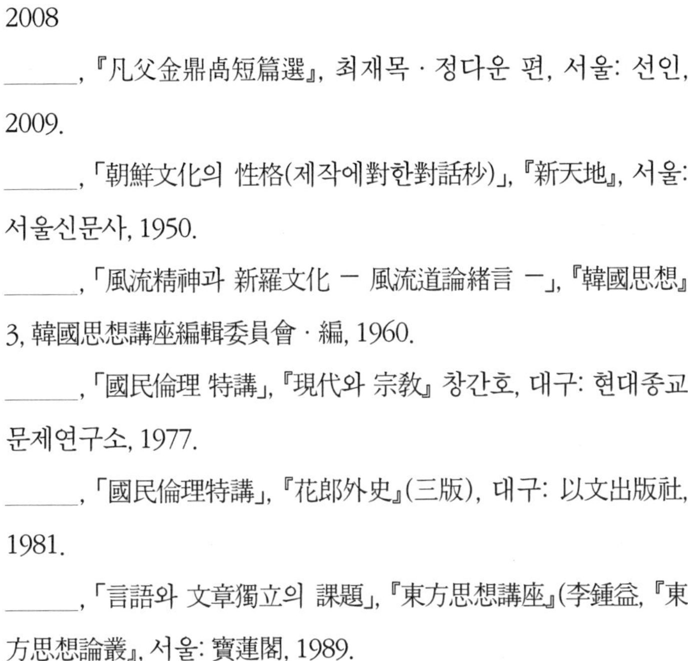

2008

______,『凡父金鼎卨短篇選』, 최재목 · 정다운 편, 서울: 선인, 2009.

______,「朝鮮文化의 性格(제작에對한對話秒)」,『新天地』, 서울: 서울신문사, 1950.

______,「風流精神과 新羅文化 ― 風流道論緖言 ―」,『韓國思想』 3, 韓國思想講座編輯委員會 · 編, 1960.

______,「國民倫理 特講」,『現代와 宗敎』 창간호, 대구: 현대종교문제연구소, 1977.

______,「國民倫理特講」,『花郎外史』(三版), 대구: 以文出版社, 1981.

______,「言語와 文章獨立의 課題」,『東方思想講座』(李鍾益,『東方思想論叢』, 서울: 寶蓮閣, 1989.

- J. R. Kippling, The Ballad of East and West. Rudolf Otto, Mysticism East and West, trans. B. L. Bracey & R. C. Payne, New York:Meridian Books, 1957.
- 김용운 · 김용국,『동양의 과학과 사상』, 서울: 일지사, 1984.
- 요시미즈 츠네오,『로마문화 왕국, 신라 : 방대한 유물과 사료로 파헤친 신라문화의 비밀』, 오근영 옮김, 서울: 씨앗을 뿌리는 사람들, 2002.
- 이진경,『근대적 시공간의 탄생』, 서울: 푸른 숲, 2002.
- 이희근,『우리 안의 그들 역사의 이방인들』, 서울: 너머북스, 2008.
- 이희수,『이희수교수의 세계문화기행: 낯선 문화 속의 익숙한 삶』

(개정판), 서울: 일빛, 2009.
- 임형택, 『문명의식과 실학 - 한국 지성사를 읽다 -』, 서울: 돌베개, 2009.
- 정수일 역주, 『혜초의 왕오천축국전』, 서울: 학고재, 2004.
- 최치원 지음, 『계원필경집』· 1, 이상현 옮김, 서울: 한국고전번역원, 2009.
- 한국고대사회연구소 편, 『譯註 韓國古代金石文』Ⅲ, 서울: 가락국사적개발연구원, 1992.
- 황종현 엮음, 『신라의 발견』, 서울: 동국대출판부, 2008.
- 金煐泰, 「新羅의 女性出家와 尼僧職 고찰 - 都維那娘 阿尼를 중심으로 -」, 명성스님고희기념 論文集 간행위원회, 『명성스님고희기념 佛教學論文集』, 雲門僧伽大學出版部, 2000.
- 김영태, 「元曉의 신라말 이름 '塞部'에 대하여」, 『佛教思想史論』, 서울: 민족사, 1992.
- 김용구, 「고운 최치원의 시학(詩學)과 언설사상」, 『한국사상과 시사』, 서울: 불교춘추사, 2002.

  ______, 「범부 김정설과 동방르네상스」, 『한국사상과 시사』, 서울: 불교춘추사, 2002.
- 손병욱, 「동학의 '삼칠자 주문'과 '다시 개벽'의 함의」, 『동학학보』 제18호, 서울: 동학학회, 2009.
- 신현승, 「타자를 향한 시선: 근대 일본 지식인의 동아시아 인식 - 시라토리와 나이토의 언설을 중심으로 -」, 『한국일본사상사학회 제25차 추계학술대회발표집: 동북아 평화의 모색과 타자인식 - 역사 갈등의 국가주의를 넘어서 - 』, 한국일본사상사학회, 2009.

- 이옥순, 「타고르의 동양, 조선의 동양」, 『식민지 조선의 희망과 절망, 인도』, 서울: 푸른역사, 2006.
- 이용주, 「凡父 사상체계와 전통론의 의의」, 《제2회 범부연구회》 세미나 자료집, 2009.
- 이종후, 「나의 구도의 길 1」, 『철학회지』 제1호, 경산: 영남대학교 철학과, 1973.
- 中見立夫, 「日本的「東洋學」形成 と構図」, 『岩波講座 · 帝國日本の學知: 第3巻 東洋學の磁場』, 東京: 岩波書店, 2006.
- 최재목, 「유교는 철학인가, 종교인가」, 『나의 유교읽기』, 부산: 소강, 1997.

______, 「'동양', '지역'에 대한 새로운 이해를 위하여」, 『멀고도 낯선 동양』, 서울 · 대구: 이문출판사, 2004.

______, 「범부 김정설의 '崔濟愚論'에 대하여」, 『동학학회 9월 월례발표회 논문집』, 서울: 동학학회, 2009.

______, 「韓國における「武の精神」·「武士道」の誕生」, 『陽明學』 제22호, 한국양명학회, 2009.

- 澤井啓一, 「「水土論」的志向性-近世日本に成立した支配の空間のイメージ」, 『歴史を問う · 3: 歴史と空間』, 上村忠男ほか編, 東京: 岩波書店, 2002.
- 黑住眞, 「東洋思想」의 發見」, 『岩波講座 哲學15 · 変貌する哲學』, 東京: 岩波書店, 2010.
- 허동현, 「[그때와 지금] 러일전쟁 이긴 일본 찬양했는데…식민지 조선은 '타고르 짝사랑'', 『LA중앙일보』, (2008.6.9)
- 유홍준, 「유홍준의 국보순례」(34) - 신라의 황금, 《조선일보》

(2009.11.23)

- 『두산세계대백과 엔싸이버』(http://www.encyber.com/)
- 金凡父, 「列子를 읽음(一)」, 『新民公論』(新年號), 서울: 新民公論社, 1922
- 金凡父 구술, 小春(金起田) , 「大神師 생각」, 『天道敎會月報』제162호, 서울: 天道敎會月報社, 1924.3
- 金凡父, 「老子의 思想과 그 潮流의 槪觀」, 『開闢』제45호, 서울: 開闢社, 1924
- 金凡父, 「칸트의 直觀形式에 對하여」, 『延禧』3호, 延禧專門學校, 1924.5. 20
- 金凡父, 「持敬工夫와 印度哲學」, 『佛敎』, 50 · 51권, 서울: 佛敎社, 1928.1
- 金凡父, 「朝鮮文化의 性格 - 제작에 對한 對談抄」, 『新天地』통권45호, 서울: 서울신문사, 1950.4
- 金凡父, 「歷史와 暴力」, 『새벽』, 서울: 새벽사, 1954
- 金凡父, 『花郞外史』(初版), 부산: 海軍本部政訓監室, 1954

______, 『花郞外史』(再版), 서울: 凡父先生遺稿刊行會, 1967

______, 『花郞外史』(三版), 大邱: 以文出版社, 1981

- 金凡父, 「活氣와 苦悶의 山水-風谷畵展平」, 『東亞日報』1957.12.12
- 金凡父, 「韓國人과 유머」, 오종식 이희승 外, 『女苑』, 서울: 女苑社, 1957.7

- 金凡父, 「活氣와 苦悶의 山水-風谷畵展平」, 『東亞日報』1957.12.12

- 金凡父, 「風流精神과 新羅文化」, 『韓國思想』(講座第三號), 서울: 고구려문화사, 1960
- 金凡父, 「우리는 經世家를待望한다」, 『政經研究』, 서울: 政經研究所, 1965
- 金凡父, 『花郎의 얼』, 서울: 재건국민문고 보급회 중앙회, 1970
- 金凡父, 「言語와 文章獨立의 課題」, 『東方思想講座』, 서울: 寶蓮閣, 1975
- 金凡父, 「五行說과 東方醫學의 原理」, 『東洋文化』제17집, 大邱: 大邱大學 東洋文化研究所, 1976
- 金凡父, 「國民倫理特講」, 『現代와 宗教』창간호, 大邱: 現代宗教問題研究所, 1977

  ______, 「國民倫理特講」, 『韓國國民倫理研究』7권, 서울: 國民倫理教育研究會, 1978

  ______, 「國民倫理特講」, 『花郎外史』(삼판), 대구: 이문출판사, 1981
- 金凡父, 『凡父遺稿』, 凡父遺稿刊行會編, 대구: 이문출판사, 1986(비매품)

  ______, 『凡父遺稿: 政治哲學特講』, 대구: 이문출판사, 1986
- 金凡父, 『風流精神』(初版), 서울: 정음사, 1986

  ______, 『風流精神』, 秦教勳 주해, 경산: 영남대출판부, 2009
- 金凡父, 『凡父金鼎卨短篇選』, 최재목 · 정다운 편, 서울: 선인출판사, 2009
- 金性奉, 『花郎傳記』, 晋州: 晋州師範學校, 1946
- 鷄林社編輯部 編, 『花郎道』, 서울: 鷄林社, 1949

- 李瑄根,『花郎道研究』, 서울: 東國文化史, 1949
- 김철,「김동리의 파시즘」,『국문학을 넘어서』, 서울: 국학자료원, 2000
- 김철,『국문학을 넘어서』, 서울: 국학자료원, 2000
- 李中,『모택동과 중국을 이야기 하다』, 서울: 김영사, 2002
- 김용구,『한국사상과 시사』, 서울: 불교춘추사, 2002
- 최현식,『서정주 시의 근대와 반근대』, 서울: 소명출판, 2003
- 에릭 홉스봄 외,『만들어진 전통』, 박지향 · 장문석 옮김, 서울: 휴머니스트, 2004
- 황종현 엮음,『신라의 발견』, 서울: 동국대출판부, 2008
- 김정근,『金凡父의 삶을 찾아서』, 서울: 도서출판 선인, 2010
- 정다운,『범부 김정설의 풍류사상: 멋 · 和 · 妙』, 서울: 도서출판 선인, 2010
- 우기정,『범부 김정설의 국민윤리론』, 서울: 예문서원, 2010
- 기자미상,「재건운동 중앙위원 50명을 위촉」,『東亞日報』1961.11.12
- 기자 미상,「朴議長과面談 - 金凡夫 金八峯氏」,『朝鮮日報』1963.5.3
- 李恒寧,「現代를산國仙 - 金凡父의 人間과 思想」,『京鄕新聞』1966.12.17
- 黃山德,「金凡父先生의靈前에-방대했던東方學의體系」,『東亞日報』1966.12.15
- 오종식,「잊을 수 없는 사람 - 뒤에서 감싸준 金凡父 형」,『新東亞』, 동아일보사, 1972.12

- 이종후, 「나의 求道의 길 · 1」, 『哲學會誌』제1집, 경산: 영남대철학과, 1973.10
- 黃山德, 「어디다 국민윤리를 세울 것인가?」, 『國民倫理硏究』Vol.2 No.1, 서울: 國民倫理敎育硏究會, 1974
- 秦敎勳, 「風流精神 간행에 즈음하여」, 『風流精神』, 경산: 영남대출판부, 2009
- 李鍾厚, 「범부선생과의 만남」, 『茶心』창간호(1993 봄), 서울: 茶心文化硏究會, 1993
- 金銅柱, 「내가 모신 凡父 선생」, 『茶心』창간호(1993 봄), 서울: 茶心文化硏究會, 1993
- 김동리, 「백씨 범부 선생 이야기」, 『나를 찾아서』, 서울: 민음사, 1997
- 김철, 「김동리의 파시즘」, 『국문학을 넘어서』, 서울: 국학자료원, 2000
- 최재목 · 정다운, 「'鷄林學塾'과 凡父 金鼎卨(1)」, 『동북아 문화연구』제16집, 동북아 문화연구, 2008.9
- 김용구, 「범부(凡父) 김정설과 동방 르네상스」, 『한국사상과 시사』, 서울: 불교춘추사, 2002
- 李龍澤, 「동백림 사건을 수사한 李龍澤 前 중앙정보부 수사국장 증언: 동백림 사건의 진실(4)」, 『月刊朝鮮』2004년4월호,(월간조선사, 2004.4.)(https://monthly.chosun.com/mcmember/login4.asp?url=/premium/contents/view.asp?C_IDX=272)(검색일자: 2011.7.10)
- 秦敎勳, 「風流精神 간행에 즈음하여」, 『風流精神』, 경산: 영남대

출판부, 2009
- 최재목 · 정다운 · 우기정, 「凡父 金鼎卨의 日本 遊學 · 行蹟에 대한 檢討」, 『동북아문화연구』, 동북아시아문화학회, 2009
- 최재목 정다운, 「凡父 金鼎卨의 『風流精神』에 대한 검토」, 『동북아문화연구』, 동북아시아문화학회, 2009
- 秦教勳, 「凡父 金鼎卨의 생애와 사상」, 『凡父 金鼎卨 硏究』, 경산: 대구프린팅, 2009
- 崔在穆, 「韓國における「武の精神」·「武士道」の誕生」, 『陽明學』 제22호, (한국양명학회, 2009.4)
- 김석근, 「'신라정신' 천명과 그 정치적 함의」, 『범부김정설 연구논문자료집』, (서울: 도서출판 선인, 2010)
- 우기정, 「韓國에서의 國民倫理論 成立에 대한 硏究 – 凡父 金鼎卨의 〈國民倫理論〉을 중심으로 – 」, 영남대학교대학원 한국학과 박사학위논문, 嶺南大學校 大學院, 2010.6
- 최재목, 「범부 김정설의 〈최제우론(崔濟愚論)〉에 보이는 동학 이해의 특징」, 『동학학보』제21호, 동학학회, 2011.5
- 安浩相, 「화랑정신과 새마을運動」, 『새마을運動 세미나(자료집) · 1』, 새마을운동 연구소, 발행년 불명
- 『숭실100년사』 「제9편: 신사동 시기 Ⅱ」(1980-1997)(www.soongsil.net/files/100년사/제9편.hwp)(검색일자: 2011.7.16)).
- 대한뉴스 제 421호(1963-06-14)(제작연도 : 1963-06-14 상영시간 : 00분 39초 출처 : 대한뉴스 제 421호](http://photo.allim.go.kr/movie/korea_news.jsp)(검색일자: 2011.7.22)
- 동아방송DBS. 1963년 6월 13일 뉴스

[원문은 http://dbs.donga.com/comm/view.php?r_id=04336&r_serial=01(검색일: 2009.4.23))]
- 신동호, 「(4) 민족적 민주주의 장례식: 6.3 비사」(http://blog.naver.com/hudys/80013515964)(검색일자: 2011.7.22).
- 蔡貞福 편, 『효당 최범술 문집』1-3권, 민족사, 2013.
- 金凡父, 『花郎外史(부록:국민윤리특강)』, 이문출판사, 2011.
- 金凡父, 『風流精神』, 영남대학교출판부, 2009.
- 정다운, 『범부 김정설의 풍류사상 멋·和·妙』, 선인출판사, 2010.
- 김정근, 『풍류정신의 사람, 김범부의 생각을 찾아서』, 한울 아카데미, 2013.
- 김필곤, 「凡父의 風流精神과 茶道 思想」, 『茶心』(창간호), 1993. 봄호.
- 申炯魯, 「내가 만난 凡父선생과 曉堂스님」, 『茶心』창간호, 1993, 봄호
- 진교훈, 「범부 김정설의 생애와 사상」, 『風流精神』, 영남대학교출판부, 2009.
- 최재목, 「근현대기 사상가 凡父 金鼎卨과 朴正熙의 이념적 연관성」, 『日本思想』24, 한국일본사상사학회 2013.6.

찾/아/보/기

최재목(崔在穆)

영남대학교 철학과 교수.

영남대 철학과 졸업, 일본 츠쿠바(筑波)대학에서 문학석사 · 문학박사 학위를 취득. 전공은 양명학 · 동아시아철학사상 · 문화비교.

동경대, 하버드대, 북경대, 라이덴대(네덜란드)에서 객원연구원 및 방문학자로 연구.

한국양명학회장, 한국일본사상사학회장, 범부연구회장 역임.

저서: 『노자』, 『동아시아 양명학의 전개』(일본판, 대만판, 중국판, 한국판), 『동양철학자 유럽을 거닐다』 등

범부 김정설의 풍류 · 동학 그리고 동방학

초판 인쇄 | 2018년 8월 24일
초판 발행 | 2018년 8월 24일

지 은 이 최재목

책임편집 윤수경

발 행 처 도서출판 지식과교양
등록번호 제2010-19호
주 소 서울시 도봉구 삼양로142길 7-6(쌍문동) 백상 102호
전 화 (02) 900-4520 (대표) / 편집부 (02) 996-0041
팩 스 (02) 996-0043
전자우편 kncbook@hanmail.net

ISBN 978-89-6764-125-2 93150 정가 25,000원